教育部高职高专规划教材

GPS 测量定位技术

周建郑　主编

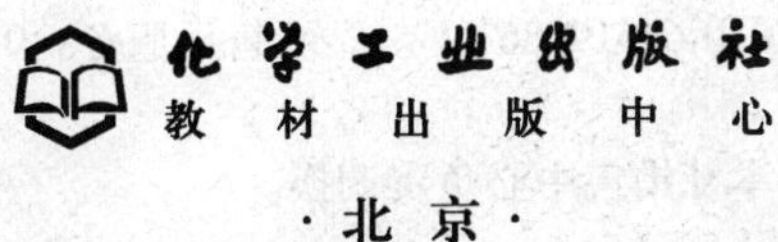

·北京·

图书在版编目（CIP）数据

GPS测量定位技术/周建郑主编．—北京：化学工业出版社，2004.6（2014.9重印）
教育部高职高专规划教材
ISBN 978-7-5025-5726-3

Ⅰ.G… Ⅱ.周… Ⅲ.全球定位系统（GPS）-测量-高等学校：技术学院-教材 Ⅳ.P228.4

中国版本图书馆CIP数据核字（2004）第058240号

责任编辑：王文峡　　文字编辑：徐卿华
责任校对：蒋　宇　　装帧设计：于　兵

出版发行：化学工业出版社（北京市东城区青年湖南街13号　邮政编码100011）
印　　装：化学工业出版社印刷厂
787mm×1092mm　1/16　印张12¼　字数293千字　2014年9月北京第1版第5次印刷

购书咨询：010-64518888（传真：010-64519686）　售后服务：010-64518899
网　　址：http://www.cip.com.cn
凡购买本书，如有缺损质量问题，本社销售中心负责调换。

定　　价：22.00元

出版说明

高职高专教材建设工作是整个高职高专教学工作中的重要组成部分。改革开放以来，在各级教育行政部门、有关学校和出版社的共同努力下，各地先后出版了一些高职高专教育教材。但从整体上看，具有高职高专教育特色的教材极其匮乏，不少院校尚在借用本科或中专教材，教材建设落后于高职高专教育的发展需要。为此，1999年教育部组织制定了《高职高专教育专门课课程基本要求》（以下简称《基本要求》）和《高职高专教育专业人才培养目标及规格》（以下简称《培养规格》），通过推荐、招标及遴选，组织了一批学术水平高、教学经验丰富、实践能力强的教师，成立了"教育部高职高专规划教材"编写队伍，并在有关出版社的积极配合下，推出一批"教育部高职高专规划教材"。

"教育部高职高专规划教材"计划出版500种，用5年左右时间完成。这500种教材中，专门课（专业基础课、专业理论与专业能力课）教材将占很高的比例。专门课教材建设在很大程度上影响着高职高专教学质量。专门课教材是按照《培养规格》的要求，在对有关专业的人才培养模式和教学内容体系改革进行充分调查研究和论证的基础上，充分吸取高职、高专和成人高等学校在探索培养技术应用性专门人才方面取得的成功经验和教学成果编写而成的。这套教材充分体现了高等职业教育的应用特色和能力本位，调整了新世纪人才必须具备的文化基础和技术基础，突出了人才的创新素质和创新能力的培养。在有关课程开发委员会组织下，专门课教材建设得到了举办高职高专教育的广大院校的积极支持。我们计划先用2～3年的时间，在继承原有高职高专和成人高等学校教材建设成果的基础上，充分汲取近几年来各类学校在探索培养技术应用性专门人才方面取得的成功经验，解决新形势下高职高专教育教材的有无问题；然后再用2～3年的时间，在《新世纪高职高专教育人才培养模式和教学内容体系改革与建设项目计划》立项研究的基础上，通过研究、改革和建设，推出一大批教育部高职高专规划教材，从而形成优化配套的高职高专教育教材体系。

本套教材适用于各级各类举办高职高专教育的院校使用。希望各用书学校积极选用这批经过系统论证、严格审查、正式出版的规划教材，并组织本校教师以对事业的责任感对教材教学开展研究工作，不断推动规划教材建设工作的发展与提高。

教育部高等教育司

前　言

《GPS测量定位技术》系高职测量工程专业的主干课程教材之一。本教材主要是为了满足高职测量工程专业的教学需要，并适应其他相关专业教学及岗位培训的需要而编写的。

《GPS测量定位技术》是三年制高职测量工程专业的一门必修的专业课。全球卫星定位系统是美国从20世纪70年代开始研制，历时20年，耗资200多亿美元，于1994年全面建成，具有在海、陆、空进行全方位实时三维导航与定位能力的新一代卫星导航与定位系统。GPS以全天候、高精度、自动化、高效益等显著特点，成功地应用于大地测量、工程测量、航空摄影测量、地壳运动监测、工程变形监测、资源勘察、地球运动力学等多种学科，从而给测绘领域带来一场深刻的技术革命。目前已遍及国民经济各种部门，并开始逐步深入人们的日常生活。它是20世纪最重大的科技成就之一。是学习专业知识，专门技术及获取新知识能力的重要课程。同时也是学生将来生活、工作实践中的一个重要工具。该课程的主要任务是：讲授GPS卫星定位的基本原理；GPS卫星定位的误差来源及其影响；GPS卫星定位的设计与实施；GPS卫星定位的数据处理；培养学生使用GPS接收机在各种大、中型工程勘测、大地控制网、施工控制网和工程的施工放样中进行定位工作的能力。本课程与“测量学”、“测量平差”、“控制测量”及“工程测量”课程之间联系密切，对培养学生的专业和岗位能力具有重要的作用。

为使本教材具有较强的实用性和通用性，突出“以能力为本位”的指导思想，编写时力求做到：基本概念准确，各部分内容紧扣培养目标，文字简练、相互协调、通俗易懂、减少不必要的重复。以利于学生学习，具备解决工程中实际问题的能力。

在编写这本教材时，我们力求体现高职教育的特点，力求满足高职教育培养技术应用型人才的要求，力求内容精练、突出应用、加强实践。为了体现教材的特色，我们对传统的教材内容体系作了适当的调整，希望调整后的体系能更适合高职教学的要求。

根据高等职业教育理论与实践并重，理论课课时较少的情况，本书内容按“必需、够用”的原则安排。

本书由周建郑主编，共分八章。其中第一章、第二章由孙五继、周建郑编写，第三章、第四章由杨中利、靳祥升编写，第五章、第六章和附录由周建郑、杨中利编写，第七章、第八章由靳祥升、孙五继编写，在本书编写过程中，得到了化学工业出版社和编写者所在单位的大力支持，在此一并致谢。

博士生导师黄声享教授审阅了本教材，并提出了宝贵的修改意见，在此表示诚挚的感谢。

限于编者的水平、时间及经验，书中定有欠妥之处，敬请专家和读者批评指正。

编　者

2004年5月

目　录

第一章

绪论

学习目标

- 了解GPS系统的构成，卫星的个数及寿命，卫星的运行周期及发射功率，原子钟的精度，定位信号频率及GPS的地面控制系统和用户设备。
- 理解GPS系统的应用和发展前景，其相对于其他定位系统的特点和GPS应用于测量工作的特点及美国的GPS政策。
- 掌握GPS定位的基本原理，差分GPS的基本原理，GPS定位技术的发展及在测量中的应用。

1957年10月4日，世界上第一颗人造地球卫星发射成功，标志着人类进入了空间技术的新时代，近40年来，由于卫星测量的发展，特别是GPS全球卫星定位系统的成功建立和应用，使测绘经历了一场深刻的技术革命。无论是在定位精度、使用条件、应用范围，还是在经费节省、人力物力的减少等方面都产生了巨大的飞跃和进步，因此世界各国竞相研究并相继使用这种技术和方法。本章主要介绍卫星大地测量及其发展和GPS定位的有关情况。

第一节　卫星大地测量及其发展

一、大地测量的发展概况

大地测量的发展，大体上可分为古代大地测量、经典大地测量和现代大地测量三个阶段。

古代大地测量要追溯到两千多年前，从人们确认地球是个圆球并测量它的大小算起，到18世纪中叶以前为止。在这一阶段中，许多科学家为证明地球是个圆球并测定其大小做出了艰辛的努力，有的甚至为此付出了生命。

从18世纪中叶牛顿、克莱劳建立了地球为扁球的理论并用几何和物理的方法测定其形状和大小，到20世纪中叶莫洛琴斯基在斯托克斯理论的基础上建立现代地球形状理论基础为止的这200年时间为经典大地测量阶段。在这一阶段中，其主要任务是为测量地形图服务。为了提高点位测量的精度和速度，人们在测量方法、测量仪器、椭球计算和数据处理等方面做了大量的研究工作，并取得了丰硕的成果。这些成果现在仍被广泛应用，如三角测量、最小二乘法及重力测量等。

现代大地测量阶段从20世纪中期开始，是在电子技术和空间技术迅猛发展的推动下形成的。电磁波测距、全站仪及电子计算机改变了经典测量中全靠测角的低精度状况，将测量成果精度提高到10^{-6}量级以上，并缩短了作业周期，且使过去无法实现的严密理论计算得以实施；特别是人造卫星和空间技术的发展，突破了经典大地测量在点位、时间、应用、精度等方面的局限性，使测量产生了划时代的飞跃和质的变革。

现代大地测量的主要任务是研究和解决地面点的几何定位、地球重力场的测定、点位和重力场的变化等问题，具体包括以下内容。

① 建立与维护国家、地区及全球的大地网，并研究其变化；

② 测量并研究地极移动、地壳运动、潮汐等地球动力现象；

③ 测定地球重力场及其变化。

随着人造地球卫星的发射成功，迅速发展的人造地球卫星技术在空间技术、地球科学、地球动力学、天文学、大地测量、资源勘察、气象、导航、遥感、通信、军事科学等众多学科领域得到了广泛应用。特别是在海湾战争、阿富汗战争和波黑战争中，除了显示现代武器和现代其他科学技术的巨大优越性以外，同时还显示了现代导航和定位技术在军事上所发挥的巨大作用。

二、卫星大地测量的起源

卫星大地测量是大地测量的新分支，就是利用卫星信息实现大地测量的目的。其作用分为如下几方面。

① 精确测定地面点地心（质心）坐标系内的坐标，从而能够将全球大地网联成整体，建成全球统一的大地测量坐标系统。

② 精确测量地球的大小和形状、地球外部引力场、地极运动、大陆板块间的相对运动以及大地水准面的形状，为大地测量和其他科学技术服务。

③ 广泛地应用于空中和海上导航，地质矿产勘探及军事等方面。

卫星大地测量初期（1962～1965年），美国斯密森天体物理天文台（SAO）曾用光学摄影法进行了全球性的卫星测量，对北美NAD、欧洲EUA、澳大利亚AND、日本JAD、阿根廷ARG、夏威夷HAW等大地系统进行了联测，利用39个站的观测资料计算并发布了“标准地球Ⅱ”。1966～1971年间又用更多的观测站进行了观测，当时的方向观测精度为±(0.3″～1.5″)，点位中误差为±6.7m，地心坐标中误差为±(17～32)m。可见其精度是有限的，且观测条件受限制，底片处理也很复杂，所以以后就较少应用。

与此同时，激光测距法伴随出现，即在地面测站上用激光测距仪对卫星进行测距，以达到定轨定位的目的，测距精度可达到厘米级，但用这种定位要有 4 个站组成较好的图形，实行同步观测，这对大面积布网来说是很困难的，因此未能普及。

由于前述两种方法的精度和使用条件受到限制，人们便采用无线电技术，即利用卫星发射的无线电波进行距离测量。这种方法具有全天候等优点，因而发展很快，卫星多普勒定位就是在这一时期发展起来的，如美国海军导航卫星系统（NNSS）就是成功的一例。

美国海军导航卫星系统（Navy Navigation Satellite System——NNSS）是美国第一代卫星导航系统，由于该系统卫星轨道都通过地球极点，故也称“子午（Transit）卫星系统”。该系统于 1964 年建成，1967 年 7 月该系统解密，提供民用，它的投入使用，充分显示了利用人造地球卫星进行导航定位的优越性。该系统由三部分（即空间部分、地面监控部分和用户部分）组成。其空间部分由 6 颗高约 1000km 的卫星组成，分布在 6 个轨道平面内，每个轨道平面相对于地球赤道的倾角约为 90°，轨道近于圆形，运行周期约 120min，对于同一颗子午卫星，每天通过次数最多为 13 次。卫星播发 400MHz 和 150MHz 两种频率的载波供用户和监测站接收。其中，在 400MHz 载波中用导航电文向用户提供卫星星历和时间等信息，便于用户解算位置。地面监控部分由卫星跟踪站、计算中心和注入站组成，其作用是将跟踪观测卫星的结果输入计算中心，计算卫星在相应时刻的轨道参数，再由注入站以导航电文的形式将这些参数和其他有关内容注入卫星存储器，供卫星按时提供给用户。用户部分即用户接收机接收卫星信号、测量多普勒频移，结合导航电文计算卫星与接收机间的距离，据此解算出接收机（用户）的位置。

由于该系统不受气象条件的影响，自动化程度较高，且具有良好的定位精度，所以它的出现也立即引起大地测量学者的极大关注，尤其在该系统提供民用之后，在大地测量方面，进行了大量的应用研究和实践，并取得了许多令人瞩目的成就，如在美洲大陆及其附近测设了大约 500 个多普勒点；西欧各国在 1976 年 5 月和 1977 年 4 月分别进行了两次多普勒会战（EDOC-1,2），在 16 个国家测设了 30 多个多普勒点，后者参加了欧洲三角网的重新平差；法国地理院不仅在本国建立了多普勒网，而且还为阿尔及利亚、利比亚、圭亚那和加蓬等国家测设了 116 个多普勒点；素称千岛之国的印度尼西亚，测设了 200 多个多普勒控制点，从而使常规大地测量技术无法统一的国家大地控制网建成了统一的坐标系；20 世纪 70 年代中期，中国有关测绘和勘察单位开始引进多普勒接收机，不仅在陆地上测设了近百个多普勒点，而且实现了和西（南）沙群岛的联测，还测设了全国性的陆地、海洋多普勒网。

卫星多普勒定位虽然有很多优点，但因子午卫星的轨道平面与地球赤道的倾角约为 90°，所以子午卫星几乎是在地球子午面内运行。经度与接收机高程相关，只有高程已知时才能解出经度和纬度。可见 NNSS 系统只能提供二维导航解，且是单星多普勒法，须卫星运行一个时间段后才能获得一次导航解，精度也只优于 40m。又由于卫星较低，覆盖面积小，星数又少，必须相隔 0.8～1.6h 才能进行一次定位。可见子午卫星导航系统虽显示了导航的优越性，但又存在着精度低，不能实时导航和只能供二维导航解等缺陷。这些缺陷是由子午卫星导航系统的“单星、低轨、测速”体制决定了的。从大地测量学方面来看，由于它定位速度慢（一个测站一般平均观测 1～2 天），精度也较低（单点定位精度 3～5m，相对定位精度约为 0.5～1m），所以，该系统在大地测量和地球动力学研究方面的应用也受到了很大的限制。为了实现全天候、全球性和高精度的连续导航与定位，第二代的卫星导航系统——GPS 卫星全球定位系统便应运而生。卫星定位技术发展到了一个辉煌的历史阶段，使测量定位技术产生了质的改变。

三、GPS 定位的基本概念

众所周知，测量工作的直接目的是要确定地面点在空间的位置。早期解决这一问题都是采用天文测量的方法，即通过测定北极星、太阳或其他天体的高度角和方位角以及观测时间，进而确定地面点在该时间的经、纬度位置和某一方向的方位角。这种方法受到气候条件的制约，而且定位精度较低。

20 世纪 60 年代以后，随着空间技术的发展和人造卫星的相继升空，人们设想，如果在绕地球运行的人造卫星上装置有无线电信号发射机，则在接收机钟的控制下，可以测定信号到达接收机的时间 Δt，进而求出卫星和接收机之间的距离，即

$$s=c\Delta t+\sum\delta_i \tag{1-1}$$

式中　c——信号传播的速度；

δ_i——各项改正数。

但是，卫星上的原子钟和地面上接收机的钟不会严格同步，假如卫星的钟差为 v_t，接收机的钟差为 v_T，则由于卫星上的原子钟和地面上接收机的钟不同步对距离的影响为

$$\Delta s=c(v_t-v_T) \tag{1-2}$$

现在欲确定待定点 P 的位置，可以在该处安置一台 GPS 接收机。如果在某一时刻 t_i 同时测得了 4 颗 GPS 卫星 A、B、C、D 的距离 S_{AP}、S_{BP}、S_{CP}、S_{DP}，则可列出 4 个观测方程为

$$\left.\begin{aligned}S_{AP}&=[(x_P-x_A)^2+(y_P-y_A)^2+(z_P-z_A)^2]^{\frac{1}{2}}+c(v_{tA}-v_T)\\S_{BP}&=[(x_P-x_B)^2+(y_P-y_B)^2+(z_P-z_B)^2]^{\frac{1}{2}}+c(v_{tB}-v_T)\\S_{CP}&=[(x_P-x_C)^2+(y_P-y_C)^2+(z_P-z_C)^2]^{\frac{1}{2}}+c(v_{tC}-v_T)\\S_{DP}&=[(x_P-x_D)^2+(y_P-y_D)^2+(z_P-z_D)^2]^{\frac{1}{2}}+c(v_{tD}-v_T)\end{aligned}\right\} \tag{1-3}$$

式中，(x_A,y_A,z_A)，(x_B,y_B,z_B)，(x_C,y_C,z_C)，(x_D,y_D,z_D) 分别为卫星 A、B、C、D 在 t_i 时刻的空间直角坐标；$v_{tA},v_{tB},v_{tC},v_{tD}$分别为 t_i 时刻 4 颗卫星的钟差，它们均由卫星所广播的卫星星历来提供。

求解上列方程，即得待定点的空间直角坐标 x_P,y_P,z_P。

由此可见，GPS 定位的实质就是根据高速运动的卫星瞬间位置作为已知的起算数据，采取空间距离后方交会的方法，确定待定点的空间位置。

GPS 系统的空间部分由 21 颗工作卫星及 3 颗备用卫星组成，它们均匀分布在 6 个相对与赤道的倾角为 55°的近似圆形轨道上，每个轨道上有 4 颗卫星运行，它们距地面的平均高度为 20200km，运行周期为 12 恒星时。GPS 卫星星座均匀覆盖着地球，可以保证地球上所有地点在任何时刻都能看到至少 4 颗 GPS 卫星。

GPS 定位技术自从应用于测量工程，就以其特有的自动化、全天候、高精度的显著优势令经典大地测量刮目相看，具体表现为以下几方面。

(1) 选点灵活　在经典大地测量中，既要求点位之间有良好的通视条件，又要求点位形成良好的图形结构，这是长期困扰选点工作的难题，而 GPS 定位既不要求点位之间通视，又对点位图形结构没有过苛要求，使点位选择极为灵活，大大便利了点位的应用。

(2) 精度提高　实践已经证明，在 1000km 的距离上，相对定位精度可以达到 10^{-8}；在 100～500km 的距离上，相对定位精度可以达到 10^{-6}～10^{-7}；在小于 50km 的距离上，相对

定位精度可以达到 10^{-6}。而另一方面，又无需建造测量觇标。它们的优越性是经典大地测量工作无法攀比的。

（3）操作简便　GPS 定位的自动化程度很高，作业人员只限于安置仪器、开关仪器、量取仪器高和监视工作状态，其他如卫星捕获、跟踪观测、数据采集等均由仪器自动完成，加之仪器本身质量轻，体积小，携带又方便，大大降低了作业难度，提高了工效。其次，GPS 定位的结果，可以直接提供点的三维坐标，不仅可以精确确定点的平面位置，也为研究大地水准面的形状和确定地面点高程开辟了新途径。

（4）全天候作业　GPS 定位不受天气条件制约，可以在任何时间、任何地点从事作业，加之观测时间缩短、速度加快，便利了人们对测量工程的统筹安排，使工程计划具有较大的可行性，为准确、快速提供测绘成果提供了可能。

四、中国 GPS 卫星跟踪网

（一）美国的 GPS 政策

美国在研制 GPS 总体方案时，就已经制定了“主要为军用，同时也兼顾民用的双用途政策”。此后，陆续出台了一系列的“双用途”政策，例如以下几方面。

① 1975 年规定，GPS 卫星发射的无线电信号，含有两种不同的测距码：C/A 码（也称粗码）和 P 码（也称精码）。相应于两种测距码，GPS 将提供两种定位服务，即供民用的标准定位服务（SPS）和专供军用的精密定位服务（PPS）。前者进行单点实时定位的精度约为 20～30m，后者利用 P 码进行单点实时定位的精度可优于 10m。

② 美国从 1990 年 3 月 17 日起实施选择可用性 SA（Selective Availability）技术，其主要内容如下。

a. 在广播星历中对 GPS 卫星的基准频率采用 δ 技术（其变化为无规律的随机变化），降低星历精度，使定位中的已知点（卫星）的位置精度大为降低。

b. 有意地在卫星钟的钟频信号中采用 ε 技术（高频抖动），使钟的频率产生快慢变化，导致测距精度大为降低。

实施 SA 技术后，C/A 码实时定位精度，平面位置降低至 100m，高程位置降低至 150m，严重影响了导航定位。2000 年 5 月，美国取消了限制民用精度的“SA”政策，仅在局部或个别卫星上实施 SA 技术。

③ P 码是不公开的保密码，广大民间用户难以应用。近年来，P 码的结构逐渐被人们解译，所以美国又采用新的反电子欺骗 AS（Anti-Spoofing）技术，它是由 P 码和保密的 W 码相加而形成的 Y 码，用于代替 P 码，其结构更为严格保密。一般用户无法解译。该技术仅在特殊情况下使用。

④ 选择可用性 SA 技术是否实施的判断。用户可从导航电文中的 URA（测距精度）值中判别。如 Trimble4000 测地型 GPS 接收机，当 URA 值为 20 以内时，说明未实施 SA 政策，当 URA 值为 30～64 时，说明实施 SA 政策。

（二）摆脱 GPS 限制政策的途径

美国的 GPS 限制政策严重损害了一般用户的实时定位精度，限制了 GPS 系统在许多高精度领域中应用的可能性。如何摆脱这种限制，是广大用户所关心的问题。

1. 建立独立的卫星导航与定位系统

一些国家和地区致力于发展自己的卫星导航与定位系统。如前苏联建立的全球导航卫星系统（GLONASS），欧洲空间局发展的以民用为主的卫星定位系统（NAVSAT），伽利略全球卫星导航系统（GALILEO）和中国的北斗导航卫星定位系统等。

建立自己独立的卫星导航与定位系统，无疑可以完全摆脱对美国的依赖。但是这项工程耗资巨大、技术复杂，对大多数国家来说，还是一项难以实施的工程。

2. 建立自己的 GPS 卫星跟踪网，独立确定 GPS 卫星精确轨道

利用 GPS 卫星，建立独立的跟踪系统，以便精密测定卫星轨道，为精密工程测量、地壳变形检测和地球动力学研究提供精密星历和精密定位服务。它是消除 SA 和 AS 不利影响的有效途径，具有十分重要的科学意义和使用价值。

正因为如此，在加拿大、澳大利亚和欧洲一些国家都在实施建立区域性或全球性精密测轨系统的计划。中国在“八五”期间所建立的 GPS 卫星跟踪站也已基本构网，建成了北京、武汉、上海、长春、昆明、拉萨和乌鲁木齐 GPS 卫星跟踪站。

3. 改进 GPS 精密定位方法及软件，削弱 SA 和 AS 技术的影响

例如，在美国实施 SA 技术和 AS 技术的情况下，采用差分 GPS 定位方法可以把一般用户的实时定位精度提高到 2～5m，是削弱美国限制政策影响的有效手段，目前已被广泛应用。再如，在使用载波相位观测值的情况下，若用户在离基准站的距离在 20km 以内，还可以获得厘米级的实时定位精度，这项技术目前也在迅速发展之中。

差分 GPS 的基本原理是：鉴于卫星的运行高度在 20000km 以上，对于地面相距不太远的两个点来说，卫星信号传播的路径基本相同，所以很多误差的影响也基本相同。如果在一个已知精确位置的点上安置 GPS 接收机，并和用户的接收机一起进行 GPS 观测，然后将用户的 GPS 定位结果和已知点精确坐标进行比较，就可以求得多种误差对点位影响所产生的综合偏差。进一步还能将这些偏差值通过无线电数据链传播给附近的其他用户，那么这些用户的定位精度势必大为改善。

（三）建立中国 GPS 卫星跟踪网

GPS 定位的基本原理是将高空运行的卫星的瞬间位置（坐标）作为已知的起算数据，利用空间距离后方交会的方法，确定待定点的空间位置。而卫星的瞬间位置是由卫星所广播的卫星星历来提供的。美国执行的 GPS 政策使广播星历的精度大幅度下降，实际上就是损害了 GPS 定位中已知点坐标的精度，也就是增大了 GPS 定位中起算数据的误差。

鉴于卫星星历在 GPS 定位中的重要作用，而广播星历的精度又很低这一实际情况，中国建立了自己的 GPS 卫星跟踪网，开展独立定轨工作，以获得精确的 GPS 卫星星历。

中国 GPS 卫星跟踪网是由 7 个跟踪站组成。目前投入运行的跟踪站如表 1-1 所列。

表 1-1　中国的 GPS 卫星跟踪站

站　名	建设单位	管理单位	站的性质
拉萨	国家测绘局	西藏测绘局	永久站
乌鲁木齐	国家测绘局 总参测绘局	新疆测绘局 兰州军区测绘大队	永久站 （试运行）
北京	国家测绘局	中国测绘科学研究院	永久站
武汉	国家测绘局	武汉大学	永久站
上海	上海天文台	佘山 VLBI 站	永久站
长春	总参测绘局	长春人卫站	试运行
昆明	总参测绘局	云南天文台	试运行

在确定具体建站的位置时，考虑到了对环境、地域的要求，需要电磁波干扰小，地基稳固，避免大气、水文、潮汐的影响等。跟踪站必须保证稳定可靠的电力供应，建立完善的电力系统和通信系统，以保证工作站连续工作。

跟踪站设备要长期不停地运行，所以绝大多数跟踪站都实行了自动管理，具备如下基本功能。

① 按标准管理系统正常地运行，自动采集和记录数据、自动传输数据、监控并记录各部件的运行状态。

② 有自我检测和完善的功能，使其在发生任何干扰、故障时能自动予以排除，重新恢复正常工作状态。

③ 有自我监测和保护的功能。

④ 有自动的系统管理和报警的功能。

中国在已经建立的GPS卫星跟踪站的基础上，还将进一步发展GPS的综合性服务体系。这个体系是一种集GPS卫星追踪、GPS数据采集、数据通信、数据处理、提供GPS信息服务于一体的网络体系，是一种集成式的系统工程。

第二节　导航定位卫星及其星座

一、GPS卫星及星座

1973年12月，为了满足全球战略的需要，美国国防部组织陆海空三军十多个单位共同组成联合计划局。在联合计划办公室的领导下，吸取其空军提出的“621-B”计划和海军提出的“TIMATION”计划的优点，共同研制了Navigation Satellite Timing and Ranging/Global Positioning System（缩写成NAVSTAR/GPS），即导航卫星测时和测距/全球定位系统，简称GPS定位系统，或直接简写为GPS。

自1974年以来，GPS计划已经历了方案论证（1974～1978年）、系统论证（1979～1987年）及生产实验（1988～1993年）三个阶段。1978年2月22日，第一颗GPS实验卫星发射成功。论证阶段共发射11颗BLOCKⅠ的实验卫星；11年后，即1989年2月14日发射第一颗工作卫星。到1994年4月为止共发射35颗GPS卫星。1994年4月24日美国国防部宣布：“GPS系统已具备初步运作能力”。整个GPS系统经过一年的调试和检验后，美国国防部于1995年4月27日又宣布：“GPS系统已具备全部运作能力”。意即在全世界任何地方、任何时候均实现了全天候导航、定位和定时。1994年底，美国国防部宣布：“从1995年1月起，将在GPS卫星导航电文的空域补充新信息，使GPS的实时定位精度达到1m”。这在理论和技术上是一重大突破。

历时23年、总投资200多亿美元的“GPS计划”终于完成，真正成为名副其实的“全球定位系统”。这是卫星大地测量史上的里程碑，也是测绘历史上的一次深远的技术革命。

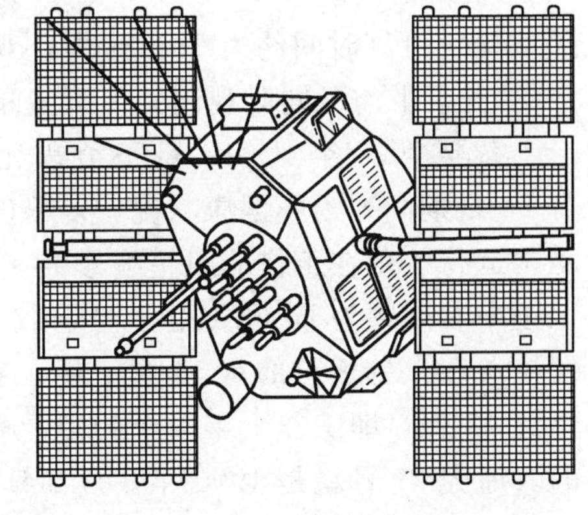

图1-1　GPS工作卫星

GPS工作卫星的外部形态如图1-1所示。卫星发射进入轨道后，星体两侧各伸展出由 4 叶拼成的太阳能电池翼板，总面积为 7.2m²。两侧翼板能自动对太阳定向，给 3 组 15A 的镉镍蓄电池不断充电，保证了卫星在地影区也能正常工作。GPS 工作卫星的主体呈圆柱形，整体在轨质量为 843.68kg，比实验卫星增重了 45%，它的设计寿命为 7.5 年，事实上均能超过该设计寿命而正常工作。GPS 卫星采用的是螺旋形天线阵列和圆极化式发送射电信号，12 根螺旋形天线组成了天线阵列，其发射波束的张角大约为 30°，可以覆盖卫星的可见地面。除了上述部分以外，卫星还包括入轨动力、反作用控制、姿态和速度控制系统、遥测和指令系统以及导航信号发送系统等。卫星姿态是采用三轴稳定方式，由 4 个斜装惯性轮和喷气控制装置构成三轴稳定系统，致使螺旋天线阵列所辐射的波速对准卫星的可见地面。

GPS 系统主要是为美国海陆空三军服务的，它具有广泛的军事用途。例如，为地面部队迅速行动指明方位，为核潜艇导航，为弹道导弹导航，检测全球核爆炸，摄取全球性的军事情报，反潜艇，反导弹等。因此，GPS 卫星的内部设备复杂而繁多，例如，为了战略部队的应急通信，美国在 GPS 卫星上安装战略通信机，其质量达 16.03kg，体积为 0.0124m³，采用 240～272MHz、318～400MHz 和 7900～8000MHz 的微波信号，辐射功率为 20W。

GPS 定位是一种被动定位，必须建立高稳定的频率标准。因此每颗卫星上都必须安装高精确度的时钟。当有 1×10^{-9}s 的时间误差时，将引起 30cm 的距离误差。实验表明，一般原子钟能够提供高稳定的频率。氢原子频率标准的稳定性最好，在 100s～1d 的时间内，氢原子频率标准的稳定优于 1×10^{-14}，比石英晶体频率标准要高出两个数量级以上。所以在每一个 GPS 工作卫星中，一般都要设置两台铷原子钟和两台铯原子钟，并计划将来采用氢原子钟。虽然 GPS 卫星发送几种不同频率的信号，但都来自同一个基准频率 10.23MHz。所以只需启用一台原子钟，其余的作为备用，以备更替出现故障的时钟。

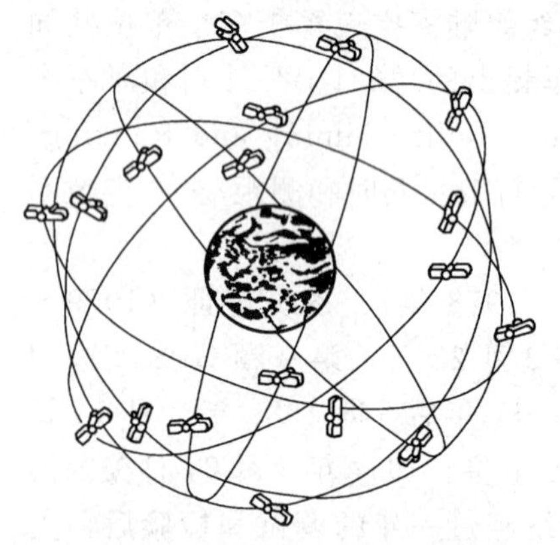

图 1-2　GPS 卫星工作星座

在 1988～1994 年间所建成的全球定位系统，包括 21 颗工作卫星和 3 颗在轨备用卫星，它们所组成的 GPS 卫星工作星座如图 1-2 所示。24 颗卫星均匀分布在 6 个轨道平面内，每个轨道面内有 4 颗卫星运行，卫星距地面的平均高度为 20200km。6 个轨道面相对于地球赤道面的倾角为 55°，各轨道面之间的交角为 60°。当地球自转 360°时，卫星绕地球运行两圈，环绕地球运行一圈的时间为 11h 58min。地面的观测者每天可提前 4min 见到同一颗卫星，可见时间约为 5h。这样，观测者在地球表面上任何地点任何时刻，在卫星高度角 15°以上，平均可同时观测到 6 颗卫星，最多可观测到 11 颗卫星。

截至 2003 年 10 月，GPS 在轨工作卫星为 28 颗，其中 17 号星在 2003 年 6 月 6 日至 7 月 23 日期间列为不健康状况，7 月 9 日其星钟从 Cs4 转为 Rb2，卫星移到 D6 星位上又开始正常运行。现在工作的卫星编号为 1～31 号，其中只有 12 号、19 号、22 号为空缺。28 颗卫星中有 3 颗为 BLOCKⅡ卫星，17 颗为 BLOCKⅡA 卫星，8 颗为 BLOCKⅡR 卫星，正在用铯（Cs）钟运行的有 11 颗卫星，其余均用铷（Rb）钟。在 1993 年 11 月 22 日启用的卫星达 15 颗，即工作十年以上的卫星数目超过半数，最早的一颗卫星还是 1989 年 6 月发射的。原先 21 号星是 1990 年 8 月 2 日发射的，2002 年 9 月 25 日出现异常情况，于 2003 年 1 月 27 日宣布退出服务，现已为 2003 年 3 月 31 日发射的卫星所接替，后者在 4 月 12 日投入正式服务。

GPS全球定位系统可满足各种不同用户的需要，从根本上解决了人类可在地球的任何位置进行导航和定位的问题。在海上，可用于海上协同作战、海洋交通管理、石油勘探、海洋捕鱼、浮标建立、管道铺设、暗礁定位、海港领航等方面；在空中，可用于飞机导航、飞机会合、空中加油、武器投掷和空中交通管理等；在陆地上，可用于各种部队的定位、各种军事设施和其他设施的定位等；在空间技术方面，可用于导弹、飞船、飞机的导航和定位等；在人们的生活中，如汽车、旅行、探险、狩猎等都可方便地使用。

近期，美国为了进一步改善GPS的可用性、安全性和完善性，实时推出了GPS现代化的计划，即实施广域增强系统和局域增强系统；进一步提高民用精度，2003年在L_2载波上提供第二个民用信号，2006年前将增加第三个民用频率$L_5=1176.45$MHz，并提高码频率和发射功率，其目的是为了和其他全球定位系统争夺市场。

二、前苏联GLONASS全球卫星导航系统

GLONASS全球卫星导航系统的起步晚于GPS 9年，在广泛使用GPS的同时，前苏联在全面总结CICADA第一代卫星导航系统优缺点的基础上，吸取美国GPS系统成功经验，从1982年10月12日开始，逐步建立了第一代卫星导航系统——GLONASS全球卫星导航系统。该系统计划在1995年前建成由（21＋3）颗卫星组成的GLONASS工作卫星星座，其中21颗卫星为工作卫星，3颗为在轨备用卫星，它们均匀地分布在图1-3所示的3个轨道平面内，并以1.602～1.616GHz和1.246～1.256GHz射电频率发射信号和传播电文。可见，GLONASS系统与美国的GPS系统极为相似。1995年初只有16颗GLONASS卫星在轨工作，1995年进行了三次成功发射，将9颗卫星送入轨道，完成了24颗工作卫星加1颗备用卫星的布局。经过数据加载、调整和检验，已于1996年1月18日整个系统运行正常。

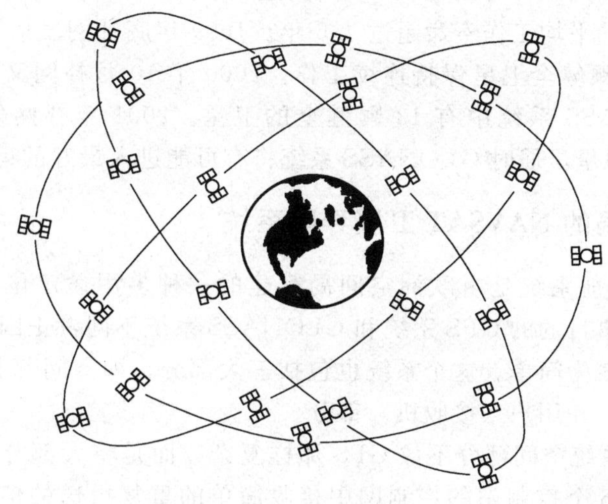

图1-3 GLONASS卫星星座

1. 卫星星座

GLONASS卫星星座的轨道为3个等间隔椭圆轨道，轨道面间的夹角为120°，轨道倾角为64.8°，轨道的偏心率为0.01，每个轨道上等间隔地分布8颗卫星。卫星离地面高度

为 19100km，运行周期为 11h 15min。GLONASS 和 GPS 的对比参见表 1-2。由于 GLONASS 卫星的轨道倾角大于 GPS 卫星的轨道倾角，所以在高纬度（50°以上）地区的可视性较好。

每颗 GLONASS 卫星上装有铯原子钟，以产生高稳定的时标，并向所有星载设备提供同步信号。星载计算机将从地面控制站接收到的信息进行处理，生成导航电文向地面的用户广播。

2. 地面控制系统

地面控制站（GCS）包括一个系统控制中心（在莫斯科区的 Golitsyno-2），一个指令跟踪站（CTS），网络分布于俄罗斯境内。CTS 跟踪着 GLONASS 可视卫星，遥测所有卫星，进行测距数据的采集和处理，并向各卫星发送控制指令和导航信息。

在地面控制站内有激光测距设备对测距数据作周期修正，为此，所有 GLONASS 卫星上都装有激光反射镜。

3. 用户设备

GLONASS 接收机接收 GLONASS 卫星信号并测量其伪距和速度，同时从卫星信号中选出并处理导航电文，并算出位置坐标的 3 个分量、速度矢量的 3 个分量和时间。

GLONASS 系统进展较快，但生产用户设备的厂家较少，生产的接收机多为专用型。GPS 和 GLONASS 联合型接收机有很多优点：用户同时可接收的卫星数目增加约 1 倍，可以明显改善观测卫星的几何分布，在一些遮挡物较多的城市、森林等地区，可提高定位精度，还可有效地削弱美俄两国对各自定位系统的可能控制，提高定位的可靠性和安全性。

4. 俄罗斯对 GLONASS 系统的使用政策

GLONASS 系统可供国防和民间使用，不带任何限制，也不计划对用户收费，该系统运行时间至少 15 年。民用的标准精度通道（CSA）精度数据为：水平精度 50～70m，垂直精度 75m，并声明不引入选择可用性（SA），测速精度为 15cm/s，授时精度为 1μs。

GLONASS 卫星的平均工作寿命超过 4.5 年。1999 年底补网发射了 3 颗卫星，至 2000 年初，该系统只有 7 颗健全卫星保持连续工作。2000 年 10 月补网又发射了 3 颗卫星。到 2001 年 3 月，GLONASS 系统中有 13 颗健全的卫星。2001 年补网发射 6 颗卫星，计划 2004 年再发射 15 颗卫星，届时 GLONASS 系统将有可能进入最好的运营状态。

三、欧洲空间局的 NAVSAT 卫星导航系统

NAVSAT 卫星导航系统是由欧洲空间局筹建的一种多用途定位系统，是一种民用系统，它和主要用于军事目的的 GPS 系统和 GLONASS 系统不同，正因为如此，它的卫星结构和接收机的操作均较为简单。这个系统也包括三大部分，即空间部分（卫星）、地面控制部分（地面控制设备）和用户（接收机）部分。

因为 NAVSAT 系统空间部分不像 GPS 那样复杂，而是将大部分复杂内容设置在地面上。各卫星只从多至 6 个控制站的控制网中接收简单的重复播送的信号，每个控制站以 C 带频率连续播送信号给该站的可见卫星。由于卫星的运行，当它离开该控制站的控制范围时，就通知下一个相邻控制站接替该站继续对这个卫星发送信号。发送的信号为包括一个强联系波（CW）的载波和带有大约 5MHz 的数据块速率的伪偶然噪声（PRN）码以及一个包含星历和其他数据的低比特速率电文流。然后卫星就原样重复播送这些导航用的 1.596MHz

和作为卫星控制的用于C带频率的信号。所有卫星都传送同样的频率和同样的PRN码，并用时间划分成多路接近格式来解决卫星间相互干扰的问题。每个卫星在停止了133ms后，都要按顺序播送大约2s的信号。该系统的卫星上没有原子钟，而是在控制站上使用了同步原子标准钟以获得信号的频率稳定性。

自第一次建议建立NAVSAT系统以来，卫星星座的布局已被修改过，现在设计的星座，如图1-4所示，由地球同步轨道卫星（GEO）和高椭圆轨道卫星（HEO）组成混合卫星星座，在地球同步轨道上有6颗同步卫星，这6颗卫星应全部覆盖北半球；在高椭圆轨道上的12颗卫星则扩大对全球的覆盖。同步卫星上带有NAVSAT发射机应答器，因此可用于通信。

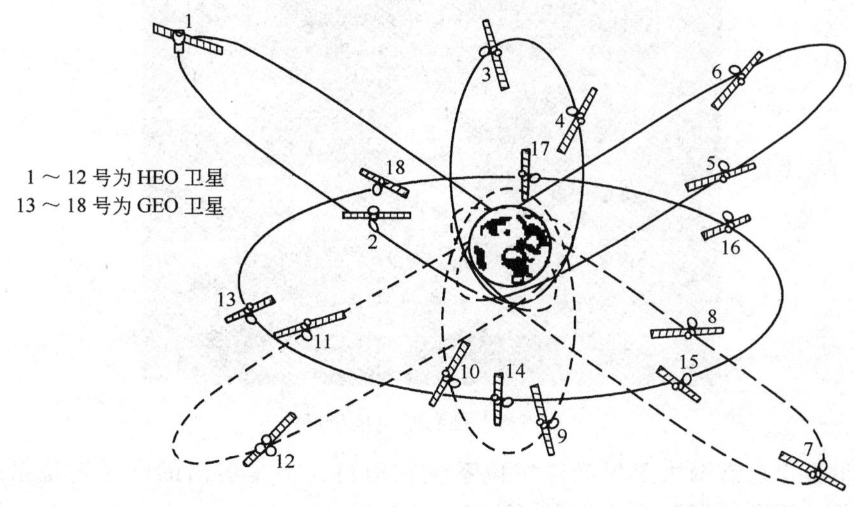

图1-4 NAVSAT卫星星座

该系统可分别用于三种不同的用户：对那些中等精度（约100m精度）定位和导航精度要求的用户，只需通过CW载波用简单的多普勒模式的接收机就可以满足要求；对那些要求达到5～10m的高精度用户，可通过带有多普勒补助伪噪声码（PRN）信号的伪距接收机接收；对那些按大地测量精度要求的用户，可用与GPS中相类似的形式记录超过延长时间间隔的载波相位而获得结果。

上述几种不同卫星定位系统的主要特征列于表1-2。

表1-2 三种卫星系统比较

卫星系统	GPS	GLONASS	NAVSAT
卫星数/颗	21+3	21+3	12+6
轨道面数/个	6	3	7
轨道倾角/(°)	55	64.8	63.45
平均高度/km	20200	19100	20178
周期	11h 58min	11h 15min	11h 58min
卫星射电频率 L_1/MHz	1575.42	1602～1616	1561～1569
卫星射电频率 L_2/MHz	1227.6	1246～1256	1224～1232
C/A码频率	1.023MHz	511kHz	3.397MHz
C/A码码长/bit	1023	511	3937

四、伽利略全球卫星导航系统

意大利天文学家伽利略（Galileo Galilei，1564～1642 年），利用天文望远镜发现银河系由无数颗恒星组成，月亮表面凹凸不平，木星有 4 颗卫星，有时太阳会出现黑子等许多观测成果，证明了哥白尼的日心说，也使他成为利用望远镜观察天体取得丰硕成果的第一人。为了纪念这位卓越的天文学家，1999 年欧盟决定实施具有自主知识产权的卫星导航系统计划时，将这一计划命名为“伽利略”卫星导航计划，伽利略卫星星座如图 1-5 所示。

图 1-5　伽利略卫星星座

目前，世界上已有两大卫星导航定位系统在运行：一是美国的全球定位系统（GPS），二是俄罗斯的“格鲁纳斯”（GLONASS）定位系统。但是这两个系统受到美、俄两国军方的严密控制，其信号的可靠性无法得到保证。长期以来欧洲只能在美、俄的授权下从事接收机制造、导航服务等从属性的工作。为了能在卫星导航领域中占有一席之地，欧洲认识到建立拥有自主知识产权的卫星导航系统的重要性。同时在欧洲一体化的进程中，建立欧洲自主的卫星导航系统将会全面加强欧盟诸成员国间的联系和合作。在这种背景下，欧盟决定启动一个军民两用的与现有的卫星导航系统相兼容的全球卫星导航计划——“伽利略”(GALILEO) 计划。

欧盟在 1999 年 2 月首次提出“伽利略”计划。计划分成四个阶段：论证阶段，时间为 2000 年，欧盟在世界无线电大会上获得建立 GNSS 系统的 L 频段的频率资源；系统研制和在轨确认阶段，包括研制卫星及地面设施，系统在轨确认，时间为 2001～2005 年；星座布设阶段，包括制造和发射卫星，地面设施建设并投入使用，时间为 2006～2007 年；运营阶段，从 2008 年开始。2000 年度的论证工作为“伽利略”计划勾画出一个轮廓。论证报告指出，计划投入 32.5 亿欧元的资金，服务范围覆盖全球，可以提供导航、定位、时间、通信等项服务。其服务方式包括开放服务、商业服务与官方服务三个方面。

任何人只要装备了“伽利略”接收机就能接收 GPS、GLONASS 和“伽利略”卫星导航系统的信号。开放服务将与商业和生命安全服务共享两个开放的导航信号，开放服务将主要用于道路交通中的个人导航、道路信息和提供路线建议的系统、移动通信等应用领域。

商业服务将主要涉及专业用户，这些专业用户将来自测绘、海关、船舶和车辆管理以及关税征收等领域。商业服务将提供在独立频率上的第三种导航信号的接入服务，并使用户能利用三载波相位模糊分辨力技术（TCAR）来改善精度。官方服务的对象是那些对于精度、信号质量和信号传输的可靠性要求极高的用户。官方服务将包括以下三种：生命安全服务、官方管理服务和搜救服务。“伽利略”系统的基本结构包括星座与地面设施、服务中心、用户接收机等。卫星星座将由30颗卫星（27颗工作卫星和3颗备用卫星）组成，卫星采用中等地球轨道，均匀地分布在高度约为23616km的3个中高度圆轨道面上，倾角为56°。计划2003年发射两颗试验卫星，每颗卫星都将搭载导航载荷和一台搜救转发器。每次发射将会把5颗或6颗卫星同时送入轨道。地面控制设施包括卫星控制中心（用于卫星轨道改正的遥感和遥测中心）和提供各项服务所必需的地面设施，用于管理卫星星座及测定和播送集成信息。该系统使用4个载频向全球播发5种导航信号，这些导航信号支持开放、商用、生命安全及政府管理和搜救服务。系统还划分为8个区域部分，用来发送针对各自区域的集成信息。种类齐全的GALILEO接收机不仅可以接收本系统信号，而且可以接收GPS、GLONASS这两大系统的信号，并且实现导航功能和移动电话功能的结合，及与其他飞行导航系统的结合。

五、中国的北斗导航卫星定位系统

中国自行研制的第一颗导航定位卫星——“北斗导航试验卫星”，于2000年11月1日凌晨0时02分在西昌卫星发射中心发射升空，并准确进入预定轨道。

“北斗导航试验卫星”由中国航天科技集团空间技术研究院研制，据介绍，为满足国内卫星导航需求，中国将自行建立第一代卫星导航定位系统——双星导航定位系统（北斗一号）。该系统是全天候、全天时提供卫星导航信息的区域导航系统。这个系统建成后，主要为公路交通、铁路运输、海上作业等领域提供导航服务，对国民经济建设将起到积极推动作用。“北斗导航试验卫星”的首次发射成功，为“双星导航定位系统”的建设奠定了基础。

2000年12月22日0时20分，中国自行研制的第二颗“北斗导航试验卫星”在西昌卫星发射中心发射升空，并准确进入预定轨道。它与2000年11月1日发射的第一颗“北斗导航试验卫星”一起，构成了“双星导航定位系统”。这标志着中国将拥有自主研制的第一代卫星导航定位系统。

2003年5月25日又发射了导航定位系统的备份星，它与前两颗“北斗一号”工作星组成了完整的卫星导航定位系统，确保全天候、全天时提供卫星导航信息，该系统服务区域为东经70°～145°、北纬5°～55°范围。定位精度为：平面±20m，高程±10m。

双星导航定位系统定位的基本原理为空间球面交会测量原理。如图1-6所示，地面中心站通过两颗卫星向用户询问，用户应答后测量并计算出用户到两颗卫星的距离；然后根据地面中心站的数字地图，由地面中心站算出用户到地心的距离，再根据两颗卫星和地面中心站的已知地心坐标计算出用户的三维位置，由卫星发给用户。

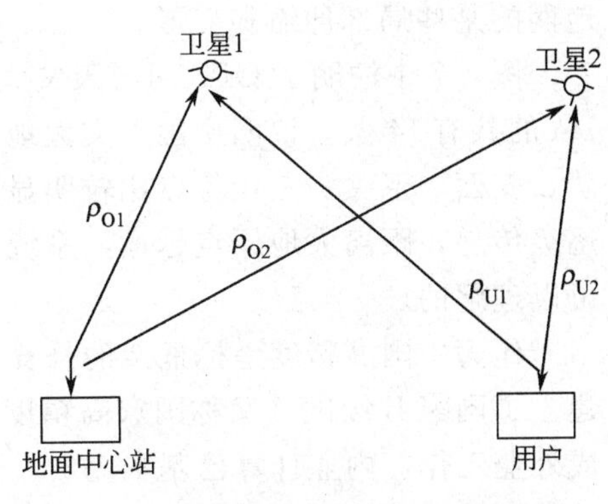

图1-6　双星导航定位系统工作原理

中国的双星卫星导航系统，综合了传统天文导航定位和地面无线电导航定位的优点，相当于一个设置在太空的无线电导航台。它不仅可以在任何时间、任何地点为用户确定其所在的地理经纬度和海拔高度，而且在定位性能上有所创新。这个系统将主要用于国家经济建设，为交通运输、气象、石油、海洋、森林防火、灾害预报、通信、公安以及其他特殊行业提供高效的导航定位服务，应用前景十分广阔。“北斗”导航系统是国际上首次实现的区域导航定位系统，该系统的建立和投入使用，填补了中国导航卫星领域的空白，使中国成为世界上继美、俄之后自主建立卫星导航系统的国家。目前，世界上只有少数发达国家具备了自主建设卫星导航系统的能力。

第三节　GPS在国民经济建设中的应用

一、GPS在大地测量中的应用

（一）全球或全国性的高精度GPS网

作为大地测量的科研任务是研究地球的形状及其随时间的变化，因此建立全球覆盖的坐标系和统一的高精度大地控制网是大地测量工作者多年来一直梦寐以求的。直到GPS技术逐步完善的今天才使全球覆盖的高精度GPS网得以实现，从而建立起了高精度的（在1～2cm）全球统一的动态坐标框架，为大地测量的科学研究及相关地学研究打下了坚实的基础。

1991年国际大地学会（LAG）决定在全球范围内建立一个IGS（国际GPS地球动力学服务）观测网，并于1992年6～9月间实施了第一期会战联测，中国积极配合并参与了这项工作。目的是在全国范围内确定精确的地心坐标，建立起中国新一代的地心参考框架及其与国家坐标系的转换参数，以优于10^{-8}量级的相对精度确定站间基线向量，布设成国家A级网，它将作为国家高精度卫星大地网的骨架并为地壳运动及地球动力学的研究奠定基础。

建成后的国家A级网共由27个主点和6个副点组成，它们均匀分布在全国，平均点间距650km，如图1-7所示。从1992年7月25日至8月5日，在这33个点上进行了连续观测。国家A级网经地面联测后全部与国家天文大地点重合，且重合点分布均匀。经过精细的数据处理，平差后在ITRF91地心参考框架中的点位精度优于0.1m，边长相对精度一般优于1×10^{-8}。随后在1993年和1995年又两次对A级网点进行了GPS复测，其点位精度已提高到厘米级，边长相对精度达3×10^{-9}。

平差后的GPS网的精度比整体平差过的天文大地网的精度高出1～2个数量级。将GPS网与天文大地网合点成果化算至同一坐标系统后，用各种方法进行比较，就可以发现天文大地网的某些局部伸缩和变形。

图1-7中注明了GPS网与天文大地网的相应弦长之差。从图中可以看出，其差值超过1m的共有14条，说明中国天文大地网存在的变形和位移，大多分布在周边地区，安多、拉萨、安西、下关、三亚等点比较明显。其主要原因是早年所布测的天文大地网是锁段控制、逐级传递，距离大地原点越远，系统误差积累也就越大，所以边远地区的大地网存在变形是可以理解的。

作为中国高精度坐标框架的补充以及为满足国家建设的需要，在国家A级网的基础上建立了国家B级网（又称国家高精度GPS网）。布测工作从1991年开始，经过5年努力完成外业工作，内业计算已基本完成。全网基本均匀布点，覆盖全国，共布测818个点左右，总独立基线数2200多条。平均边长在中国东部地区为50km，中部地区为100km，西部地

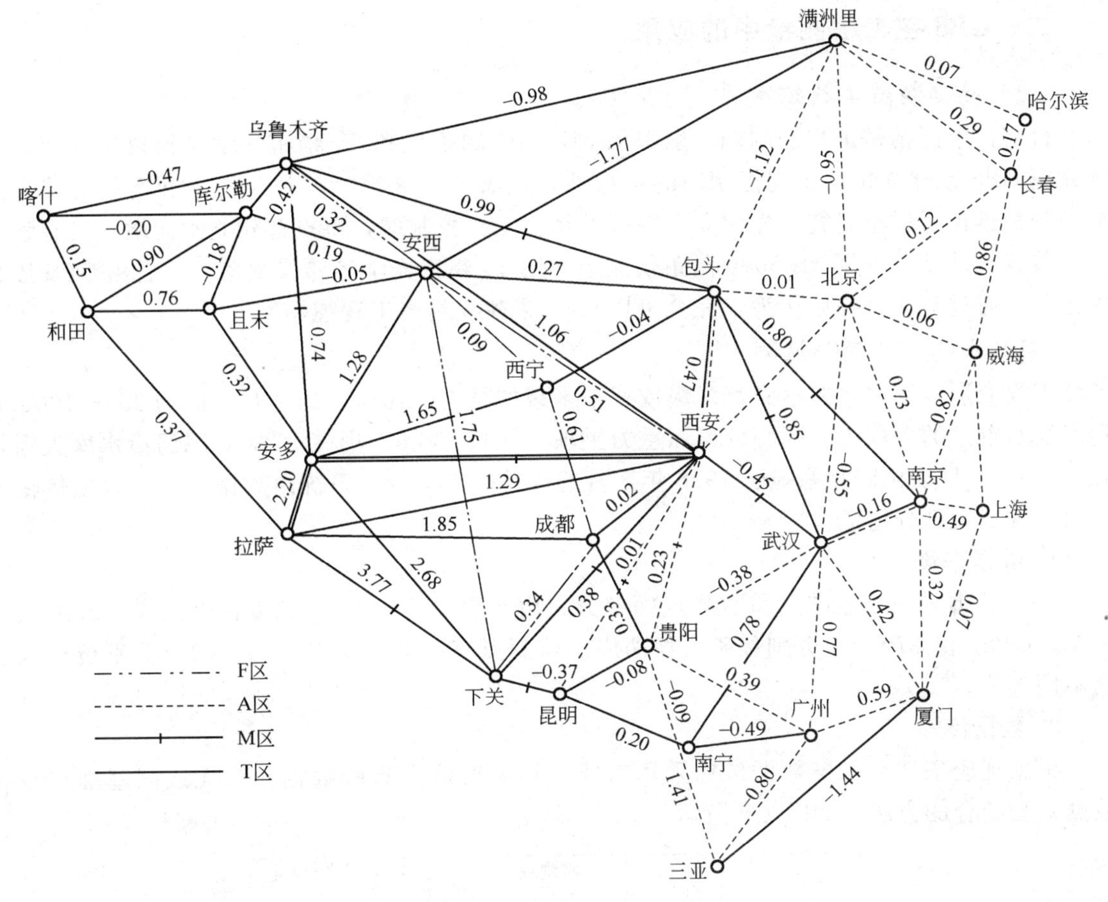

图 1-7 中国 A 级 GPS 网布设情况

区为 150km。经整体平差后，点位地心坐标精度达±0.1m，GPS 基线边长相对中误差可达 2.0×10^{-8}，高程分量相对中误差为 3.0×10^{-8}。

新布成的国家 A、B 级网已成为中国现代大地测量和基础测绘的基本框架，将在国民经济建设中发挥越来越重要的作用。国家 A、B 级网以其特有的高精度把中国传统天文大地网进行了全面改善和加强，从而克服了传统天文大地网的精度不均匀、系统误差较大等传统测量手段不可避免的缺点。通过求定 A、B 级 GPS 网与天文大地网之间的转换参数，建立起了地心参考框架和中国国家坐标的数学转换关系，从而使国家大地点的服务应用领域更广阔。A、B 级 GPS 网的高精度三维大地坐标，并结合高精度水准联测，从而大大提高了确定中国大地水准面的精度，特别是克服中国西部大地水准面存在较大系统误差的缺陷。

（二）区域性 GPS 大地控制网

区域 GPS 网是指国家 C、D、E 级 GPS 网或专门为工程项目布测的工程 GPS 网。该网的特点是控制区域有限（一个市或一个地区），边长短（几百米到 20km），观测时间短（几分钟到一两个小时）。由于 GPS 定位的高精度、快速度、省费用等优点，区域大地控制网的建立在中国已基本被 GPS 技术所取代。主要在以下几个方面：①建立新的地面控制网；②检核和改善已有的地面控制网；③对已有的地面控制网进行加密；④拟合区域大地水准面。

二、GPS 在工程测量中的应用

（一）建立精密工程控制网

目前，中国精密工程控制网一般都用 ME5000 测距仪和 T_3 精密光学经纬仪来施测，为研究用 GPS 来建立精密工程控制网的可行性，武汉大学测绘学院和长江水利委员会综合勘测局分别进行了试验研究。先建立高精度的精密工程控制网，每点都建立水泥墩，设有强制对中装置，试验时先用 ME5000 测距仪测边，用 T_3 精密光学经纬仪测角，然后用 GPS 接收机施测。通过对比试验后认为，完全可用 GPS 来建立精密工程控制网。

（二）用于工程变形监测

工程变形监测通常要达到毫米级或亚毫米级的精度，而监测的边长一般为 300～1000m。隔河沿水电站的大坝为三圆心变截面重力拱坝，坝长 653m，坝高 151m，隔河沿水库大坝外观变形 GPS 自动化监测系统于 1998 年 3 月建成并投入运行，系统由数据采集、数据传输及数据处理三大部分组成。

1. 数据采集

GPS 数据采集分基准点和监测点两部分，由 7 台 Ashtech Z-12 接收机组成。基准点有两个（GPS_1 和 GPS_2），分别位于大坝两岸。监测点有 5 个（GPS_3～GPS_7），分别位于大坝的不同部位。

2. 数据传输

根据现场条件，GPS 数据传输采用有线（坝面监测点观测数据）和无线（基准点观测数据）相结合的方法，如图 1-8 所示。

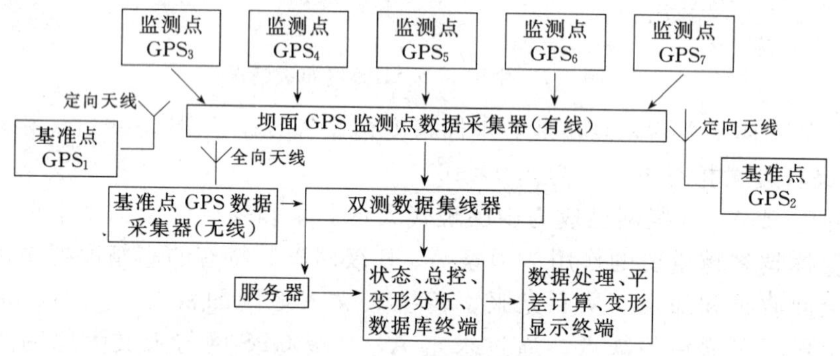

图 1-8　GPS 自动化监测系统网络结构

3. 数据处理、分析和管理

在每年 365 天中，7 台 GPS 接收机需连续观测，并实时将观测数据传输至控制中心，进行处理、分析、储存，系统反应时间小于 10min。整个系统全自动，应用广播星历 1～2h GPS 观测资料解算的监测点位水平精度优于 1.0mm（相对于基准点），垂直精度优于 1.5mm（相对于基准点）；6h GPS 观测资料解算的监测点位水平精度优于 1.0mm，垂直精度优于 1.0mm。

（三）用于飞机场轴线定位

自 1992 年开始，中国各城市建立的新机场，其跑道的定向全部采用 GPS 来施测，如济南国际机场、武汉天河国际机场、贵阳国际机场、南京绿口国际机场等。

在确定机场跑道中心轴线方位的精度时，按机场等级而定，最高精度应低于±1″，解算

GPS 基线时一定要用精密软件。最低也应优于±6″，可用接收机自带的商业软件解算。

三、GPS 在航空摄影测量中的应用

摄影测量是利用摄影所得的相片，研究和确定被摄物体形状、大小、位置、属性相互关系的一种技术。摄影测量技术的发展可分为三个阶段。

① 经典的摄影测量，属光学机械等模拟方法。

② 解析法摄影测量，属数字化的方法。

③ GPS 辅助法摄影测量。

摄影测量有两大主要任务，其中之一就是空中三角测量，即以航摄相片所量测的像点坐标或单元模型上的模型点为原始数据，以少量地面实测的控制点地面坐标为基础，用计算方法解求加密点的地面坐标。在 GPS 出现以前，航测地面控制点的施测主要依赖经纬仪、测距仪及全站仪等，在测量中都必须满足控制点间相互通视的条件，若通视条件较差，施测则十分困难。GPS 测量不需要控制点间相互通视，而且测量精度高、速度快，所以，GPS 定位技术很快就成为航测地面控制点测量的主要手段。但从总体上讲，地面控制点测量仍是一项十分耗时的工作，未能从根本上解决常规方法中“第一年航空摄影，第二年野外控制联测，第三年航测成图”的作业周期长、成本高的缺点。

近年来，GPS 动态定位技术的飞速发展导致了 GPS 辅助航空摄影测量技术的出现和发展，目前该技术已进入实用阶段。中国已在北京市、海南省等地实施了 GPS 航空摄影测量。实际表明该技术可以极大地减少地面控制点的数目，缩短成图周期，降低成本。这一技术的推广及应用，必将会引起测绘行业从技术到队伍结构的质变，从而产生重大的社会效益和经济效益。

四、GPS 在线路勘测及隧道贯通测量中的应用

（一）建立线路 GPS 控制网

线路勘测、管线测量及隧道贯通测量是公路、铁路等工程建设中的重要工作，因测量控制网大多以狭长形式布设，并且很多工程穿越崇山峻岭，周围已知控制点很少，使传统测量方法在网形布设、误差控制等多方面带来诸多问题。因作业时间较长，还影响工程建设的进度。自从将 GPS 技术引进该领域以来，测量效率和测量精度得到了很大的改善和提高。传统的线路测量一般采用导线法，而应用 GPS 定位技术的形式是沿设计线路建立狭长的带状控制网。

1. 布网形式

铁路 GPS 线路控制网布设应满足下列几个条件：①GPS 点应成对出现；②每对点必须通视，间隔以 1km 为宜（200～1200m）；③每对点与相邻一对点的间隔不得大于 30km。具体间隔视作业条件和整个控制测量工作计划而定，一般 5～15km 布设一对点。这些点均沿设计线路布设，其图形类似线形锁。

布设 GPS 点对的原则：①线路勘测的起讫处；②线路重大方案起讫处；③线路重大工程地段；④航摄测段重叠处。

2. 观测及处理

GPS 控制网宜选用双频 GPS 接收机，采用静态观测模式，时段长度一般为 30～90min。数据处理、网平差可采用厂家提供的随机软件。

（二）长隧道 GPS 施工控制网

隧道施工控制网是为隧道施工提供方向控制和高程控制的，一般由洞口点群和两洞口之间联系网组成。采用静态方式观测，观测两个时段，时段长度为 60～90min。数据处理、网平差可采用厂家提供的随机软件。

因工程大多穿越崇山峻岭，故用 GPS 水准解决高程问题，方法是：先用Ⅱ等精密水准将黄海高程传递到洞口附近，联测若干个点，对联测几何水准的点，采用快速静态测量方式测定其点位。高程拟合采用非参数回归模型，拟合后的高程满足隧道贯通对高程的精度要求。

（三）地铁精密导线 GPS 测量

地铁精密导线 GPS 测量的特点是：①线状测量；②有大量的短边，边长为 100～500m。为此，完全套用目前行业标准《全球定位系统（GPS）测量规范》不一定是科学合理的，应根据工程具体情况进行灵活掌握。

在制定作业方案时应作如下考虑：①待定点的分布虽然是线状，仍采用网状观测及平差处理；②采用静态方式观测，同步环中每条基线测定的时段长度为 2h（一时段），PDOP 小于 6，同步观测星数不少于 4 颗。

五、GPS 在地形、地籍及房地产测量中的应用

（一）RTK 技术在地形测量中的应用

地形测图一般是首先根据高级控制点加密图根控制点，然后在图根控制点上用经纬仪或平板仪测图法测绘地形图。近年来发展到用全站仪和电子手簿，采用地形、地物编码的方法，利用测图软件测绘地形图，还没有脱离传统方法的束缚，要求测站必须与被测的周围地物地貌等碎部点之间相互通视，并且至少要求 2～3 人操作。

采用 GPS-RTK 技术，可不布设各级控制点，仅依据一定数量的基准控制点，不要求点间通视，仅需一人操作，在要测的碎部点上停留 1～2s，并同时输入特征编码，通过电子手簿或便携机记录，在点位精度合乎要求的情况下，把一个区域内的地形点、地物点的坐标测定后，可在室外或室内用专业测图软件一次测绘成电子地图，然后通过计算机和绘图仪、打印机输出各种比例尺的图件。

（二）RTK 技术在地籍、房地产测量中的应用

地籍、房地产测量中应用 RTK 技术测定每一宗土地的权属界址点以及测绘地籍与房地产图，同测绘地形图一样，能实时测定有关界址点及地物点的位置，并能达到厘米级精度。将 GPS 获得的数据处理后直接录入 GIS 系统，可及时、精确地获得地籍和房地产图。但在影响 GPS 卫星信号接收的遮蔽地带，还应采用常规的测绘方法进行细部测量。

六、GPS 在水下地形测量中的应用

水下地形测量需用测深仪测定水深。水深测线间距依比例尺不同而变化，而测深仪的定位控制除了近岸测量或江河测量可使用传统的光学仪器或全站仪实施交会法定位外，其他较远区域多采用无线电定位。GPS 卫星定位技术的应用，可以快速、高精度地测定测深仪的位置。对于较大比例尺测图，可应用差分 GPS 技术进行相对定位。

实际应用中将 GPS 接收机与数字测深仪组合，前者进行定位测量，后者同时进行水深

测量，再利用电子记录手簿、计算机和绘图仪便可组成水下地形测量自动化系统。野外有2～3人便可完成岸上和船上的全部操作。当天所测数据1～2h即可处理完毕，并可即时绘出水深图、测线断面图、水下地形模型等。

七、GPS在其他领域中的应用

（一）GPS在公安、交通系统中的应用

过去，用于公安、交通系统的设备主要是无线电通信设备，由调度中心向车辆驾驶员发出调度命令，驾驶员根据自己的判断说出车辆的大概位置，而在生疏地带或夜间则容易迷路。因此，从调度管理和安全管理方面，其应用受到限制。GPS定位技术的出现给车辆、轮船等交通工具的导航定位提供了具体的实时定位能力。驾驶员通过车载GPS接收机可以随时知道自己的具体位置，并通过车载电台将GPS定位信息发送给调度指挥中心，从大屏幕电子地图上显示出来，调度指挥中心便可掌握各车辆的具体位置。

（二）GPS在农业领域中的应用

利用GPS技术，配合遥感技术（RS）和地理信息系统（GIS），能够做到监测农作物产量分布、土壤成分和性质分布，做到合理施肥、播种和喷洒农药，节约费用，降低成本，达到增加产量、提高效益的目的。利用差分技术可以在以下几方面得到应用。

（1）土壤养分分布调查　在播种之前，用车辆（配有GPS接收机和计算机）按一定要求在农田中采集土壤样品，并将样品采集点的位置精确测定出来，输入计算机后，计算机依据地理信息系统将采样点标定，绘出土壤样品点位分布图。

（2）监测作物产量　在联合收割机上配置GPS接收机、计算机和产量监视器，就构成了作物产量监视系统。在收割作物时，同时记录作物的位置和产量，通过计算机绘制出每块土地产量的分布图。

（3）合理施肥、精确农业管理　在GPS的控制下，依据土壤养分含量分布图，能够合理地给田地的各点施肥，施用的化肥种类和数量由计算机根据养分含量分布图控制。

在作物生长期的管理中，利用遥感影像并结合GIS可绘出作物色彩变化图，利用GPS可采集一定数量的土壤及作物样品进行分析，并绘制出作物生长的不同时期的土壤养分含量的系列分布图，可做到精确地对作物生长进行管理。

（三）GPS在林业管理方面的应用

在森林中进行常规测量非常困难，而GPS定位技术则可以发挥它的优越性，在确定林区面积、估算木材量、计算可采伐木材面积、确定原始森林、道路位置、对森林火灾进行周边测量、测定地区界线方面可以发挥其独特的重要作用。

（四）GPS在旅游及野外考察中的应用

在旅游及野外考察中，导航型GPS是人们最忠实的向导。它可以随时告知此时所在的位置及行走速度和方向，使人们不会迷失路途。

本章小结

本章主要介绍了大地测量的发展，大体上可分为古代大地测量、经典大地测量和现代大地测量三个阶段。特别是经典大地测量中的三角测量、最小二乘法、重力测量成果现在仍被广泛应用。

现代大地测量将测量成果精度提高到 10^{-6} 量级以上；并缩短了作业周期，且使过去无法实现的严密理论计算得以实行。

人造卫星和空间技术的发展，突破了经典大地测量在点位、时间、应用、精度等方面的局限性，使测量产生了划时代的飞跃和质的变革。

GPS 定位技术自从应用于测量工程，就以其特有的自动化、全天候、高精度的显著优势令经典大地测量刮目相看，具体表现为：①选点灵活；②精度提高；③操作简便；④全天候作业。

俄罗斯、欧盟和中国分别建立了 GLONASS 全球卫星导航系统、GALILEO 全球卫星导航系统和双星导航定位系统。

GPS 在国民经济建设中的应用，主要包括在大地测量，工程测量，航空摄影测量，线路勘测及隧道贯通测量，地形、地籍及房地产测量，水下地形测量等领域。

思考题与习题

1. 经典大地测量阶段的主要任务是什么？人们在哪些方面做了大量的研究工作，并取得了丰硕的成果？

2. 现代大地测量的主要任务是研究和解决哪些问题？具体包括哪几个方面？

3. 卫星大地测量的作用分为哪几个方面？

4. 子午卫星导航系统的缺陷是什么？

5. GPS 定位的实质是什么？

6. GPS 定位技术的优点是什么？

7. 选择可用性 SA（Selective Availability）技术的主要内容是什么？它主要起什么作用？

8. 反电子欺骗 AS（Anti-Spoofing）技术是采用什么方法？

9. 摆脱 GPS 限制政策的途径和方法有哪些？

10. 建立中国 GPS 卫星跟踪网的目的是什么？它由几个跟踪站组成？跟踪站的基本功能有哪些？

11. 在哪几个方面采用区域性 GPS 大地控制网？

12. GPS 线路控制网布设应满足哪几个条件？布设 GPS 点对的原则是什么？

13. GPS 在水下地形测量中的实际应用方法有哪些？

第二章

GPS定位的坐标系统和时间系统

学习目标

• 了解地心坐标系的表述形式，天球坐标系统中的天极、天球子午圈、时圈、黄道、黄赤交角、黄极。了解世界时、历书时、原子时、协调世界时、力学时。

• 理解天球坐标系中的岁差与章动及天球坐标系的建立，GPS的时间系统。

• 掌握参心坐标系中的1954年北京坐标系［BJZ54（原）］，1980年国家大地坐标系（GDZ80）和1954年新北京坐标系（BJZ54）。掌握参心坐标系的特点，地心坐标系的特点，参心坐标系与地心坐标系之间的区别和WGS—84大地坐标系。掌握建立地心坐标系的意义和方法。

坐标系统与时间系统是描述卫星运动、处理观测数据和表达观测站位置的数学与物理基础。点的位置可用坐标系统来表示。同一个点的位置，在不同的坐标系统中，可有不同的表达方式和数据，而不同的坐标系统，则是由不同的坐标原点位置、坐标轴的指向和尺度比例所决定。

在宇宙中，地球有两种不同的运转方式，就是围绕地球旋转轴的自转和围绕太阳的公转。同理就有两种不同的坐标系统：一类是与地球体相固连的坐标系统，它对表达地面观测站的位置和处理GPS观测数据非常方便，它在经典大地测量学中，具有多种表达形式和广泛的应用；另一类是与地球自转无关、在空间固定的坐标系统，对于描述卫星的运行位置和状态极其方便。

地球坐标系统又可进一步分为参心坐标系统和地心坐标系统。

本章在第四节还将介绍GPS定位的时间系统，它是精确描述天体和人造卫星运行位置和空间关系的重要基准。

第一节　参心坐标系

一、概述

在经典大地测量中，为了处理观测成果和传算地面控制网的坐标，通常须选取一参考椭球面作为基本参考面，选一参考点作为大地测量的起算点（大地原点），利用大地原点的天文观测量来确定参考椭球在地球内部的位置和方向。参心坐标系中的“参心”二字意指参考椭球的中心，所以，参心坐标系和参考椭球密切相关。由于参考椭球中心无法与地球质心重合，故又称其为非地心坐标系。参心坐标系按其应用又分为参心大地坐标系和参心空间直角坐标系两种。图2-1所示为地球表面与各种椭球之间的关系。

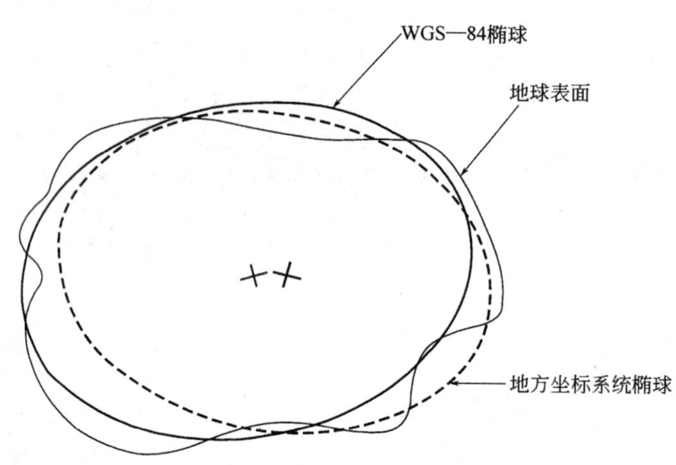

图2-1　地球表面与各种椭球之间的关系

参心大地坐标系的应用十分广泛，它是经典大地测量的一种通用坐标系。根据地图投影理论，参心大地坐标系可以通过高斯投影计算转化为平面直角坐标系，为地形测量和工程测量提供控制基础。由于不同时期采用的地球椭球不同或其定位与定向不同，中国历史上出现的参心大地坐标系主要有BJZ54（原）、GDZ80和BJZ54等三种。

参心空间大地直角坐标系是用三维坐标x、y、z表示点位的，它可按一定的数学公式与参心大地坐标系相互换算。通常在由GPS定位结果（地心空间大地直角坐标系）计算参心大地坐标系时，作为一种过渡换算的坐标系。

建立一个参心大地坐标系，必须解决以下问题：①确定椭球的形状和大小；②确定椭球中心的位置，简称定位；③确定椭球中心为原点的空间直角坐标系坐标轴的方向，简称定向；④确定大地原点。解决这些问题的过程，也就是建立参心大地坐标系的过程。

二、1954 年北京坐标系［BJZ54（原）］

解放初期，中国大地坐标系是采用河北石家庄市的柳新庄一等天文点作为原点的独立坐标系统，采用该点的天文坐标作为其大地坐标，以海福特椭球进行定位。

随着中国大地网的扩展，采用海福特椭球元素误差太大，且没有顾及垂线偏差的影响。为此，1954 年总参谋部测绘局在有关方面的建议与支持下，采取先将中国一等锁与前苏联远东一等锁相连接，然后以连接呼玛、吉拉林、东宁基线网扩大边端点的原苏联 1942 年普尔科沃坐标系的坐标为起算数据，平差中国东北及东部地区一等锁。这样传算过来的坐标，定名为 1954 年北京坐标系。该坐标系是以前苏联当时采用的 1942 年普尔科沃坐标系为基础建立起来的，所不同的是 1954 年北京坐标系的高程异常是以前苏联 1955 年大地水准面差距重新平差结果为起算值，且以 1956 年青岛验潮站求出的黄海平均海水面为基准面，按中国天文水准路线推算出来的。

几十年来，中国在该坐标系上完成了大量的测绘工作，实施了天文大地网局部平差，通过高斯-克吕格投影，得到点的平面坐标，测制了各种比例尺的地形图。但是随着测绘新理论、新技术的不断发展，人们发现该坐标系存在如下缺点。

① 因 1954 年原北京坐标系采用了克拉索夫斯基椭球，与现在的精确椭球参数相比，长半轴约长 109m。

② 参考椭球面与中国所在地区的大地水准面不能达到最佳拟合，在中国东部地区大地水准面差距自西向东增加最大达＋68m。

③ 几何大地测量和物理大地测量应用的参考面不统一。中国在处理重力数据时采用赫尔默特 1900～1909 年正常重力公式，与公式相适应的赫尔默特扁球和克拉索夫斯基椭球不一致。

④ 定向不明确。椭球短轴未指向国际协议原点 CIO，也不是中国地极原点 JYD1968.0；起始大地子午面也不是国际时间局 BIH 所定义的格林尼治平均天文台子午面。

⑤ 椭球只有两个几何参数（长半轴、扁率），缺乏物理意义，不能全面反映地球的几何与物理特征。同时，1954 年北京坐标系的大地原点在普尔科沃，是前苏联进行多点定位的结果。

另外，该坐标系是按分区平差逐步提供大地点成果的，在分区的结合部产生了较大的不符值。但该坐标系确实在测绘生产中发挥了巨大的作用，至今仍在一些部门使用。

三、1980 年国家大地坐标系（GDZ80）

为了进行全国天文大地网整体平差，采用新的椭球参数和进行新的定位与定向，来弥补因 1954 年北京坐标系存在的椭球参数不够精确、参考椭球与中国大地水准面拟合不好等缺点，所以建立中国新的大地坐标系是必要的、适时的。

1. 椭球的参数

在几何大地测量学中，通常用椭球长半径 a 和扁率 f 两个参数表示椭球的形状和大小，但是从几何和物理两个方面来研究地球，仅有两个参数是不够的。

在物理大地测量中研究地球重力场时，需要引进一个正常椭球所产生的正常重力场。关于物理的重力场，有著名的司托克斯定理：如果物体被水准面 S 包围，已知它的总质量为 M，并绕一定轴以常角速度 ω 旋转，则 S 面上或外部空间任一点的重力位，都可以惟一确定。

正常重力位的球函数展开式为

$$U=\frac{GM}{\rho}\left[1-\sum_{n=1}^{\infty}J_{2n}\left(\frac{a}{\rho}\right)^{2n}P_{2n}(\cos\theta)\right]+\frac{\omega^2}{2}\rho^2\sin^2\theta \tag{2-1}$$

式中 ρ——地心矢径；

θ——余纬度；

$P_{2n}(\cos\theta)$——勒让德多项式；

a，J_2，GM，ω——正常椭球的 4 个参数。

式中其他的偶阶带谐系数 J_4、J_6……可根据这 4 个参数按一定的公式算得。1967 年国际大地测量与地球物理联合会（IUGG）第十四届大会上，开始采用这 4 个参数全面描述地球的几何特性和物理特性。

这 4 个量通常称为基本大地参数，在 4 个基本参数中，长半径 a 通常由几何大地测量提供，地球自转角速度 ω 由天文观测确定，它们的精度都比较好。地球的质量 M 虽难测定，但是 GM（G 是地球引力常数）利用卫星大地测量学可精确测定至千万分之一。通过观测人造地球卫星，确定与 a 等价的二阶带谐系数 J_2，其精确度提高了两个数量级。这些参数，可以充分地确定地球椭球的形状、大小及其正常重力场，从而使大地测量学与大地重力学的基本参数得到统一。

2. 极移和地极原点

地球自转轴与地球表面的交点叫地球极点。由于地球内部和外部的动力学因素，地球极点在地球表面上的位置随时间而变化，这种现象叫作极移。随时间而变化的极点叫瞬时极，某一时期瞬时极的平均位置，叫作平地极，简称平极。

极移运动是比较复杂的，其中主要由张德勒运动和受迫季节性运动两项周期性运动所合成，包括有 1.2 年、1.0 年和 0.5 年三种周期，另外还有一些不规则的变化。

在 1967 年国际天文学联合会和国际大地测量学与地球物理学联合会共同召开的第 32 次讨论会上，建议平极的位置用国际纬度服务站 5 个台站的“1900～1905 年新系统”的平均纬度来确定。平极的这个位置相对于 1900～1905 年平均历元（1903.0），称为国际协议原点，简称 CIO。

1977 年中国极移协作小组利用 1949～1977 年期间的国内外 36 个台站的光学仪器的测纬资料，分别就地极的长期与周期分量进行分析研究后，确定了中国的地极原点，记为 JYD1968.0（历元平极）。

在 1979 年 4 月前的国际时间局（BIH）数据均相对于 1968 年 BIH 系统。此后，因加入了美国国防部测绘局（DMA）的多普勒极移成果而改用 1979 年 BIH 系统。随着观测技术和手段的发展，以及观测台站和数据的增加，国际极移服务机构（IPMS）所定期公布的瞬时地极坐标，严格地说，已不再是以原来所定义的 CIO 为极移原点。国际时间局所建立的 1979BIH 系统作为协议地面参照系以及所发布的瞬时地极坐标已加入了卫星多普勒及激光测月技术来求定极移，其地极原点与原有的 CIO 自然也不一致，1988 年后完全摒弃了天文光学观测成果，国际协议原点（CIO）作为历史上曾沿用过的名词已失去原来的意义，目前可以这样认为，由国际时间局所公布的瞬时地极坐标所相应的坐标原点即为 BIH 系统中的协议地极原点。

3. 起始天文子午线

1884 年国际经度会议决定，以通过英国格林尼治天文台艾黎仪器中心的子午线作为全世界计算天文经度的起始天文子午线。起始天文子午线与赤道的交点 E，就是天文经度零点。

但是，地极位置的变化，势必引起起始子午线的变化。加之格林尼治天文台已于 1959 年搬迁至 75km 以外的赫斯特莫尼尤克斯，新的格林尼治天文台已经失去了它的特殊意义。

考虑到极移的影响和格林尼治天文台迁址，为使沿用成习的经度计算尽量不变，1968 年国际时间局（BIH）决定，采用通过国际协议原点（CIO）和原格林尼治天文台的经线为起始子午线。起始子午线与相应于 CIO 的赤道的交点 E 为经度零点。这个系统称为“1968BIH”系统。

显然，起始子午线或经度零点，只靠一个天文台是难以保持的。所以国际时间局的 1968BIH 系统是由分布在世界各地的许多天文台所观测的经度，反求出各自的经度原点，取它们的权中数，作为平均天文台所定义的经度原点。国际时间局再根据 1954～1956 年的观测资料求出格林尼治天文台所定义的经度零点 E 与平均天文台所定义的经度原点的经度差值，来修定各天文台的经度值，从而保持了用 E 点作为经度零点。

由于上述原因，国际时间局的 1968BIH 系统改为以平均天文台为准，习惯上仍称以“格林尼治平均天文台”为准。自然，这种称呼事实上已经和格林尼治没有直接的关系。

通过投影计算可以证明，虽然地极位置发生改变，起始天文子午线的定义发生了变化，导致了不同赤道上的经度零点发生变化。但是这种变化很小，实际上仍然可以认为不变。中国采用 JYD1968.0 作为地极原点，其对应的经度零点和 1968BIH 系统的经度零点相比较，差异很小，实际上可以认为是一样的。

起始天文子午线和起始大地子午线紧密相关，后者直接关系到大地坐标系的定义和不同系统的大地坐标换算。

4. 中国 1980 年国家大地坐标系的建立

1978 年 4 月，中国在西安召开了全国天文大地网整体平差会议，在会议上决定建立中国新的国家大地坐标系。有关部门根据会议纪要，开展并进行了多方面的工作，建成了 1980 年国家大地坐标系（GDZ80）。

1980 年国家大地坐标系采用了全面描述椭球性质的 4 个基本参数（a、GM、J_2、ω），这就同时反映了椭球的几何特性和物理特性。4 个参数的数值采用的是 1975 年国际大地测量与地球物理联合会第 16 届大会的推荐值。

椭球长半径 $a=6378140\text{m}$；

地球引力常数（含大气层）$GM=3986005\times10^{8}\text{m}^3/\text{s}^2$；

二阶带谐系数 $J_2=1082.63\times10^{-6}$；

地球自转角速度 $\omega=7292115\times10^{-11}\text{rad/s}$。

大地坐标系的原点，设在中国中部——陕西省泾阳县永乐镇，在西安以北 60km，简称西安原点。

1980 年国家大地坐标系的椭球定位，是按局部密合条件实现的。依据 1954 年北京坐标系大地水准面差距图，按 1°×1°间隔，在全国均匀选取 922 个点，列出高程弧度测量方程式，按 $\sum_{1}^{922}\zeta^2=$最小，求得椭球中心的位移 Δx_0、Δy_0 和 Δz_0，进而可以求出大地原点上的垂线偏差分量（η_k、ξ_k）和高程异常（ζ_k）。再由大地原点上测得的天文经纬度（λ_k、φ_k）和正常高（H_k）以及至另一点的天文方位角（α_k），即可算得大地原点上的大地经纬度（L_k、B_k）和大地高（h_k）以及至另一点的大地方位角（A_k），以此作为 1980 年国家大地坐标系的大地起算数据。

1980 年国家大地坐标系的椭球短轴平行于由地球质心指向中国地极原点 JYD1968.0 的方向，起始大地子午面平行于中国起始天文子午面。

大地点高程是以 1956 年青岛验潮站求出的黄海平均海水面为基准。

新的国家大地坐标系的建立，标志着中国测绘科学技术的进步和发展。无论是椭球的选择及其定位、定向，还是其后的全国天文大地网平差，都体现着世界当时的先进水平。

四、1954 年新北京坐标系（BJZ54）

尽管 1980 年国家大地坐标系具有先进性和严密性，但 1954 年原北京坐标系毕竟在中国测绘工作中潜移默化，影响深远。40 年来，数十万个国家控制点都是在这个系统内完成计算的，一切测量工程和测绘成果均无例外地采用着这个系统。

为了既体现 1980 年国家大地坐标系的严密性，又照顾到 1954 年原北京坐标系的实用性，有关部门和单位想出一种两全其美的办法，于是就产生了 1954 年新北京坐标系。

1954 年新北京坐标系的成果，就是将 1980 年国家大地坐标系的空间直角坐标经 3 个平移参数平移变换至克拉索夫斯基椭球中心，就成了新北京坐标系的成果。所以说，新北京坐标系的成果实际上就是从 1980 年大地坐标系整体平差成果转换而来的。

因此，1954 年新北京坐标系的成果既具有整体平差成果的科学性，其坐标精度和 1980 年国家大地坐标系的坐标精度是一致的，改变了 1954 年原北京坐标系局部平差成果的局限性。同时，由于参考椭球又恢复成克拉索夫斯基椭球，使新北京坐标系内的坐标值与原北京坐标系内的坐标值相差很小。

据统计，新北京坐标系与原北京坐标系相比较，就控制点的平面直角坐标而言，纵坐标差值在－6.5～＋7.8m 之间，横坐标的差值在－12.9～＋9.0m 之间，差值在 5m 以内者约占全国 80％的地区。这样的差异没有超过以往资用坐标与平差坐标差异的范围，反映在 1∶50000 比例尺地形图上，绝大部分不超过 0.1mm。

第二节　地心坐标系

地心坐标系分为地心空间大地直角坐标系和地心大地坐标系等。地心空间大地直角坐标系又可分为地心空间大地平直角坐标系和地心空间大地瞬时直角坐标系。通常所说的地心坐标系都是指地心空间大地平直角坐标系，简称地心直角坐标系，它是卫星大地测量中的一种常用坐标系，本节主要介绍地心直角坐标系。

一、建立地心坐标系的意义和方法

地心坐标系中的“地心”二字意指地球的质心。在地心空间大地平直角坐标系中用 X_D、Y_D、Z_D 表示点的位置，地心大地坐标系中用 L_D、B_D、H_D 表示点的位置。由于前者可以通过卫星大地测量获得点的空间三维直角坐标，并不涉及椭球及其定位。但地心大地坐标系则要涉及椭球的大小和定位，所以地心直角坐标系是 GPS 定位中采用的基本坐标系。

仅就从地形图测绘来说，地心直角坐标系并不十分需要，因为参考椭球面已经和测区范围的大地水准面达到最佳密合，按参心坐标系测绘地形图还是方便的。但是，就整个地球空间而言，参心坐标系就表现出不足，主要是以下三点。

① 不适合建立全球统一坐标系的要求。

② 不便于研究全球重力场。

③ 水平控制网和高程控制网分离，破坏了空间点三维坐标的完整性。

在上述这三个方面，地心坐标系就表现出明显的优势。因人造地球卫星围绕地球运转，其轨道平面随时通过地球质心，所以通过对卫星的跟踪观测来处理与观察站位置有关的问题时，就需要建立以地心为坐标原点、与地球体相固连的三维空间直角坐标系统。因此，建立并不断精化地心直角坐标系统，对于发展空间技术和解决卫星大地测量等问题具有特殊意义。

从理论上讲，建立地心直角坐标系的方法很多，例如可以按重力方法建立，还可以按天文大地测量方法建立，但实际上又各有困难，难以完成。更严重的是椭球中心很难做到和地球质心重合。

建立地心坐标系的最理想方法是采用空间大地测量的方法。20 世纪 60 年代以来，随着空间技术的发展，美国、前苏联等国利用卫星进行洲际联测，并综合天文、大地、重力测量等资料，开展了建立地心坐标系的工作。

二、地心坐标系的表述形式

地心直角坐标系如图 2-2 所示，它的定义是：原点 O 与地球质心重合；Z 轴指向国际协议原点 CIO，X 轴指向 1968BIH 定义的格林尼治平均天文台的起始子午线与 CIO 的赤道焦点 E，Y 轴垂直于 XOZ 平面构成右手坐标系。

地面点 D 的位置用 X_D、Y_D、Z_D 三个坐标量来表示（见图 2-2）。

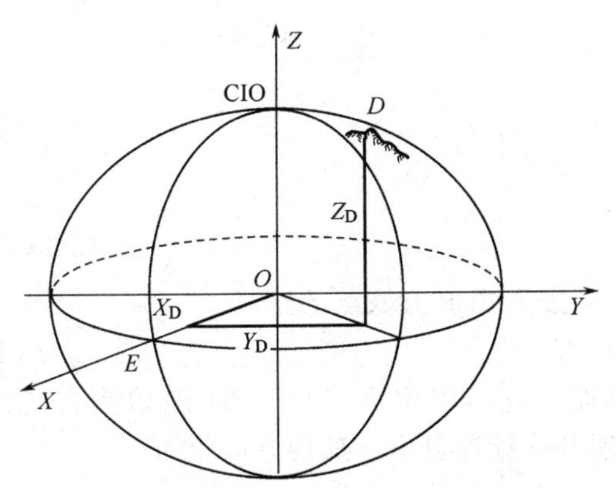

图 2-2　地心直角坐标系

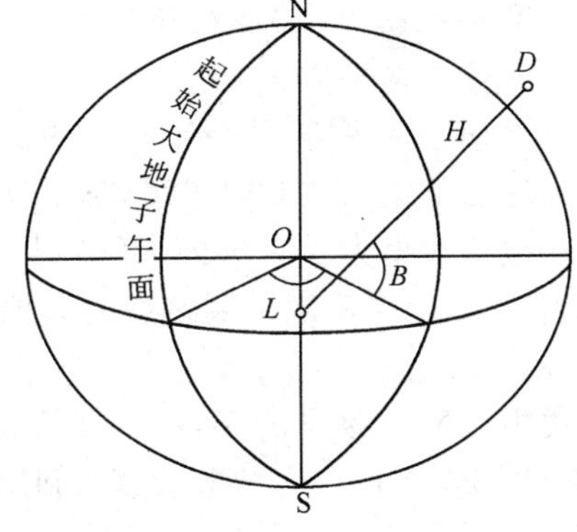

图 2-3　地心大地坐标系

地心大地坐标系如图 2-3 所示，它的定义是：地球椭球的中心与地球质心重合，椭球的短轴与地球自转轴重合，大地纬度 B 为过地面点的椭球法线与椭球赤道面的夹角，大地经度 L 为过地面点的椭球子午面与 BIH 定义的起始大地子午面之间的夹角，大地高 H 为地面点沿椭球面法线至椭球面的距离。

地面点 D 的位置用 L_D、B_D、H_D 三个量来表示。

三、WGS—84 大地坐标系

自 20 世纪 60 年代以来，美国国防部制图局（DMA）为建立全球统一坐标系统，利用了大量的卫星观测资料以及全球地面天文、大地和重力测量资料，先后建成了 WGS—60、WGS—66 和 WGS—72 全球坐标系统。于 1984 年，经过多年修正和完善，发展了一种新的更为精确的世界大地坐标系，称之为美国国防部 1984 年世界大地坐标系，简称 WGS—84。

WGS—84 于 1985 年开始使用，1986 年生产出第一批相对于地心坐标系的地图、航测图和大地成果。由于 GPS 导航定位全面采用了 WGS—84，用户可以获得更高精度的地心坐标，也可以通过转换，获得较高精度的参心大地坐标系坐标。

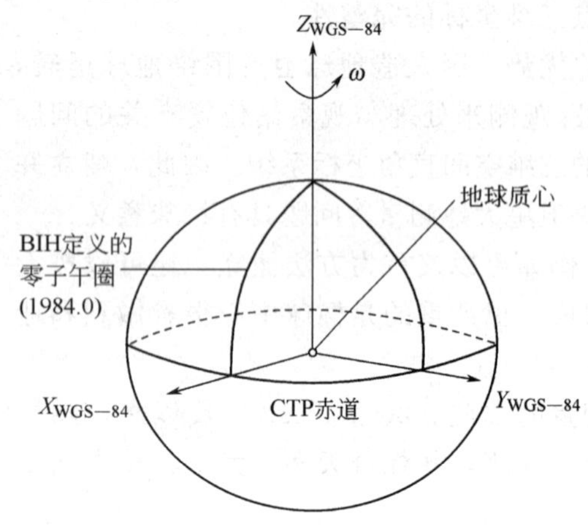

图 2-4　WGS—84 世界大地坐标系

WGS—84 坐标系的几何定义是：坐标系的原点是地球的质心，Z 轴指向 BIH1984.0 定义的协议地球极（CTP）方向，X 轴指向 BIH1984.0 的零度子午面和 CTP 赤道的交点，Y 轴和 Z、X 轴构成右手坐标系。如图 2-4 所示。

WGS—84 椭球采用国际大地测量与地球物理联合会第 17 届大会大地测量常数推荐值，采用的 4 个基本参数如下。

长半轴 $a=6378137\text{m}$；

地球引力常数（含大气层）$GM=3986005\times10^8\text{m}^3/\text{s}^2$；

正常化二阶带球谐系数 $\bar{C}_{2.0}=-484.16685\times10^{-6}$；

地球自转角速度 $\omega=7292115\times10^{-11}\text{rad/s}$。

利用以上 4 个基本参数，可以计算其他的几何常数和物理常数，例如：

短半轴 $b=6356752.3142\text{m}$；

扁率 $\alpha=1/298.257223563$；

第一偏心率平方 $e^2=0.00669437999013$；

第二偏心率平方 $e'^2=0.006739496742227$；

椭球正常重力位 $U_0=62636860.8497\text{m}^2/\text{s}^2$；

赤道正常重力 $\gamma_0=9.9703267714\text{m/s}^2$。

当 GPS 定位确定了测站点的大地高 H 后，可按下式求出该点的正高 h，即

$$h=H-N \tag{2-2}$$

式中，N 为该点的 WGS—84 大地水准面差距，它可以根据 WGS—84 地球重力场模型 WGS—84 EGM 的一套球谐系数，利用球谐函数展开式计算得出，其均方根差为±(2～6)m。

四、地方独立坐标系

在中国的许多城市、大型工程项目中，为了实用、方便和科学的目的，将地方独立测量控制网建立在当地的平均海拔高程面上，并以当地子午线作为中央子午线进行高斯投影求得平面坐标。这些地方独立坐标系隐含着一个与当地平均海拔高程相对应的参考椭球，称之为地方参考椭球。地方参考椭球与国家参考椭球的关系是：中心一致、轴向一致、扁率相等、长半径有一增量。

五、ITRF 坐标框架简介

国际地球参考框架 ITRF（International Terrestrial Reference）是一个地心参考框架。

它是由空间大地测量观测站的坐标和运动速度来定义的，是国际地球自转服务机构 IERS (International Earth Rotation Service) 的地面参考框架。由于章动、极移影响，国际协议地极原点 CIO 变化，故 ITRF 框架每年也都在变化。

ITRF 框架实质上也是一种地固坐标系，其原点在地球体系（含海洋和大气圈）的质心，以 WGS—84 椭球为参考椭球。

国际地球自转服务机构（IERS）已建立了 1989 年国际地球参考系（ITRF89），所赋予的基准点坐标由激光测卫、甚长基线干涉测量得出，并通过众多的 GPS 点联测加密，以满足 GPS 测量实用上的需要。

第三节　天球坐标系

以上所讨论的各种坐标系都属于地球坐标系，它们对于表示地面测站点的位置是方便的。对于不随地球自转而运动的人造卫星和其他天体，使用天球坐标系表示它们的运行位置和状态，则更为方便。

一、天球上的点和圈

在夜晚仰望晴朗的天空，好似一个巨大的半圆球。满天的星斗，似乎就分布在这个球面上。把以地球 M 为中心，以无穷远的距离为半径所形成的球称作天球。地球与天球相比，可以看成是无限小的一个点。欲建立天球坐标系统，离不开一些基本的点和圈（见图 2-5）。

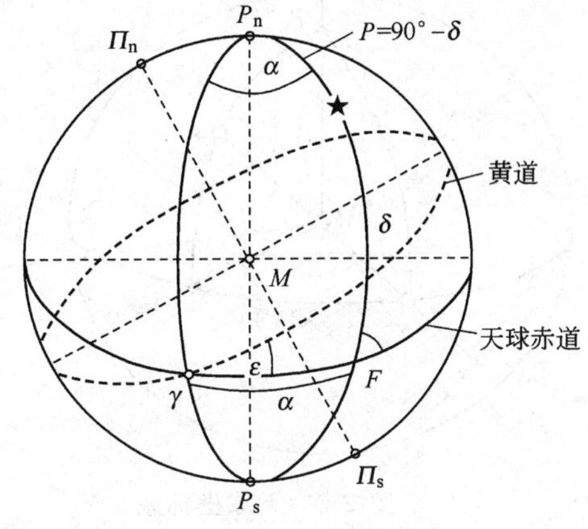

图 2-5　天球上的点和圈

天极：地球自转的中心轴线简称地轴，将其延伸就是天轴，天轴与天球的交点称为天极，P_n 在北称为北天极，P_s 在南称为南天极。

天球赤道：通过地球质心 M 与地轴垂直的平面称为天球赤道面，天球赤道面与天球相交的大圆就称为天球赤道。

天球子午圈：包含天轴的平面均称天球子午面，天球子午面与天球相交的大圆称为天球子午圈。

时圈：包含地轴的平面与天球相交的大圆称为时圈。显然，时圈也是一个子午圈。

黄道：地球绕太阳公转的轨道平面称为黄道面，它与天球相交的大圆称为黄道。它就是当地球绕太阳公转时，观测者所看到的太阳在天球上运动的轨迹。

天球赤道面与黄道面的交角 ε 约为 23.5°，称为黄赤交角。天球赤道与黄道的交点 γ 称为春分点。

黄极：过天球中心垂直于黄道面的直线与天球的交点称为黄极，Π_n 在北称为北黄极，Π_s 在南称为南黄极。

二、岁差与章动

当地球是一个均质球体、且没有其他天体摄动力影响时，上述点和圈在天球上的位置应该是固定不动的。事实上，地球是一个长短直径相差约 43km 近于椭球的非匀质、非规则的形体，其赤道面对地球公转平面（黄道面）和月球公转平面（白道面）均有一定交角，在这种情况下受日、月以及其他天体的引力作用将产生力矩，使地球自转轴在空间产生进动。所以地球在绕太阳运行时，地球自转轴的方向在天球上缓慢地移动，春分点在黄道上随之缓慢移动，这种现象称为岁差。岁差现象的存在，使北天极的轨迹近似于以北黄极 Π_n 为中心的一个小圆，北天极以顺时针方向每年西移约 50.371″，周期大约为 25800 年。这种缓慢移动的北天极，称为平北天极，与之相应的天球赤道和春分点，称之为天球平赤道和平春分点。

除岁差现象之外，还存在另外一种现象。它是在太阳和其他行星引力的影响下，月球绕地球的运行轨道以及月球与地球之间的距离都在不断发生变化。如果将这时的北天极称为瞬时北天极，与之相应的天球赤道和春分点称为瞬时天球赤道和瞬时春分点，在日月引力等因素的影响下，瞬时北天极将绕平北天极顺时针转动，其轨迹大致为椭圆形，这种现象称为章动，周期约为 18.6 年。

三、天球坐标系的建立

地面点位置是在地球坐标系内表示的，而 GPS 卫星的位置则在天球坐标系内表示更为方便。因此，GPS 定位需要把卫星与地面点的几何位置统一在一个坐标系内，所以天球坐标系的选择应该尽量便于在两种坐标系之间的相互变换。如果两个坐标系的原点均取地球质心，且使两个坐标系的 z 轴重合，取为瞬时地球自转轴，此时所定义的天球坐标系与地心直角坐标系具有最简便的变换关系。

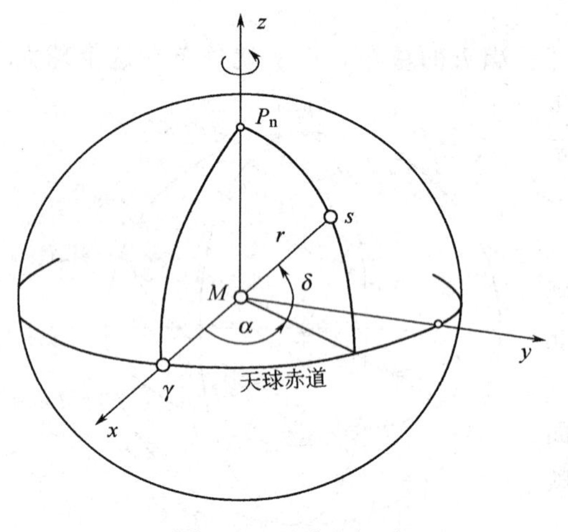

图 2-6 天球坐标系

按上述思路定义天球坐标系，可以分为两种形式。

（1）天球空间直角坐标系　原点位于地球质心 M，z 轴指向天球北极 P_n，x 轴指向春分点 γ，y 轴与 z、x 轴构成右手坐标系（见图 2-6）。

（2）天球球面坐标系　原点位于地球质心 M，赤经 α 为过春分点的天球子午面与过天体 s 的天球子午面之间的夹角，赤纬 δ 为原点 M 和天体 s 的连线与天球赤道面之间的夹角，向径长度 r 为原点 M 至天体 s 之间的距离。各坐标值以图 2-6 中箭头所指方向为正。

上述两种坐标系对于表达同一天体的位置是等价的，它们之间的关系为

$$\begin{bmatrix} x \\ y \\ z \end{bmatrix} = r \begin{bmatrix} \cos\delta \cos\alpha \\ \cos\delta \sin\alpha \\ \sin\delta \end{bmatrix} \tag{2-3}$$

或

$$\left.\begin{aligned} r &= \sqrt{x^2+y^2+z^2} \\ \alpha &= \arctan\frac{y}{x} \\ \delta &= \arctan = \frac{z}{\sqrt{x^2+y^2}} \end{aligned}\right\} \tag{2-4}$$

但是，由于岁差和章动的影响，天球坐标系的坐标轴方向在不断地旋转变化，为此只能选择某一标准时刻的瞬时地球自转轴和地心至瞬时春分点的方向，经该时刻的岁差和章动改正后，作为 z 轴和 x 轴的方向，并称它们为协议天球坐标系。国际大地测量协会和国际天文学联合会决定，从 1984 年 1 月 1 日后启用的协议天球坐标系是：原点仍为地球质心，z 轴指向 2000 年 1 月 15 日质心力学时为标准历元（标以 J2000.0）的瞬时地球自转轴方向，x 轴指向该标准历元的地心至瞬时春分点方向，y 轴与 x 轴和 z 轴构成右手坐标系。卫星的星历就是在该坐标系统中表示的。

实用中是将卫星在上述协议天球坐标系中的坐标，分别顾及岁差和章动的影响，转换成实际观测历元的瞬时天球坐标系的坐标，以取得卫星与测站点相关位置在时间系统上的一致。当然，此种转换工作无需观测人员逐一计算，由计算机自动完成。

第四节　时间系统

一、概述

在 GPS 卫星定位中，时间系统有着重要的意义。卫星的在轨运动以及所发射的电磁波的运动也是和时间紧密相关的，所以测距也是个测时的过程。天文测量中测量经纬度和方位角要用到时间，同样在 GPS 导航和定位中也要用到时间。各国各地区由于民族、文化和地理位置的关系，计时的方法和单位虽有不同，但都是以地球绕太阳公转、月球绕地球运转和地球的自转的运转周期为基础的，因而都用年、月、日来计时。当今，多数国家都以格里历来作年、月、日的计时单位，即以地球自转轴运转一周的平均时间叫作一日，而将地球绕太阳公转一周的平均时间长度 365.2425 日叫作一年，这就是人们所称的公元年，这种计时的起点是公元元年 1 月 1 日。中国正式采用格里历并采用公元纪年，是 1949 年 10 月 1 日中华人民共和国成立的那天起开始的。计时的单位，除了年、月、日以外，还有时、分、秒等小于一日的单位。

时间具有“时间间隔”（时间段）和“时刻”两种含意。时间间隔是时间轴上的一个区间，而时刻则只是指某一点。时间分恒星时和太阳时两大时间系统。利用春分点的周时视运动周期来量度地球自转周期而建立的以恒星日为时间单位的时间系统为恒星时系统；以太阳的周日视运动周期来量度地球自转周期而建立的以太阳日为单位的时间系统为太阳时系统；太阳时又分为真太阳时和平太阳时两种。平太阳时是以平太阳的周日视运动周期来量度地球自转周期的以平太阳日为单位时间系统。这里所指的平太阳是以赤道为周年视运动轨道、周期等于真太阳周年视运动周期，速度等于真太阳周年视运动平均速度且速度均匀的假设的太阳。地球自转一周平太阳视运动的周期为一个平太阳日，世界时就是以平太阳日为基础的。

时间的计算方法随用途的不同而有所不同。日常的计时有平年、闰年、大月、小月之分，但在一些科技领域，如天文测量和卫星大地测量中，为了使用方便不以年、月来计算，而用日来计算，这种计算方法称为儒略日（JD）记日法。儒略日是从公元前 4713 年 1 月 1 日格林尼治平午正开始，连续以日累计，需用时可从《中国天文年历》的“儒略日”附表中查取。儒略日按日累计，年复一年，数字越积越大，给使用又带来不便，所以，1973 年第 15 届国际天文学联合会（JAU）通过了使用以 1958 年 11 月 17 日世界时 0^h 为起点的准儒略日（MJD）的决定，于是有

$$MJD=JD-2400000.5 \text{ 日}$$

准儒略日又称为改进儒略日，儒略日与改进儒略日之差为 2400000.5 日。

以上讨论的是年、月、日的记法。至于日以下的计时系统，有世界时、历书时、原子时、协调时、力学时和 GPS 时等，现分述如下。

二、世界时（UT）

世界时是以平太阳时为基准的。它基于假想的平太阳，是从经度为 0°的格林尼治子午圈起算的一种地方时，这种地方时属于包含格林尼治的零时区，所以称为世界时。由天文学理论知道，世界时与恒星时、真太阳时都是以地球的自转周期为基本单位的一种时间系统，其均匀性达 10^{-8}s，因此，在经典测量中都认为它是一种均匀的时间系统。由于原子钟的发明和观测精度的提高，发现地球自转速度并不均匀，由它所确定的时间也不均匀。

（一）影响地球自转速度变化的因素

1. 长期变化

产生这种变化的主要原因是日、月引力所引起的地球表面潮汐摩擦的影响，逐年累月长期下去，使地球自转速度逐步变慢，日的长度以每百年约 0.0016s 增长。这种变化在短期内不太显著，因而对短期行为的测量工作而言不是主要问题。

2. 季节性变化

地球表面随季节移动的大气团产生的阻力，使地球自转速度不均匀，产生一种季节性的周期变化。春季变慢，秋季变快。一年中，日的长度约有 0.001s 的变化；而在同一个季节里还有一月、半月等较小的周期性变化。这种变化，属于一种短周期变化，其影响虽然较大，但可根据其周期性，用经验公式求出其影响值予以改正，因而可在很大程度上消除或减小其影响。

3. 不规则变化

这是由于地球内部物质的移动或地球转动惯量的改变等原因所产生的一种变化，表现在地球自转速度无规律性的时快时慢，一年内日长可能会产生千分之几秒的差值。正因为这种变化是不规则的，因而不可预见，且其数值也较大，所以是一项难以解决的问题。

除了上述变化之外，在世界时的测量中，极移使子午圈随时发生变化，也影响到世界时的均匀性，所以世界时的不均匀是每时、每分、每秒的长度都在变化，这就影响了一些要求时间精度较高的部门的应用。因此，在 1955 年 9 月国际天文学联合会的爱尔兰都柏林会议上，决定在世界时中加入不同的改正。根据改正项的不同，世界时被划分为三种形式，自 1956 年 1 月 1 日起在世界各地正式使用。

（二）世界时（UT）的三种形式

（1）UT_0 世界时　是 1955 年以前各国所使用的一种世界时形式，它是利用天文测量的方法直接对天体观测得到的，其基准是观测台站的瞬时子午圈，所以它既包含了地球自转速度不均匀的影响，也包含了极移的影响。

（2）UT_1 世界时　是对 UT_0 世界时观测瞬间的地极移动进行改正（改正数为 $\Delta\lambda$）得到的，即

$$UT_1=UT_0+\Delta\lambda$$

这种世界时，一般用于实用天文测量中。

（3）UT_2 世界时　在 UT_1 世界时中虽然考虑了极移改正，但尚存在地球自转速度不均

匀的影响。为此，在 UT_1 中加入观测瞬间的季节性变化改正数 ΔT_s，即

$$UT_2 = UT_1 + \Delta T_s$$

$$\Delta T_s = a\sin 2\pi t + b\cos 2\pi t + c\sin 4\pi t + d\cos 4\pi t$$

式中，$a = +0.022^s$，$b = -0.012^s$，$c = -0.006^s$，$d = +0.007^s$，从 1972 年起正式使用；这些数据是根据国际时间局按 1967～1969 年间全世界天文观测资料得出的，可从《地球自转参数公报》中查取；t 为小数，以年为单位，从观测当年的 1 月 0 日起算。

尽管对世界时加入了 $\Delta\lambda$ 和 ΔT_s 改正数而形成 UT_2 世界时，但 UT_2 中仍包含着地球自转速度的长期变化、季节性变化和不规则变化的影响，所以，UT_2 世界时仍是一种不均匀的时间系统。

三、历书时（ET）

UT_2 世界时仍是以地球自转为基础，存在不均匀的问题，于是人们考虑以地球绕太阳公转为基础建立一种新的时间系统。1952 年国际天文协会第八届大会决定建立一种以地球公转周期为标准的时间系统，称为历书时（ET）。历书时虽比世界时的精度大为提高，但仍不能满足现代需要高精度时间部门的要求，而且计算和提供结果比较迟缓，不能及时投入使用，故该时间系统的使用受到一定的局限。

四、原子时（ATI）

因世界时和历书时都存在不均匀性和精度低的缺点，导致使用受到局限。1967 年国际计量委员会决定采用铯 ^{133}Cs 原子基态的两个超精细能级结构间跃迁辐射频率 9192631770 个周期的时间间隔为 1s，定义为原子时秒（国际单位 SI），以此为基准的时间系统，称为原子时。原子时秒比由地球运转所确定的秒长稳定，且精度达到 10^{-13}s。

人们长期使用世界时，为了适应人们的习惯和作息的方便，需使原子时与世界时相一致，选定以 1958 年 1 月 0 日 UT_2 的 0 时为原子时的起点。这就要求（$ATI-UT_2$）1958.0＝0，但因各种因素的影响，实际上出现了（$ATI-UT_2$）1958.0＝0.0039^s。这样，原子时就比世界时 UT_2 提前了 0.0039^s，且原子时的秒长与世界时的秒长不相等，一年大约相差 1s。

计量原子时的时钟称为原子钟，常用的有铯原子钟、铷原子钟和氢原子钟三种，国际上是以铯原子钟为基准的，原子钟的计时精度满足了一些高精度时间部门的需要，特别是空间技术和地面高精度定位的需要。GPS 卫星上全部配置了原子钟。

国际原子时是全球统一的原子时，是由国际时间局（BIH）用 100 台左右精选过的原子钟测定的。

五、协调世界时（UTC）

协调世界时是综合了世界时与原子时的另一种计时方法，即秒长采用原子时的秒长，而时刻则采用世界时时刻，所以严格地讲，这不是一种时间系统，而是一种使用方法。由于原子时的精度高且稳定性好，满足了要求高精度时间的部门的需要，但与地球运转有关的一系列工作又都需要用现在的习惯相适应，这样，为了达到既满足高精度要求，又适应各方面的需要而采用这种介于世界时与原子时之间的计时方法，称为协调世界时，简称为协调时。由于世界时与原子时的秒长不一致，在相互换算和应用中会产生矛盾，解决的办法是采用跳秒来“协调”。所谓跳秒，就是规定当 $|UTC-UT| > 0.9^s$（1974 年以前规定为 0.7^s）时，

进行 1s 的整数跳动，称为闰秒。闰秒日期由国际时间局（BIH）通知，一般是在每年 12 月 31 日的 $23^h59^m60^s$ 上加或减 1^s。若是加 1s，则这一年的时间长度就多 1s，为正闰秒；若是减 1s，则这一年就少 1s，为负闰秒。经过正（负）跳秒后，才开始下一年元月一日零时的计时，如果这样还不够，则在每年 6 月 30 日与 7 月 1 日的交界处再跳秒一次。

目前，几乎所有国家发播的时号，均以 UTC 为准，各时号的互差一般不超过 ±1ms，除了发播 UTC 时号外，还同时给出 UTC 与 UT_1 的差值，以便用户获得所需的 UT_1。

六、力学时（DT）

这是天文力学理论及其历表所用的时间系统。力学时分两种，即相对于太阳系质心运动的太阳系质心力学时（TDB）和以地心视位置为基础的地球质心力学时（TDT）。力学时的基本单位为日，一日包含 86400 国际单位值秒，秒值采用国际原子时（ATI）秒长。地球质心力学时 TDT 的 1977 年 1 月 1.0003725 日（即 1 日 $0^h00^m32.184^s$）对应于国际原子时 ATI 的 1977 年 1 月 1 日 $0^h0^m0^s$。

可见，地球力学时与国际原子时的关系为

$$TDT = ATI + 32.184^s \tag{2-5}$$

而它与世界时的关系则为

$$TDT = UT_1 + \Delta T \tag{2-6}$$

式中，ΔT 是由世界时化算为力学时的改正值，通常载于天文年历中。

在 GPS 定位中，地球质心力学时作为一种严格均匀的时间尺度和独立的变量，被用于描述卫星的运动。

七、GPS 时（GPST）

GPS 时间系统简称为 GPS 时，是以原子频率标准为基础，由主控站按照美国海军天文台（USNO）的协调时 UTC 进行调整的，在 1980 年 1 月 6 日 0 时，使两个时系对齐。GPS 时与协调时 UTC 相似，都属于原子时，所不同的是协调时在年末（必要时在 6 月 30 日）可能通过跳秒来保持与世界时接近；而为了保持导航的连续性，GPS 时不能跳秒，若有必要，可由主控站对卫星钟的运行状态进行调整，即对卫星钟的速度进行调整，使 GPS 时与世界时保持一致。

GPS 时与协调时的关系为

$$GPST = UTC + 1^s \times n - 19^s \tag{2-7}$$

其中，n 为调整参数，其值由国际地球自转服务组织（IERS）发布。

八、区时（T_n）

1884 年在美国华盛顿召开的国际会议决定采用一种分区统一时刻，把全球按经度划分为 24 个时区，每个时区的经度差为 15°，则相邻时区的时间相差 1h，这种时刻叫区时。划分的次序是，从格林尼治子午圈 0°起算，向东向西各取 7.5°，这个 15°的区域称为零时区，零时区的区时（T_0）即为世界时。从零时区开始向西、向东各有 12 个时区，东 12 区与西 12 区重合。设 n 为区时号，则其区时 T_n 与世界时（零时区的区时 T_0）的关系为

东区 $$T_n = T_0 + n \tag{2-8}$$

西区 $$T_n = T_0 - n \tag{2-9}$$

中国西起东经 72°，东至东经 135°，共跨有 5 个时区，中国采用东 8 区的区时作为统一的标准时间，称为北京时间。

本章小结

本章主要介绍了 GPS 定位的坐标系统与时间系统，它是描述卫星运动，处理观测数据和表达观测站位置的数学与物理基础。

参心坐标系按其应用又分为参心大地坐标系和参心空间直角坐标系两种。中国历史上出现的参心大地坐标系，主要有 BJZ54（原）、GDZ80 和 BJZ54（新）三种。建立一个参心大地坐标系，必须解决椭球的形状和大小；确定椭球中心的位置；确定椭球中心为原点的空间直角坐标系坐标轴的方向；确定大地原点。

通常所说的地心坐标系都是指地心空间大地平直角坐标系，简称地心直角坐标系，它是卫星大地测量中的一种常用坐标系。

国际地球参考框架 ITRF 是一个地心参考框架。它是由空间大地测量观测站的坐标和运动速度来定义的，是国际地球自转服务机构 IERS 的地面参考框架。由于章动、极移影响，国际协议地极原点 CIO 变化，故 ITRF 框架每年也都在变化。

若地球坐标系和天球坐标系的原点均取地球质心，且使两个坐标系的 z 轴重合，取为瞬时地球自转轴，此时所定义的天球坐标系与地心直角坐标系具有最简便的变换关系。

在 GPS 卫星定位中，时间系统有着重要的意义。卫星的在轨运动以及所发射的电磁波的运动也是和时间紧密相关的，协调世界时是综合了世界时与原子时的另一种计时方法，即秒长采用原子时的秒长，而时刻则采用世界时时刻，所以严格地讲，这不是一种时间系统，而是一种使用方法。GPS 时，是以原子频率标准为基础，由主控站按照美国海军天文台（USNO）的协调时 UTC 进行调整的，在 1980 年 1 月 6 日 0 时，使两个时系对齐。GPS 时不能跳秒，若有必要，可由主控站对卫星钟的运行状态进行调整，即对卫星钟的速度进行调整，使 GPS 时与世界时保持一致。

思考题与习题

1. 建立一个参心大地坐标系必须解决哪些问题？
2. 1954 年北京坐标系的缺点有哪些？
3. 极移的概念是什么？
4. 建立 1980 年国家大地坐标系的意义是什么？
5. 1954 年新北京坐标系的特点是什么？
6. 参心坐标系的缺点有哪几条？
7. 建立地心直角坐标系的方法有哪几种？哪种方法最好？
8. WGS—84 坐标系的几何定义是什么？
9. 在中国的许多城市、大型工程项目中，为什么要建立地方独立坐标系？
10. 天球坐标系的两种形式是什么？
11. 计量原子时的时钟有哪几种？它们的精度是多少？
12. GPS 时是如何定义的？

第三章

GPS系统的组成与GPS信号

学习目标

- 了解GPS信号的结构，测距码是怎样产生的，导航电文的内容，天线的作用与分类。
- 理解监控系统的作用，投入的可用GPS卫星状况，用户接收机的用途，卫星的运动及其轨道。
- 掌握GPS定位系统的组成共分三部分：①地面监控部分；②空间卫星部分；③用户接收部分。掌握卫星的星历，卫星信号的内容、结构及传播。

GPS系统包括地面监控部分，空间卫星部分，用户接收部分等三大部分。三大部分之间还要用数字通信技术联络传达各种信号信息，靠各种计算软件处理繁复的数据，最后由用户接收信号来解决导航定位问题。

本章主要介绍GPS系统的组成部分，卫星的运行与卫星星历，GPS卫星坐标计算，导航电文，GPS卫星信号及其传播等。

第一节　GPS定位系统的组成

GPS定位系统包括三大部分：①地面监控部分；②空间卫星部分；③用户接收部分。以下分别介绍它们的作用、工作原理和工作状况。

一、地面监控部分

（一）地面监控站的分布

地面监控站在GPS定位系统试验阶段和工作阶段有所不同。试验卫星的地面监控站由设在范登堡空军基地的一个主控站、一个注入站和一个监测站及其他地方的四个监测部分组成。

图 3-1 所示为 GPS 卫星地面监控站的分布。

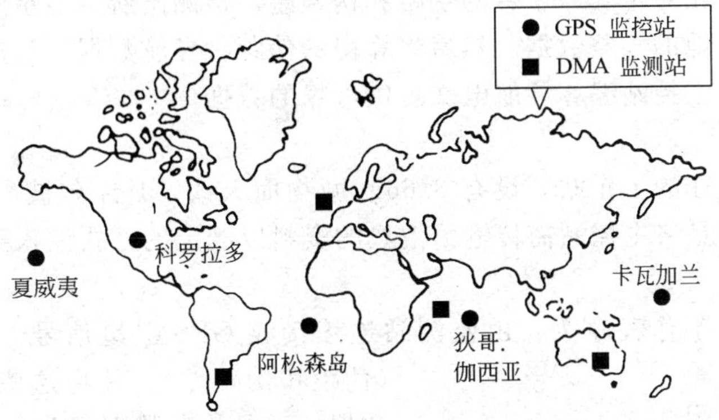

图 3-1 GPS 卫星地面监控站的分布

GPS 工作卫星的地面监测部分由一个主控站，三个注入站和五个监测站组成。其分布情况是：主控站设在美国本土科罗拉多·斯平士（Colorado Spings）的联合空间执行中心 CSOC（Consolidated Space Operation Center）；三个注入站分别设在大西洋的阿松森（Ascension），印度洋的狄哥．伽西亚（Diego Garcia）和太平洋的卡瓦加兰（Kwajalein）三个美国空军基地上；五个监测站，除一个单独在夏威夷外，其余四个都分设在主控站和注入站上。

（二）监控系统的作用

GPS 卫星作为一种动态已知点，其“已知数据”为表述卫星运动及其轨道参数的“卫星星历”，不可能也无需在卫星上设置庞杂的机构去测算和编制，而是由地面站测算好后编成电文形式发送给卫星，再由卫星转发至地面用户。另外，卫星上各种设备是否正常工作，要否启用配件，卫星运行情况，要不要纠正运行轨道以及使各卫星处于同一时间标准——GPS 时间系统等，都需要由地面站来完成，所以地面监控站有下列主要作用。

1. 主控站的作用

主控站拥有以大型电子计算机为主体的数据收集、计算、传播等设备，其主要作用如下。

（1）收集数据　收集各监测站获得监测的伪距和伪距差观测值、卫星时钟和工作状态数据、气象、监测站自身状态以及参考星历等数据。

（2）数据处理　根据所收集的前述数据计算各卫星的星历、时钟改正、卫星状态、大气传播改正等。具体地就是卫星位置和速度的六个轨道根数的摄动，每个卫星的三个太阳压力常数，卫星的时钟偏差、漂移和漂移率，各个监测站的时钟偏差、对流层残余偏差及极移偏差等状态数据。并将这些数据按一定格式编制成导航电文，并将导航电文及时传送给注入站。

（3）监测与协调　主控站一方面承担控制和协调各监控站与注入站的工作，另一方面还要监测整个地面监控系统是否正常，检验注入卫星的电文是否正确，监控卫星是否按预定状态将电文发送给用户。

（4）控制卫星　修正卫星的运行轨道，调用备用卫星去接替失效卫星的工作。

2. 监控站的作用

监控站是无人值守的数据自动采集中心，其位置经精密测定。主要设备包括 1 台双频接收机、1 台高精度原子钟、1 台电子计算机和若干台环境数据传感器。监控站根据其接收到的卫星扩频信号求出相对于其原子钟的伪距和伪距差，检测出所测卫星的导航定位数据。利用环境传感器测出当地的气象数据。然后将算得的伪距、导航数据、气象数据及卫星状态数据传送给主控站，为主控站编算导航电文提供可靠的数据。

3. 注入站的作用

注入站是无人值守的工作站，设有 3.66m 抛物面天线，1 台 C 波段发射机和一台电子计算机。其主要作用是将主控站需传输给卫星的资料以既定的方式注入到卫星存储器中，供卫星向用户发送。

地面监控部分的工作程序为：由监测站连续接收 GPS 卫星信号，不断积累测距数据（伪距和伪距差），并将这些测距数据以及气象数据、卫星状态数据等发送到主控站；再由主控站对测距数据进行包括电离层、对流层、相对论效应、天线相位中心的偏移及地球自转和时标改正等的传播时延改正，并用卡尔曼数学滤波器进行连续数据平滑处理及最小二乘与多项式拟合，以提供卫星的位置和速度的六个轨道根数的摄动，每个卫星的三个太阳压力常数，卫星的时钟偏差、漂移和漂移率，各监测站的时钟偏差，对流层残余偏差及三个极移偏差状态数据，并将这些数据编成导航电文传送到注入站；最后由注入站将这些导航电文注入卫星。地面监控系统的工作程序框图如图 3-2 所示。

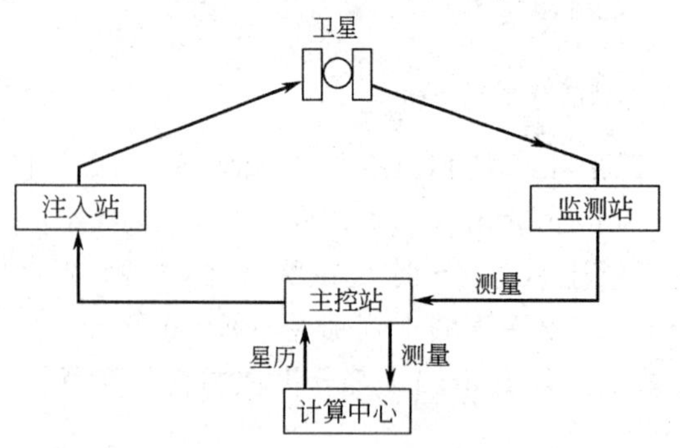

图 3-2 监控系统工作程序框图

二、空间卫星部分

空间卫星部分是由空间运行的多颗卫星按一定的规则组成的 GPS 卫星星座。本书第一章第二节已有述及，这里仅就空间卫星的作用和有关情况作些说明。

美国发射的 GPS 卫星，有多种编号方式。比如可以按发射的先后顺序编号，也可以根据所采用不同的伪随机噪声码 PRN 编号，还可以根据内部距离操作码 IRON 编号，以及根据美国航空航天局在其序列文件中编的 NASA 编号和根据卫星发射年代与该年代中的发射序列编的识别号。其中，PRN 编号是供导航定位用的，识别号是供用户查询卫星有关数据用的。

GPS 工作卫星 BLOCK Ⅱ 是用火箭或航天飞机发射的，其编号方法与试验卫星的编号方法基本相同，其轨道近于圆形，最大偏心率为 0.01，轨道长半径也是 26560km，轨道倾角为 55°，卫星的高度为 20200km，运行周期为十二恒星时，即每天绕地球运行两周。

工作卫星之所以采用 20000km 高和近于圆形的轨道，一方面是为了增大覆盖面积，另一方面是为了使覆盖均匀，从而达到信号强度均匀、接收时间也均匀的目的。

GPS 卫星的主要作用有三个方面。

① 接收地面注入站发送的导航电文和其他信号。

② 接收地面主控站的命令，修正其在轨运行偏差及启用备件等。

③ 连续地向广大用户发送 GPS 导航定位信号，并用电文的形式提供卫星自身的现势位置与其他在轨卫星的概略位置，以便用户接收使用。

可见，GPS 卫星定位是以被动定位原理进行工作的，GPS 卫星最根本的作用就是向用户发送用户所需要的信号和电文。既然如此，对卫星的寿命长短和时间的精确度就必须高度重视。GPS 工作卫星的设计寿命是七年半，但从实验卫星的工作情况来看，使用寿命一般都会超过甚至远远超过设计寿命。GPS 工作卫星中安置两台铷原子钟和两台铯原子钟，以便随时启用更替。采用原子钟的目的是因为它的频率稳定度优于 1E～14，远高于稳定度为 1E～9 的石英钟，因而可大幅度提高导航和定位精度。

GPS 工作卫星共 24 颗（见图 1-2），其中 21 颗卫星处于工作状态，3 颗处于在轨备用状态，组成（21＋3）GPS 工作卫星星座。GPS 工作卫星星座的 24 颗卫星均匀分布在 6 个倾角为 55°的轨道平面内，各轨道面之间相距 60°，因此相邻两轨之间的升交点赤经相差 60°。同一轨道面内相邻两卫星间的升交距角相差 90°，相邻两轨道面上的卫星升交距角比较，东边比西边超过 30°。

GPS 卫星的空间布局和运行速度决定了地面观测者具备下列观测条件。

① 同一卫星每天可提前 4min 出现，其在地平线以上的可见运行时间为 5h。

② 由于观测者所处的位置和时间的不同，可同时观测的卫星个数也各异，但最少能观测到 4 颗卫星，最多可观测到 11 颗。

③ GPS 定位精度与被观测卫星的位置分布有关。对于只能观测到 4 颗卫星的情况，因在这一时间段内别无选择，其定位精度一般较差，这个短暂的时间段称为“时间间隙段”。在时间间隙段内须用新型的 GPS/GLONASS 集成式接收机同时接收 GPS 信号和 GLONASS 信号才能消除“间隙段”的影响。“间隙段”仅出现在极少数地区，而广大范围内不会出现这种情况。

三、用户接收部分

用户接收部分的基本设备，就是 GPS 信号接收机，其作用是接收、跟踪、变换和测量 GPS 卫星所发射的 GPS 信号，以达到导航和定位的目的。

GPS 信号接收机，按用途的不同，可分为导航型、测地型和授时型等三种。按携带形式的不同可分为袖珍式、背负式、车载式、舰用式、空（飞机）载式、弹载式和星载式七种。按工作原理可分为码接收机和无码接收机，前者动态、静态定位都能用，后者只能用于静态定位。按使用载波频率的多少可分为单频接收机（用一个载波频率 L_1）和用两个载波频率（L_1、L_2）的双频接收机，以双频接收机为今后精度定位的主要用机。按型号分，种类就更多，计约 160 个厂家生产的几百种不同牌（型）号的接收机。

第二节　卫星的运行及其轨道

GPS 定位的起算基准是依 GPS 卫星的已知瞬时位置为准。为了确定卫星的瞬时位置，必须了解卫星的运动状态和运行轨道。

GPS 卫星在空间绕地球运行，取决于它所受的作用力。这些作用力包括：地球重力场对卫星的引力，日、月等天体对卫星的引力，以及太阳光压、大气阻力和地球潮汐力等。这些作用力的情况复杂多变，所以卫星的实际运动状况和状态也就比较复杂，很难用既精确又简单的数学模型进行描述。

在对卫星所有的作用力中，地球重力场的引力是最主要的。如果将地球重力场的引力视为1，则其他作用力均小于10^{-5}。为了研究和实际应用的方便，通常将作用于卫星上的各种作用力按其影响的大小分成两类：一类是假设地球为匀质球体的引力，其质量集中于球体的中心（中心力），它决定着卫星运动的基本规律和特征，这时由地球引力所决定的卫星运行轨道可视为理想轨道，也称为无摄轨道；另一类是摄动力，也称为非中心力，它包括地球非球形对称的作用力、日月引力、大气阻力、光辐射压力、地球潮汐力等。摄动力作用的结果，使卫星的运动产生一些小的附加变化而偏离理想轨道。在摄动力的作用下，卫星的运动称为受摄运动，相应的卫星轨道称为受摄轨道。

一、理想情况下的卫星运动

所谓理想情况下的卫星运动，是将地球视作匀质球体，且不顾及其他摄动力的影响，卫星只是在地球质心引力作用下而运动。理想情况下的卫星运动是首要的研究对象。这是因为：①它是卫星运动的第一近似描述；②它是至今惟一能得到的严密分析解的运动；③它是全部作用力下的卫星运动更精确解的基础。

根据牛顿万有引力定律，在上述理想情况下，卫星相对于地球的引力加速度为

$$\ddot{r}=-\frac{G(M+m)}{r^3}r \tag{3-1}$$

式中 G——地球引力常数；

M——地球质量；

m——卫星质量；

r——卫星的地心向径。

因卫星的质量m相对于地球的质量M很小，若忽略卫星的质量m，则有

$$\ddot{r}=-\frac{GM}{r^3}r \tag{3-2}$$

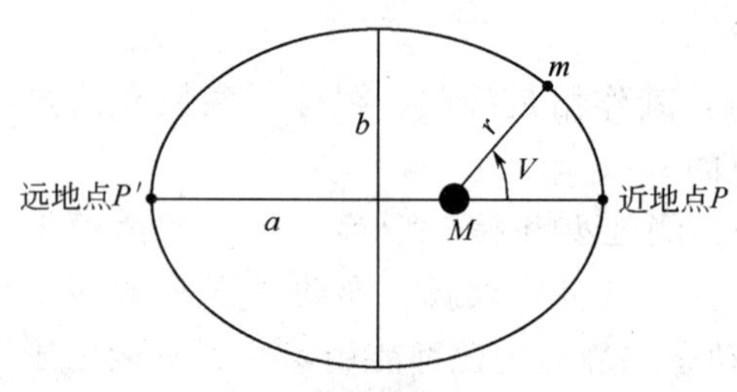

图 3-3　卫星运行轨道椭圆

引力加速度$\ddot{r}$决定着卫星绕地球运行的基本规律，这些基本规律可以用开普勒定律具体描述。

（1）开普勒第一定律　卫星运行的轨道是一个椭圆，地球质心位居椭圆的一个焦点上。

该定律表明，卫星相对于地球质心的运动轨道是一个椭圆，该椭圆有着固定的形状和大小，椭圆上距离地球质心最远的一点称为远地点，距离地球质心最近的一点称为近地点，如图 3-3 所示。

根据式（3-2）的解，可得卫星绕地球质心运动的轨道方程为

$$r=\frac{a(1-e^2)}{1+e\cos V} \tag{3-3}$$

式中 r——卫星的地心距离；

a——椭圆的长半径；

e——椭圆的偏心率；

V——真近点角，当$V=0°$时，$r=a(1-e)$为卫星的近地点距离；当$V=180°$时，$r=a(1+e)$为卫星的远地点距离。它描述了任意时刻卫星在轨道上相对近地点的位置，是时间的函数。

(2) 开普勒第二定律　卫星的地心向径，即地球质心与卫星质心间的距离向量，在相同的时间内所扫过的面积相等。

开普勒第二定律表明，卫星沿轨道椭圆的运行速度在不断变化，在近地点处速度最大，在远地点处速度最小，如图 3-4 所示。

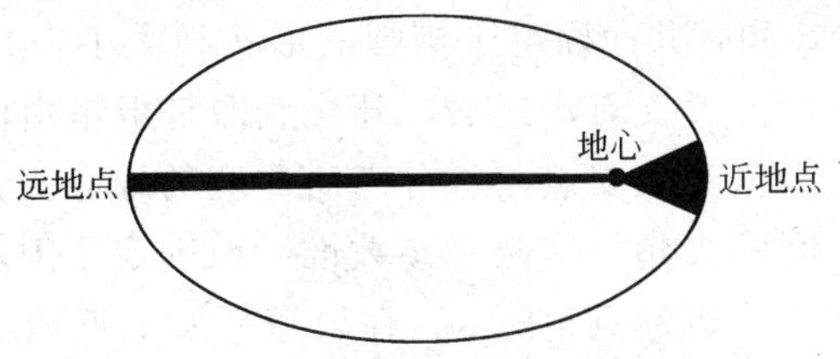

图 3-4　相等时间地心向径扫过的面积

和其他物体运动一样，卫星的运动也具有两种能量：势能（位能）和动能。

势能是由地球重力场的作用而引起，其大小和卫星在轨道上所处的位置有关，在近地点处势能最小，远地点处势能最大，卫星在任一时刻 t 所具有的势能为 $-\dfrac{GMm}{r}$。

动能则是由卫星自身运动所引起，其大小是卫星运动速度的函数。如果取卫星的运动速度为 v，则其动能为 $\dfrac{1}{2}mv^2$，所以卫星运行至近地点处动能最大，远地点处动能最小。根据能量守恒定理，卫星在运动期间，势能与动能之和为一常量，即

$$\frac{1}{2}mv^2-\frac{GMm}{r}=\text{常数} \tag{3-4}$$

(3) 开普勒第三定律　卫星围绕地球运行的周期的平方与轨道椭圆长半径的立方成正比，其比值等于地球引力常数 GM 的倒数。

开普勒第三定律的数学形式为

$$\frac{T^2}{a^3}=\frac{4\pi^2}{GM} \tag{3-5}$$

式中，T 为卫星运动的周期，即卫星绕地球运行一周所需的时间。若假设卫星运动的平均角速度为 n_0，则顾及式 (3-5) 可得

$$n_0=\frac{2\pi}{T}=\left(\frac{GM}{a^3}\right)^{\frac{1}{2}} \tag{3-6}$$

当轨道椭圆的长半径一经确定，卫星运行的平均角速度便随之确定，且保持不变。

二、卫星运行的轨道

由开普勒定律可知，卫星运动的轨道是通过地心平面上的一个椭圆，且椭圆的一个焦点与地心相重合。轨道参数可以有很多，它们的选择也不是惟一的。但是无论如何选择，必须有利于下列问题的解决：①轨道椭圆的形状和大小；②轨道平面与地球体的相关位置；③轨道椭圆在轨道平面上的方位；④卫星在轨道上的瞬时位置。只有这些问题得到确定，卫星运行的轨道以及卫星在轨道上的瞬时位置也才是惟一确定的。确定椭圆的形状和大小至少需要两个参数，即轨道椭圆长半径 a 和轨道椭圆偏心率 e。这里仅将最为适宜的一组轨道参数的符号和含义介绍如下（参看图 3-5）。

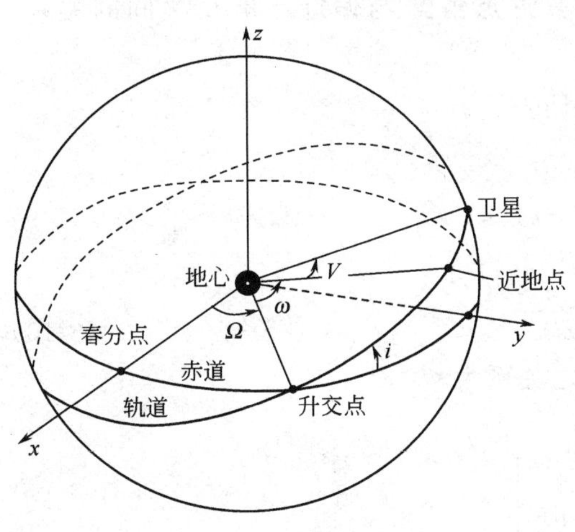

图 3-5　卫星轨道参数

轨道椭圆长半径为 a，轨道椭圆偏心率为 e。

a 和 e 共同确定了椭圆的形状和大小，其他的几何参数都可以由 a 和 e 推导出来。

升交点赤经 Ω，升交点即是卫星由南向北的运行轨道与地球赤道面的交点。而升交点赤经就是升交点与春分点所对应的地心夹角。轨道面倾角 i，即卫星轨道平面与地球赤道面之间的夹角。这两个参数惟一地确定了卫星轨道平面与地球体之间的相对定向。

近地点角距 ω，在轨道平面上近地点与升交点所对应的地心夹角。该参数表达了椭圆在轨道平面上的定向。

真近点角 V，在轨道平面上卫星与近地点所对应的地心夹角。该参数为时间的函数，它确定了卫星在轨道上的瞬时位置。

对于 GPS 卫星来说，上述轨道参数的具体数值，则是由不同卫星的发射条件决定的。

在上述描述卫星运动的 6 个开普勒轨道参数中，只有真近点角 V 是时间的函数，其余参数均为常数。所以，确定卫星瞬时位置的关键在于确定参数 V。为此，需要引入计算 V 的两个辅助参数 E 和 M_0。

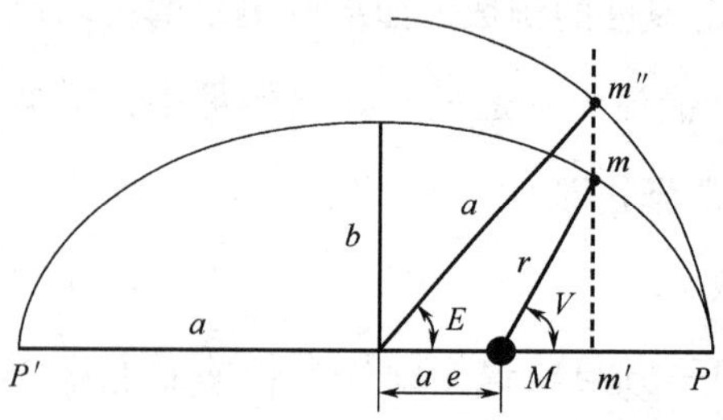

图 3-6 真近点角与偏近点角

E 称为偏近点角，如图 3-6 所示，过卫星质心 m 作平行于椭圆短轴的直线，分别交于近地点于椭圆中心连线的 m' 点和以长半径 a 所作大圆的 m'' 点，于是 E 就是近地点 P 至 m'' 的圆弧对应的圆心角。

M_0 称为平近点角，它是一个假设量。如果卫星通过近地点的时刻为 t_0。观测瞬间的时刻为 t，卫星运行的平均角速度为 n，则平近点角由下式定义，即

$$M_0=n(t-t_0) \tag{3-7}$$

式中，n 为对某一卫星而言是个常数，所以观测时刻一旦确定，平近点角也就相应确定。

根据开普勒方程，偏近点角 E 与平近点角 M_0 的关系为

$$E=M_0+e\sin E \tag{3-8}$$

已知 M_0 时，可以采用迭代法按上式计算 E。迭代计算时先令 $E=M_0$，因偏心率 e 仅为 0.01 左右，所以迭代两次便可求得偏近点角 E。

其次，为了计算卫星的瞬时位置，还需要确定真近点角 V 与偏近点角 E 之间的关系。由图 3-6 得

$$a\cos E=r\cos V+ae$$

于是

$$\cos V=\frac{a}{r}(\cos E-e) \tag{3-9}$$

将上式代入轨道方程（3-3），则得

$$r=a(1-e\cos E) \tag{3-10}$$

由式（3-9）和式（3-10）可得真近点角与偏近点角之关系为

$$\left.\begin{aligned}\cos V&=\frac{\cos E-e}{1-e\cos E}\\ \sin V&=\frac{\sqrt{1-e^2}\sin E}{1-e\cos E}\end{aligned}\right\} \tag{3-11}$$

以及

$$\tan V=\frac{\sqrt{1-e^2}\sin E}{\cos E-e} \tag{3-12}$$

三、摄动力对卫星运行轨道的影响

前述为理想情况下的卫星运动，是假定卫星只受地球质心引力的作用，所以运行轨道是一个平面椭圆，6个轨道参数都有确定数值。但是事实上卫星在运行中，还将受到各种摄动力的影响，其中包括地球体不规则及质量分布不均匀而引起的作用力、太阳和月球的引力、太阳的直接与间接辐射压力、大气的阻力、地球潮汐的作用力、磁力等。这些摄动力影响的结果，迫使卫星偏离开普勒椭圆轨道，对GPS卫星来说，仅地球的非球性影响，在3h（3小时）的弧段上，就可能使卫星的位置偏差达2km，而在2d（2日）弧段上达14km，显然，这种偏差对于任何用途的定位工作，都是不可忽视的，所以还需要建立各种摄动力模型。对卫星轨道加以修正，才能满足卫星导航和精密定位的需要。

下面仅简要说明地球引力场摄动力对卫星运行轨道的影响。

地球本身为非匀质球体，在其引力场摄动力的影响下，升交点将沿地球赤道产生缓慢的进动，使升交点的赤经产生周期性变化。设其变化的速率为$\dot{\Omega}=\frac{\partial\Omega}{\partial t}$，若已知某一参考时刻$t_0$的升交点赤经为$\Omega(t_0)$，则对于任一时刻$t$的升交点位置可表示为

$$\Omega(t)=\Omega(t_0)+\dot{\Omega}(t-t_0) \tag{3-13}$$

事实上，卫星的升交点还同时受到其他摄动力的影响，所以升交点赤经的变率Ω也不是常量。

在地球引力场摄动力的影响下，近地点将在轨道面内转动，使近地点角距ω发生缓慢变化。若取近地点角距的变率为$\dot{\omega}=\frac{\partial\omega}{\partial t}$，则类似于式（3-13），可以写出任一时刻$t$的近地点角距为

$$\omega(t)=\omega(t_0)+\dot{\omega}(t-t_0) \tag{3-14}$$

同样，在地球引力场摄动力的影响下，卫星轨道平近点角M_0也随时间发生变化。任一时刻t的平近点角可表示为

$$M_0(t)=M_0(t_0)+K\dot{M}_0(t-t_0)+n(t-t_0) \tag{3-15}$$

若设$\Delta n=\dot{\omega}+\dot{M}_0$，则对GPS卫星可得$\Delta n\approx-0.01(°)/\mathrm{d}$。

卫星在运行中，除主要受到地球中心引力的作用外，还将受到其他各种摄动力的影响，从而引起轨道的摄动。在摄动力加速度的影响下，卫星运行的开普勒轨道参数，不再保持常数而变为时间的函数。理论分析表明，影响卫星运动的摄动力主要是地球引力场摄动力的影响、日月引力的影响和太阳光压的影响。

第三节　卫星星历与卫星位置计算

利用GPS卫星进行导航和定位，就是根据已知的卫星轨道参数计算出卫星瞬时位置，通过观测和数据处理，确定接收机的位置和载体的运动速度。所以，获取准确的卫星轨道参数，计算出卫星在观测瞬间的位置，是GPS导航定位的基础。

一、GPS 卫星星历

卫星的星历就是一组对应某一时刻的轨道参数值，它是计算卫星瞬时位置的依据。这些参数的数值确定卫星的运行轨道和运行状态，有了卫星星历就可以计算出任一时刻的卫星位置，所以，卫星星历其实就是赋值后的轨道参数。

GPS 卫星星历可以分为两种：广播星历（预报星历）和实测星历（精密星历）。

1. 广播星历

卫星将地面监测站注入的有关卫星轨道的信息，通过发射导航电文传递给用户，用户接收到这些信号进行解码即可获得所需要的卫星星历，即广播星历。

广播星历是一种外推星历，通常包括相对某一参考历元的开普勒轨道参数和必要的轨道摄动改正项参数。因为卫星在某一参考历元的瞬时轨道参数，随着时间的延续，受到摄动力影响的实际轨道，将偏离其参考轨道，偏离程度主要取决于观测历元与参考历元间的时间差。如果用轨道参数的摄动项对已知的卫星参考星历进行改正，就可以外推出任意观测历元的卫星星历。

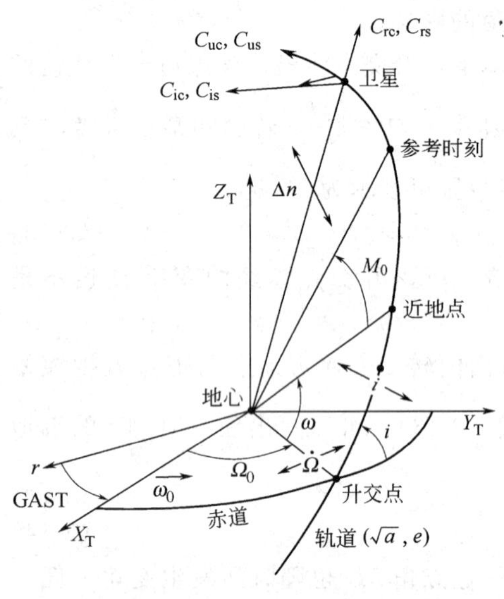

图 3-7　卫星星历参数

为了保持广播星历的必要精度，一般采用限制预报星历的外推时间间隔的方法。所以，地面检测站每天都根据其观测资料，计算并更新卫星星历参数的数据，并且将其注入卫星加以储存，以备更新卫星的参考轨道。据此，GPS 卫星所发射的广播星历，每小时更新一次，供用户使用。广播星历的精度一般估计为 20～40m。

GPS 用户所接收到的卫星广播星历中，包括以下 17 个卫星星历参数（见图 3-7）。

2 个时间参数：①从星期日子夜零时开始度量的星历参考历元 t_{oe}；②外推星历时的外推时间间隔 AODE，亦即星历数据的龄期，它可反映外推星历的可靠程度。

6 个开普勒轨道参数：①卫星轨道长半轴的平方根$\sqrt{a}$；②卫星轨道偏心率 e；③参考历元的轨道倾角 i_0；④参考历元的升交点赤经 Ω_0；⑤近地点角距 ω；⑥参考时刻的平近点角 M_0。

9 个轨道摄动力参数：①平均运动角速度改正值 Δn；②升交点赤经的变化率 $\dot{\Omega}$；③轨道倾角的变化率 $\dot{i}$；④升交角距的正弦和余弦的调和改正项之振幅 C_{us} 和 C_{uc}；⑤轨道倾角的正弦和余弦调和改正项之振幅 C_{is} 和 C_{ic}；⑥卫星地心距的正弦和余弦调和改正项之振幅 C_{rs} 和 C_{rc}。

2. 实测星历

广播星历是根据某一参考历元的观测资料向外推算的星历。它的好处是用户在观测同时即可得到实时星历参数和卫星位置，这对导航和实时定位是非常需要的。但是，由于卫星星历是外推出来的，特别是美国实施的限制政策，大幅度降低了广播星历的精度，所以它很难满足高精度定位的需要。

实测星历是一些国家根据自己的卫星跟踪站观测资料，经过事后处理直接计算的卫星星历，它向广大用户提供有偿服务，所以大大提高了卫星星历的精度。不过这种星历难以在用户观测期间获得，通常是在用户观测后一段时间才能利用磁盘或 Internet 网提供，所以它对导航和实时定位意义不大。

中国的 GPS 卫星跟踪站在“八五”期间已经建成，“九五”期间已向国内用户提供服务。现在正在进行数据处理的全国 GPS2000 网，其点数可达 2000 余个，其中 GPS 卫星永久性跟踪站增加为 25 个，将来还要继续增加到 250 个左右，以满足全国动态或高精度定位用户的需要。

二、卫星在其轨道平面内的位置计算

前面介绍的卫星星历是以 WGS—84 大地坐标系为坐标框架的。GPS 定位成果亦属于 WGS—84 大地坐标系，它是一种地心空间直角坐标系统。

为了计算卫星在 WGS—84 大地坐标系中的位置，首先需要计算卫星在其轨道平面内的位置。此时定义：原点与地心 M 相重合，x 轴指向升交点，y 轴在轨道平面内垂直于 x 轴，称其为轨道平面直角坐标系。它是一种过渡性的坐标系，如图 3-8 所示。

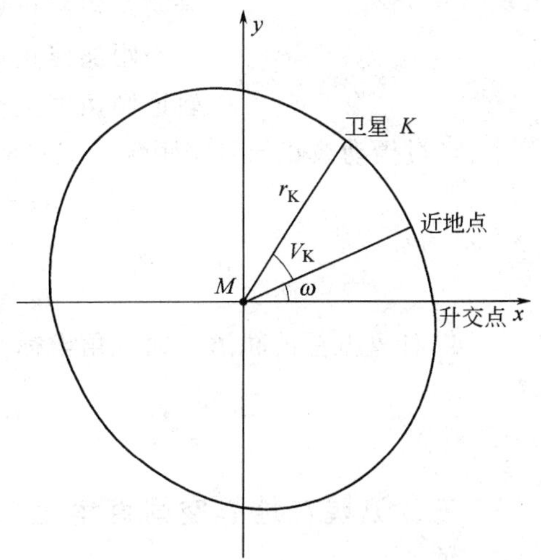

图 3-8 轨道平面直角坐标系

1. 计算卫星运行的平均角速度 n

由式（3-6），可算得卫星运行的平均角速度为

$$n_0=\left(\frac{GM}{a^3}\right)^{\frac{1}{2}}$$

式中，a 为卫星轨道的长半轴，GM 为地球引力常数（含大气层），它们都有确定值。利用导航电文中给出的摄动改正数 Δn，则可算出卫星运行的实际平均角速度为

$$n=n_0+\Delta n \tag{3-16}$$

2. 计算归化时间 t_K

导航电文提供的轨道参数是相应于参考时刻 t_{oe} 时的数值，为了求得观测时刻 t 的参数，需求出此时刻相对于参考时刻 t_{oe} 的时间差。

$$t_K=t-t_{oe} \tag{3-17}$$

在 GPS 时间系统中，时间是从一周的开始（星期日子夜）连续以秒计算的，所以，计算归化时间 t_K 时应顾及到一个星期（604800s）的开始或结束。

3. 计算真近点角 V_K

首先计算观测瞬间的卫星平近点角 M_K。因为导航电文中已经给出参考时刻 t_{oe} 的平近点角 M_0，所以

$$M_K=M_0+nt_K \tag{3-18}$$

其次计算偏近点角 E_K。根据导航电文中给出的偏心率 e 和上面计算的平近点角 M_K，再根据式（3-8）可以写出

$$E_K=M_K+e\sin E_K \tag{3-19}$$

上式仍按前述的迭代法计算。

然后再计算出真近点角 V_K。由式（3-12）可得

$$V_K = \arctan\frac{\sqrt{1-e^2}\sin E_K}{\cos E_K - e} \tag{3-20}$$

4. 计算升交距角 u_0

根据计算出的真近点角 V_K 和导航电文提供的近地点角距 ω，按式（3-21）计算升交距角。

$$u_0 = V_K + \omega \tag{3-21}$$

5. 计算经过摄动改正的升交距角 u_K、卫星的地心距离 r_K 及轨道倾角 i_K

在卫星导航电文中，给出了 6 个卫星轨道摄动的修正参数。根据这些参数，计算出轨道参数的修正量。

$$\left.\begin{aligned}&\text{升交距角修正量}\quad \delta_u = C_{us}\sin 2u_0 + C_{uc}\cos 2u_0\\&\text{地心距离修正量}\quad \delta_r = C_{rs}\sin 2u_0 + C_{rc}\cos 2u_0\\&\text{轨道倾角修正量}\quad \delta_i = C_{is}\sin 2u_0 + C_{ic}\cos 2u_0\end{aligned}\right\} \tag{3-22}$$

经过摄动改正的升交距角、卫星的地心距离、轨道倾角则为

$$\left.\begin{aligned}&u_K = u_0 + \delta_u\\&r_K = a(1 - e\cos E_K) + \delta_r\\&i_K = i_0 + \delta_i + it_K\end{aligned}\right\} \tag{3-23}$$

6. 计算卫星的轨道平面直角坐标

$$\left.\begin{aligned}&x_K = r_K\cos u_K\\&y_K = r_K\sin u_K\end{aligned}\right\} \tag{3-24}$$

三、卫星在地心空间直角坐标系中的位置计算

1. 计算观测时刻的升交点经度 Ω_K

为了计算卫星在地心空间直角坐标系中的位置，必须要知道卫星升交点在观测时刻 t 的精度 Ω_K。

假若观测时刻 t 的升交点赤经为 Ω（升交点与春分点所对应的地心夹角），观测时刻 t 时的春分点格林尼治恒星时为 GAST，由图 3-7 可知，此时的升交点经度应为

$$\Omega_K = \Omega - \text{GAST} \tag{3-25}$$

如果参考时刻 t_{oe} 的升交点赤经为 Ω_{oe}，其变率为 Ω，则观测时刻 t 时的升交点赤经为

$$\Omega = \Omega_{oe} + \Omega(t - t_{oe}) \tag{3-26}$$

其次，式（3-25）中的 GAST 将随地球自转而不断增加，其增值速率即为地球自转的速率 ω_e。设一个星期开始（星期日子夜）时刻的格林尼治恒星时为 GAST（t_o），则

$$\text{GAST} = \text{GAST}(t_o) + \omega_e t \tag{3-27}$$

导航电文提供的不是 t_{oe} 时的升交点赤经 Ω_{oe}，而是始于格林尼治起始子午线到升交点的准经度 Ω_o，它们之间的关系是

$$\Omega_{oe} = \text{GAST}(t_o) + \Omega_o \tag{3-28}$$

将式（3-26）、（3-27）、（3-28）一并代入式（3-25），则得升交点的经度为

$$\Omega_K = \Omega_o + (\Omega - \omega_e)(t - t_{oe}) - \omega_e t_{oe} \tag{3-29}$$

2. 计算卫星在地心空间直角坐标系中的坐标

由式（3-24）可求出卫星在其轨道平面直角坐标系中的坐标，在该坐标系统中卫星的空

间位置可表示为

$$\left.\begin{aligned} x_K &= r_K \cos u_K \\ y_K &= r_K \sin u_K \\ z_K &= 0 \end{aligned}\right\} \tag{3-30}$$

此时 z 轴过地心指向轨道平面的垂直方向。

这样，轨道直角坐标系（x，y，z）与地心直角坐标系（X，Y，Z）具有相同的原点（参阅图 3-5 和图 3-7），其差别仅是坐标轴的定向不同。为了使两坐标系取得一致，可将坐标系（x，y，z）作如下旋转：①绕 x 轴方向顺转角度 i_K，使轨道平面与赤道平面重合，z 轴与 Z 轴相重合；②绕 z 轴顺转角度 Ω_K，使 x、y 轴与 X、Y 轴同时重合。

这一过程用旋转矩阵表示如下。

$$\begin{aligned}
\begin{bmatrix} X_K \\ Y_K \\ Z_K \end{bmatrix} &= R_3(-\Omega_K)R_1(-i_K)\begin{bmatrix} x_K \\ y_K \\ z_K \end{bmatrix} \\
&= \begin{bmatrix} \cos\Omega_K & -\sin\Omega_K\cos i_K & \sin\Omega_K\sin i_K \\ \sin\Omega_K & \cos\Omega_K\cos i_K & -\cos\Omega_K\sin i_K \\ 0 & \sin i_K & \cos i \end{bmatrix}\begin{bmatrix} x_K \\ y_K \\ z_K \end{bmatrix} \\
&= \begin{bmatrix} \cos\Omega_K x_K & -\sin\Omega_K & \cos i_K y_K \\ \sin\Omega_K x_K & +\cos\Omega_K & \cos i_K y_K \\ & \sin i_K y_K & \end{bmatrix}
\end{aligned} \tag{3-31}$$

第四节　GPS 卫星信号

GPS 卫星播发的信号，包含载波信号、测距码、数据码等多种分量，它能满足多用户系统的导航、高精度定位的需要。GPS 信号的产生、构成和复制等，都涉及到现代数字通信理论和技术方面的复杂问题，这里不作深入研究，下面只扼要介绍有关信号的内容、作用及其特点。

一、GPS 卫星信号的内容

GPS 卫星信号所包含的载波、测距码（包含 P 码、C/A 码）、数据码（导航电文，或称 D 码）都是在同一个基准频率 $f_0=10.23$MHz 的控制下产生的，如图 3-9 所示。

1. GPS 载波信号

GPS 卫星信号取无线电波中 L 波段的两种不同频率的电磁波作为载波，它们的频率和波长分别为

L_1 载波：$f_1=154\times f_0=1575.42$MHz，$\lambda_1=19.03$cm

L_2 载波：$f_2=120\times f_0=1227.60$MHz，$\lambda_2=24.42$cm

在载波 L_1 上调制有 C/A 码、P 码和数据码；在载波 L_2 上只调制有 P 码和数据码。

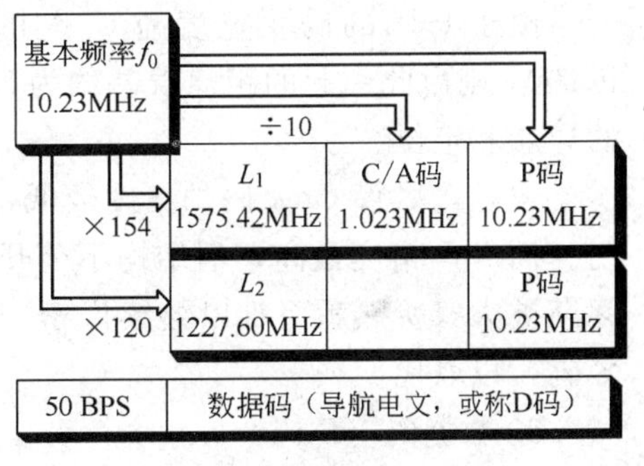

图 3-9　GPS 信号的产生

GPS 卫星的测距码和数据码是采用调相技术调制到载波上的，由于伪随机码只有“1”和“0”两

种状态。当码值取 0 时，对应的码状态为 +1；而码值取 1 时，对应的码状态为 −1。在载波和相应的码状态相乘后便实现了载波的调制，此时码信号被加载到载波上，经过播发可供用户接收。

GPS 载波的作用还不仅仅是加载和传递码信号，而且其本身就是一个重要的测量对象。

2. GPS 的测距码

现代数字通信中，普遍使用二进制数（“0”和“1”）及其组合来表示各种信息，称其为码。在二进制中，一位二进制数叫作一个码元或一个比特（bit），每秒钟传输的比特数称为数码率。

GPS 卫星所采用的两种测距码，即 C/A 码和 P 码（或 Y 码）均属于伪随机码（PRN），这种二进制的数码序列不仅具有良好的自相关特性，而且又是一种结构确定，可以复制的周期性序列。

（1）C/A 码　C/A 码的码长较短，易于捕获，但码元宽度较大，测距精度较低，所以 C/A 码又称为捕获码或粗码。

C/A 码的码长 $N_u = 2^{10} - 1 = 1023\text{bit}$；

码元宽度 $t_u = \frac{1}{f_1} \approx 0.97752\mu\text{s}$（相应距离为 293.1m）；

周期 $T_u = N_u t_u = 1\text{ms}$；

数码率 $p_u = 1.023\text{Mbit/s}$。

在 GPS 导航和定位中，为了捕获 C/A 码以测定卫星信号传播时间，通常需要对 C/A 码逐个进行搜索。因为 C/A 码总共只有 1023 个码元，若以每秒 50 个码元的速度搜索，约需 20.5s 便可达到目的。

由于 C/A 码的码元宽度较大，如果两个序列的码元对齐误差为码元宽度的 1/10～1/100，相应的测距精度为 29.3～2.9m。

（2）P 码　P 码即精密测距码，或称精码。它的特征如下。

P 码的码长 $N_u \approx 2.35 \times 10^{14}\text{bit}$；

码元宽度 $t_u \approx 0.097752\mu\text{s}$（相应距离为 29.3m）；

周期 $T_u = N_u t_u \approx 267\text{d}$；

数码率 $p_u = 10.23\text{Mbit/s}$。

实际上 P 码的周期被分成 38 个部分，每 1 部分为 7d（码长约 $6.19 \times 10^{12}\text{bit}$），其中 1 部分闲置，5 部分给地面监测站使用，32 部分分配给不同的卫星。这样，每颗卫星使用 P 码的不同部分，码长和周期相同，但结构不同。

由于 P 码的码元宽度为 C/A 的 1/10，如果码元的对齐精度仍为码元宽度的 1/10～1/100，则由此引起的距离误差约为 2.93～0.29m，仅为 C/A 码的 1/10，所以 P 码用于精密的导航和定位。

但是，尽管 C/A 码的精度较低，但码的结构是公开的，可供 GPS 接收机的广大用户使用。而 P 码精度虽高，但结构不公开，专供美国军方及特许用户使用。目前，P 码的结构正逐渐被大家所熟悉而难以继续保密，所以，GPS 卫星将发射一种与 P 码相似的保密码，即 Y 码，以取代 P 码。

3. 数据码（D 码）

数据码即导航电文，它包含着卫星的星历、卫星工作状态、时间系统、卫星钟运行状态、轨道摄动改正、大气折射改正、由C/A码捕获P码的信息等。

导航电文亦是二进制数码，依规定的格式组成，按帧向外播送，每帧电文的长度为1500bit，播送速率为50bit/s。

二、GPS信号的结构

图3-10是GPS卫星信号的构成示意。图中说明所有信号分量是根据同一基准频率 f_0（图中A点）产生的，其中包括载波 L_1（B点）、L_2（C点）、调制在载波上的调相信号C/A码（D点）、P码（F点）和数据码（G点），经卫星发射天线（H点）发射的信号分量包括：C/A码信号（J点）、L_1—P码信号（K点）和 L_2—P码信号（L点）。

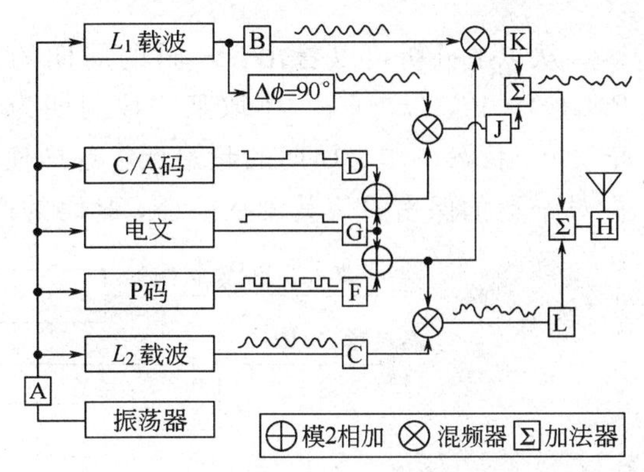

图 3-10 GPS卫星信号的构成

载波 L_1 由数据码 $D(t)$ 和P码与C/A码两种编码分别以同相和正交方式进行调制，且数据码 $D(t)$ 是一种不归零二进制码组成的编码脉冲串，所以 L_1 的信号结构为

$$S^i_{L_1}(t)=A^i_P P^i(t)D^i(t)\cos(\omega_{L_1}t+\varphi^i_{L_{10}})+A^i_C C/A^i(t)\sin(\omega_{L_1}t+\varphi^i_{L_{10}}) \tag{3-32}$$

式中 A^i_P——精码 $P^i(t)$ 即P码码元的振幅值；

A^i_C——粗测捕获码 $C/A^i(t)$，即C/A码码元的振幅值；

肩标 i——卫星编号；

ω_{L_1}——f_{L_1} 的角频率；

${\varphi^i}_{L_{10}}$——信号起始相位；

$D^i(t)$——数据码。

P码和C/A码的速率分别为10.23MHz和1.023MHz。P码为±1的伪随机码与数据码 $D^i(t)$ 模2相加，记作 $P\oplus D$，对 L_1 进行同相调制。C/A码为Gold码，与数据码 $D^i(t)$ 模2相加，形成 $C/A\oplus D$，对 L_1 的频率进行正交调制。

L_2 的信号结构为

$$S^i_{L_2}(t)=B^i_p P^i(t)D^i(t)\cos(\omega_{L_2}t+\varphi^i_{L_{20}}) \tag{3-33}$$

其中，B^i_P 为精码 $P^i(t)$ 的码元幅值，且 L_2 信号仅由P码进行双相调制（PSK调制）。其他符号的意义与式（3-32）中的含义相类似。

三、测距码的产生

P码由两个伪随机噪声码 $PN_1(t)$ 和 $PN_2(t)$ 的乘积构成。P码的码率为10.23MHz，$PN_1(t)$ 的周期为1.5s，一周的码位数 N_1 为

$$N_1=10.23\times10^6\times1.5=15.345\times10^6 \text{ 位}$$

$PN_2(t)$ 比 $PN_1(t)$ 的周期长37个码元，因此有

$$N_2=15.345\times10^6+37$$

所以P码为

$$P^i(t)=PN_1(t)\cdot PN_2(t-n_1\tau)(0\leqslant n\leqslant36) \tag{3-34}$$

式中，τ 为码元宽度，n_i 可取0，1，2，…，36。即可得37种P码。P码的码元数为

$$N=N_1N_2=235467592765000 \text{ 位}$$

P 码的周期为

$$T=\frac{N}{F}\approx 266.401\approx 38\ 星期$$

从以上分析可以看出，P 码的周期约 38 星期，实际应用中采用 7 天为一周期，即在 $PN_1(t)\cdot PN_2(t+n_1\tau)$ 中取某一段周期为 7 天的 P 码，且规定每星期六午夜零点使 P 码置全“1”状态，作为周期的起始点。这样使每星期 P 码互不相同，便于识别，而且也便于实行对 P 码的保密，使其无从破译，P 码的产生原理如图 3-11 所示。

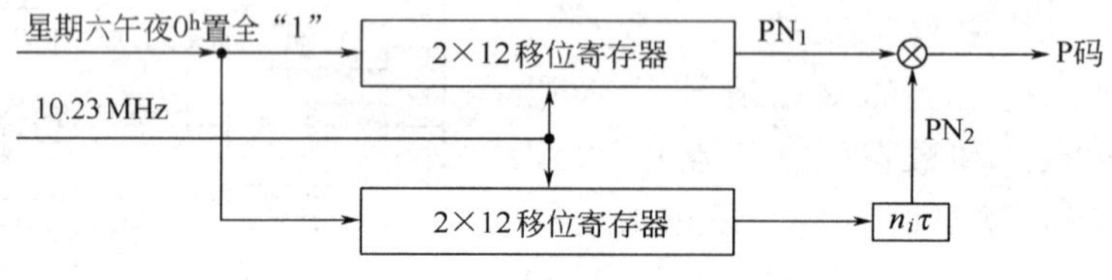

图 3-11　P 码产生原理

C/A 码码率为 1.023MHz，周期为 1ms，一周期内有 1023 个码位。C/A 码由两个 1023bit 的伪随机码 $PN_1(t)$ 和 $PN_2(t)$ 的乘积构成的 Gold 码，即

$$C/A^i(t)=PN_1(t)\cdot PN_2[t+n_1(10\tau)] \tag{3-35}$$

式中，n_i 为 PN_1 和 PN_2 间相位偏值的码元数，其偏值量为 $n_i=1023$，也就是有 1023 个不同的 C/A 码。加上 PN_1 和 PN_2 产生的两个 m 序列，共有 1025 个周期为 1ms、码元数为 1023 的不同结构的 C/A 码。其形成原理由图 3-12 的方框图表示。

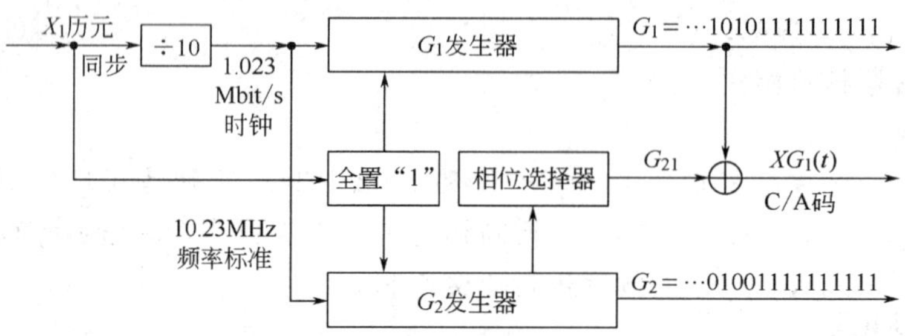

图 3-12　C/A 码形成方框图

四、GPS 信号的传播

GPS 采用了信号扩频调制，把窄带信号扩展到一个很宽的频带上发射出去，以达到抗干扰、保密和省电的目的。

在信息理论中把一组不包含人们想要的有用信息的量称为噪声。长期以来，在通信、计算机以及其他各种电子技术中，噪声总是作为信号的对立面出现的。人们想方设法试图消灭它。然而 20 世纪 40 年代末，人们对白噪声的看法发生了剧变。发现历来被人们憎恶的白噪声在许多场合下也具有许多有用的特性，其中最主要的是具有良好的自相关特性。

根据 20 世纪 40 年代末信息论的奠基人仙侬（C. E. Shanon）定理，在高斯白噪声干扰条件下，信息容量为

$$C=B\log_2\left(1+\frac{S}{N}\right) \tag{3-36}$$

式中　B——信息频带宽度，Hz；

S——信号功率；

N——噪声功率；

C——信息容量。

当信息容量一定时，增大频带宽度 B，可以减少信噪比 S/N，如 $C=10.23\text{Mbit/s}$；当信号功率 S 为噪声功率 N 的 1.5 倍时，信带宽度 B 为

$$B=\frac{C}{\log_2\left(1+\frac{S}{N}\right)}=\frac{10.23\times10^6}{\log_2(1+1.5)}=7.74\text{MHz}$$

若 $S=\frac{1}{10}N$，有

$$B=\frac{C}{\log_2\left(1+\frac{S}{N}\right)}=\frac{10.23\times10^6}{\log_2(1+0.1)}=74.40\text{MHz}$$

可见，采用增大信号频带宽度的办法，可以降低信噪比，也可以说，用很小的发射功率就可获得足够的信息容量，因而可以实现遥远的卫星通信。

因为卫星是靠太阳能蓄电池工作的，不可能增大发射机发射功率，而扩频技术解决了这一问题。另外，采用扩频技术的信号被深深埋在噪声之中，信噪比很低，不易被人捕获，具有很好的保密性。再则，由于接收机接收信号后，又进行了相关处理，将宽带大大变窄了，改变了信噪比，设 $(S/N)_{out}$ 为接收机输出信噪比，$(S/N)_{in}$ 为接收信噪比，其处理增益 G_P 为

$$G_P=(S/N)_{out}/(S/N)_{in} \tag{3-37}$$

可见，扩频技术抑制了干扰能力，所以有抗干扰作用。当然，GPS 毕竟是以军事为主要目的，为了加强保密性，美国还采用了 SA 技术。它是一种使非特许用户不能获得高精度实时定位的方法，其中包括对 GPS 卫星基准频率采用的 δ 技术、对导航电文采用的 ε 技术及对 P 码采用的译码技术等，会导致非特许用户得到随机的低精度乃至错误信息。所以在应用 GPS 定位时要加以注意，特别是在非常时期更应小心。

五、导航电文

GPS 卫星的导航电文主要包括卫星星历、时钟改正、电离层时延改正、工作状态和 C/A 码转换到捕获 P 码的信息。将这些信息以数据，即以二进制码的形式向用户发送，所以导航电文又称为数据码，即 D 码。D 码的基本单位是包含 1500bit 的一个主帧，如图 3-13 所示，其传播速率为 50bit/s。一个主帧含 5 个子帧，其中第 1、2、3 子帧各有 10 个字，每个字为 30bit；第 4、5 子帧各有 25 个页面，计 37500bit。

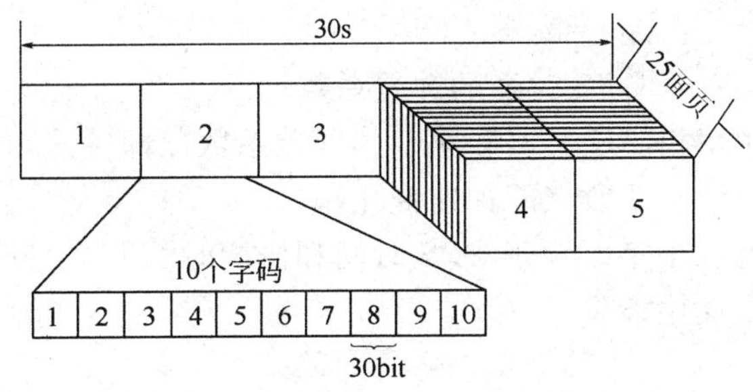

图 3-13　导航电文的基本构成

N. 1

TLM	HOW	数据块Ⅰ

N. 2

TLM	HOW	数据块Ⅱ

N. 3

TLM	HOW	数据块Ⅱ

N. 4

TLM	HOW	电文块

N. 5

TLM	HOW	数据块Ⅲ

图 3-14 电文一主帧结构

每一个子帧都是以一个遥测码（TLM）开始。第一个字主要是遥测码，其中第 1～8bit 是同步码，作为识别电文内容的序文；第 9～22bit 为遥测电文，主要是供地面监测站使用的信息；第 23～24bit 无意义；第 25～30bit 为奇偶校验码。第二个字为转换码（HOW），转换码的作用是帮助用户从捕获的 C/A 码转换到对 P 码的捕获，并以同步进行锁定。第一子帧第三到第十个字称为数据块和电文块，如图 3-14 所示，第一子帧内为数据块Ⅰ，第二、三子帧为数据块Ⅱ，第四子帧为电文块，第五子帧为数据块Ⅲ。

下面结合导航电文的格式（见图 3-15）分析各数据块和电文块的详细内容和作用。

（一）数据块Ⅰ

数据块Ⅰ主要是卫星时钟校正和电离层校正信息，其中包含指明载波 L_2 调制波类型、卫星序号、卫星健康状况等的标识码、数据龄期、卫星时钟改正系数等。

① 传输参数 N，由第三字的第 13～16bit 给出，目的是向用户说明可能达到的测距精度 M_{pd} 一般不优于 2m，当缺乏精度预估值［N 为 1111（＝15)］时，未经特许的用户不能确保其定位精度。

② 电离层时延改正数 T_{gd}，由第七字的第 17～24bit 表示载波 L_1、L_2 的电离层时延改正数 T_{gd}，供精度要求不高的单频接收机用户使用；对双频接收机的用户，则还要考虑 α_0、α_1、α_2、α_3、β_0、β_1、β_2、β_3 8 个电离层延迟校正参数。

③ 由第三字的第 23、24bit 以及第八字的第 1～8bit，均表示卫星时钟校正的数据龄期 AODC，AODC 为用户提供时钟改正的置信度。

$$AODC = t_{oc} - t_L \tag{3-38}$$

其中，t_{oc} 为数据块Ⅰ的参考时间，从全球定位系统时间每星期历元开始量度，t_L 是校正参数的最后观测时间。随着龄期的加长，精度会有所下降。这是用户选择最佳观测卫星的参考数据。

④ 卫星时钟改正，即卫星钟差。卫星是在作高速运动，且它与用户处于不同的引力位，这就产生了相对频移。由于相对论效应，卫星时钟每秒钟比地面时钟快约 448ps（每天相差 3.87E－5s)。为了消除这种影响，而将卫星时钟 10.23MHz 的标准频率减小到 10.22999999545MHz 的实际频率，以进行相对论效应的常数项改正。但由于相对论效应所产生的时间偏移并不是一个常数，且时钟本身也有误差，所以对卫星时钟还需加入改正数 Δt_s，这就是时钟改正，其值为

$$\Delta t_s = a_0 + a_1(t - t_{oc}) + a_2(t - t_{oc})^2 \tag{3-39}$$

式中 a_0——卫星时钟相对于 GPS 时系的钟差系数；

a_1——卫星标称频率相对于其实际频率的偏差系数（即钟速）；

a_2——时钟频率的漂移系数（即钟速变化率）。

a_0、a_1、a_2 载于第九、十字。至于 GPS 时间和协调时 UTC 时间存在的变化差值，由地面检测站测出并在导航电文中播发。

（二）数据块Ⅱ

数据块Ⅱ表示 GPS 卫星的星历，是导航定位电文的主要部分，它分三种共 17 个参数描

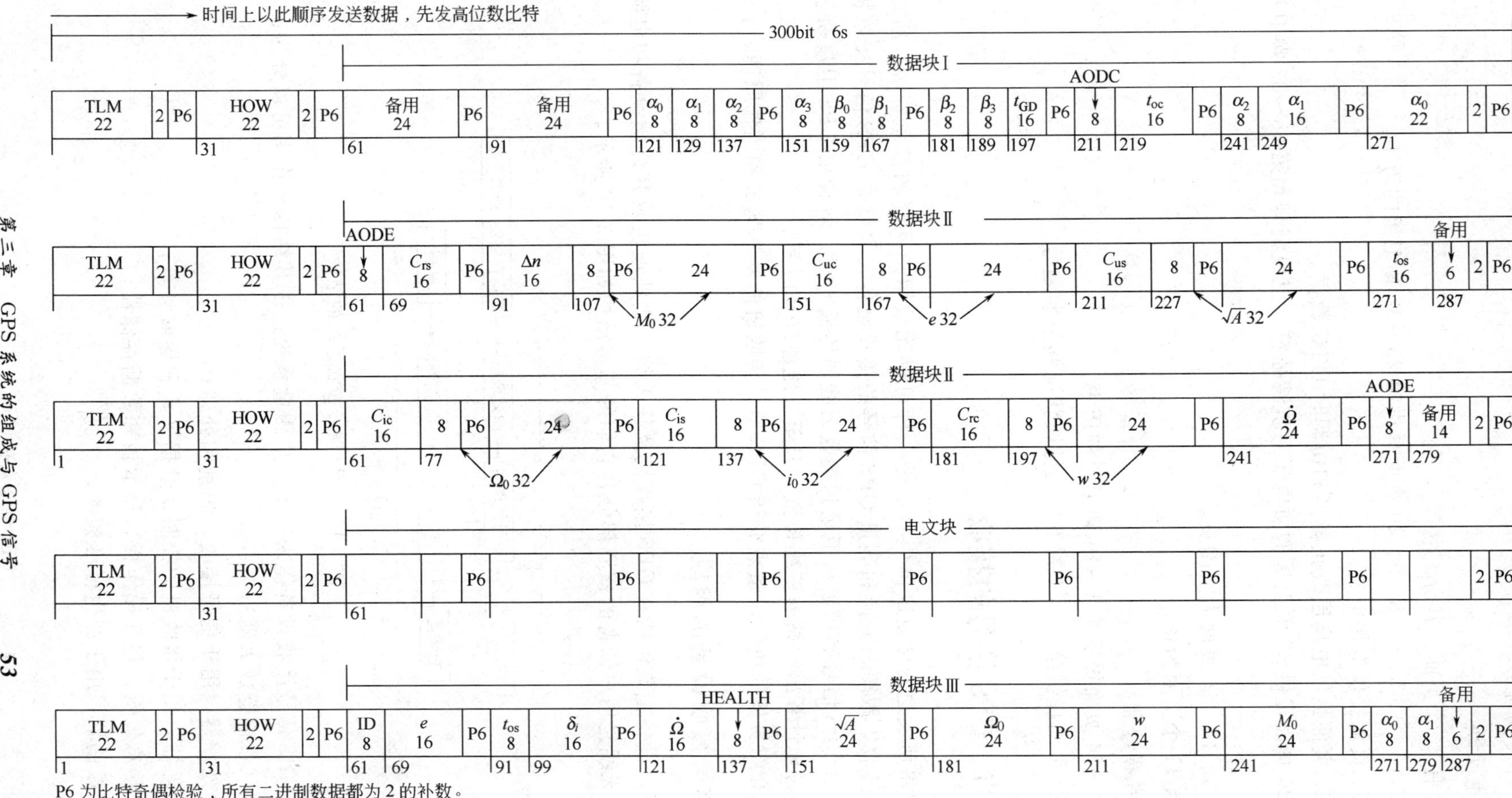

P6 为比特奇偶检验，所有二进制数据都为 2 的补数。

图 3-15　导航电文的格式

述卫星的运行及其轨道。

(三) 电文块

电文块有 25 个页面，其分配状况如下。

① 第 2、3、4、5、7、8、9、10 页面提供第 25～32 颗卫星的历书。

② 第 17 页面提供专用电文。

③ 第 18 页面提供电离层改正模型和协调时 UTC 数据。

④ 第 25 页面提供 32 颗卫星的防电子对抗特征符、卫星型号和第 25～32 颗卫星的健康状况。

⑤ 第 13、14、15 页面为空闲页。

⑥ 其余 11 个页面为备用页。

(四) 数据块Ⅲ

① 第 1～24 页面提供第 1～24 颗卫星的历书。

② 第 25 页面提供第 1～24 颗卫星的健康状况和星期编号。

第五节　GPS 信号的接收

GPS 卫星所发送的导航定位信号，是一种可供无数用户共享的信息资源。所以用户需要一种能够接收、跟踪、变换和测量 GPS 信号的接收设备，也就是 GPS 信号接收机，以便在任何时候用 GPS 信号测量出从卫星到接收天线的传播时间，解释出 GPS 卫星所发播的导航电文，实时地计算出测站的三维位置，乃至三维速度和时间。

这里不介绍具体的机型，重点介绍 GPS 信号接收机的基本构成和工作原理。

一、信号接收设备的组成

GPS 用户设备主要包括有 GPS 接收机及其天线，微处理机及其终端设备和电源等。其中接收机和天线是用户设备的核心部分，它们的基本结构如图 3-16 所示。

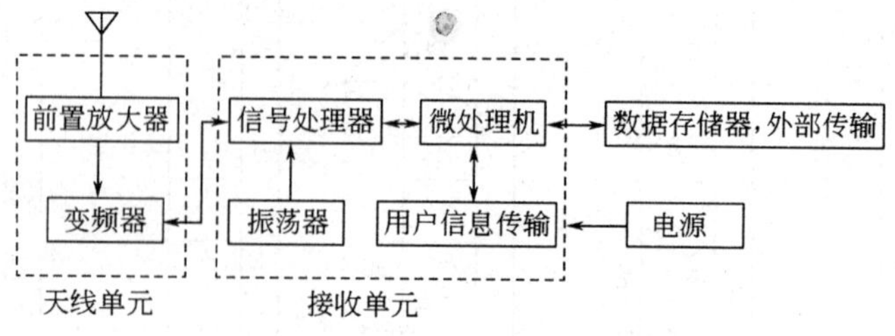

图 3-16　GPS 信号接收系统的结构

如果把 GPS 信号接收设备作为一个用户测量系统，按其结构和作用可以分为：

① 天线（带前置放大器）；

② 信号处理器，用于信号接收、识别和处理；

③ 微处理器，用于接收机的控制、数据采集和导航计算；

④ 用户信息传输，包括操作板、显示板和数据存储器；

⑤ 精密振荡器，用于产生标准频率；

⑥ 电源。

GPS 信号接收系统如果按其构成部分的性质和功能又可分为以下两部分。

① 硬件部分，主要指上述的接收机、天线和电源等硬件设备；

② 软件部分，软件部分是现代 GPS 测量系统的重要组成部分。它是支持接收机硬件实现其功能、完成各种导航和定位的重要条件。一个功能齐全、品质良好的软件不仅能为用户提供极大方便，而且对于提高定位作业效率和改善定位精度，满足用户多方面的需要，具有重要的意义。

二、天线单元

GPS 信号接收机的天线单元为接收设备的前置部分。天线单元包含接收天线和前置放大器两部分。其中天线部分可能是全向振子天线、小型螺旋天线或微带天线，但从发展趋势来看，以微带天线用得最广、最有前途。

微带天线是在厚度为 h（$h \leqslant \lambda$）的介质基片的上下两面覆盖两块金属片构成。一块辐射金属片作为接地板，完全覆盖基片的底面；另一块辐射金属片作为辐射元置于基片顶面。这种天线把诸如放大器、振荡器、开关、可变衰减器、混频器、调相器、调制器等都一起敷设在一个介质基片上，因而它的优点是体积小、质量轻、成本低、有两种工作频率、有利于提高定位精度，缺点是增益较低。目前，大部分测地型接收机天线都是微带天线，其更适用于飞机、火箭等高速飞行物上。

在地面上接收来自 20200km 高空的 GPS 卫星信号，其信号电平只有 $-50 \sim -180$dB；输入功率信噪比为 $S/N=-30$dB，即信号源淹没在噪声中。为了提高信号强度，一般在天线后端设置前置放大器，前置放大器的作用是将由极微弱的 GPS 信号的电磁波能量转换成为弱电流放大。前置放大器分外差式和高放式两种。由于外差式前置放大器不仅具有放大功能，还具有变频功能，即将高频的 GPS 信号变换成中频信号，这有利于获得稳定的定位精度，所以，绝大多数测地形的 GPS 接收机采用外差式天线单元。

三、接收单元

GPS 接收机接收单元由下列部件构成。

1. 信号通道

信号通道是一种软件和硬件相结合的复杂电子装置，是接收单元中的核心部分。其主要功能是跟踪、处理和量测卫星信号，以获得导航定位所需要的数据和信息，通道数目有 1～24 个不等，由接收机的类型而定。总的来讲，信号通道目前有相关型、平方型和相位型三种。

(1) 相关型通道　新一代 GPS 信号接收机广泛采用相关型通道，它能迅速地从伪噪声码中解译出卫星电文，从而测得运动载体的实时位置。它主要由伪噪声跟踪环路和载波跟踪环路组成。

伪噪声跟踪环路的工作原理如图 3-17 的方框图所示。其主要作用是从 C/A 码或 P 码中提取伪距观测量，同时对卫星信号进行解调，以获得导航电文和载波。所谓跟踪，就是使本地噪声码与接收噪声码“对齐”，“对齐”的功能是由环路滤波器和压控时钟构成的反馈环路等完成的。

载波信号跟踪环路的工作原理如图 3-18 的方框图所示。图中 M_i 为同相乘法器，M_g 为正交乘法器，压控振荡器在误差电压的调节下工作。当压控振荡器的振荡频率与 GPS 信号

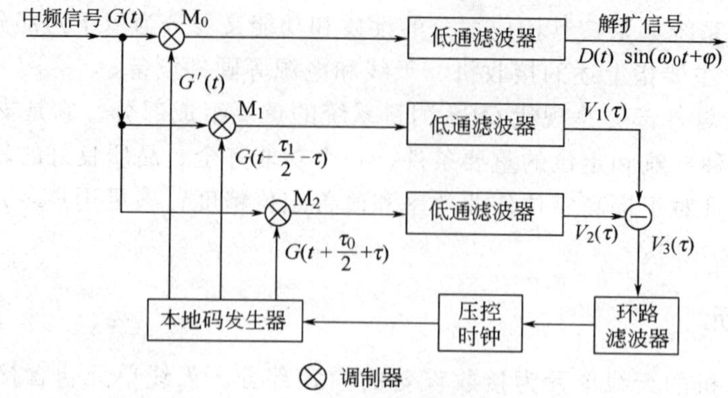

图 3-17　伪噪声码跟踪环路方框图

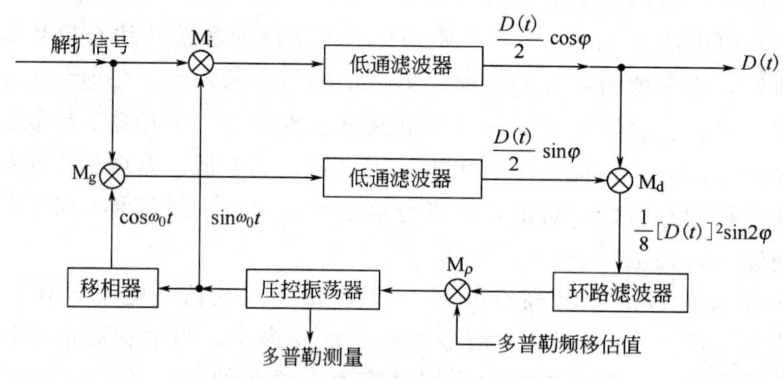

图 3-18　载波跟踪环路方框图

的中心频率相同时，$\varphi=0$。这时误差电压 U_d 为零，即不起调节作用，这时振荡器的振荡频率稳定不变，这种情况下就叫作载波跟踪环路的相位锁定，即达到了跟踪载波的目的，这时 M_i 经过低通滤波器输出的信号是纯净的数据码 $D(t)$，这就可以解译 GPS 导航电文了。

相关型通道的主要优点是：既可进行伪距测量，又可进行载波相位测量，同时还可获得导航电文。

(2) 平方型通道　图 3-19 所示的平方型通道，在用户接收到 GPS 信号以后，经过变频而得到中频 GPS 信号。于是载波频率降低了，将中频 GPS 信号

$$U=A(t)\cos(\omega_0 t+\varphi)$$

自乘，得

$$\begin{aligned}U^2 &= A^2\cos^2(\omega_0 t+\varphi)\\ &=\frac{A^2}{2}[1+\cos(2\omega_0 t+2\varphi)]\end{aligned}$$

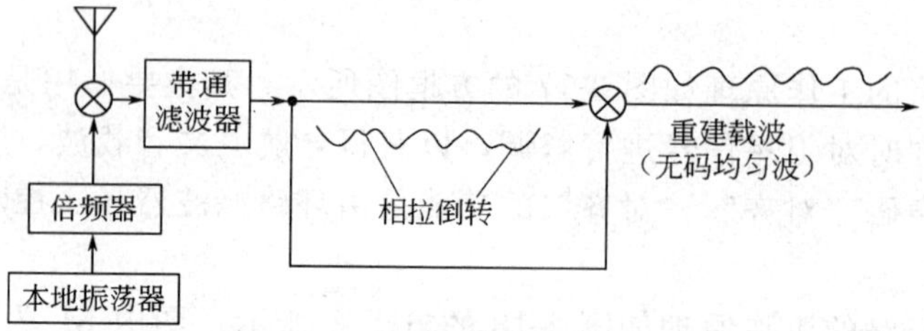

图 3-19　平方型通道原理

中频信号 U 的调制波 A 是取值为±1 的二进制信号波形，其自乘结果恒等于 1。因此，乘法器 B 的输出信号是一种纯净载波，但其频率却是中频的二倍，该信号称为重建载波。平方型波道压缩了频带宽度，但抑制数据码 $D(t)$，无法检译出 GPS 卫星发送的导航电文。

（3）码相位通道　它也是一种平方型通道，如图 3-20 所示，其区别是它所得到的信号不是重建载波，而是一种码率正弦波。图中，接收码（C/A 码或 P 码）从 A 点输入，经延时 $\tau_0/2$（即 1/2 码元宽度），经 C 点滤波得复合码，再经 D 点得码率正弦波，即接收机时钟所产生的秒脉冲启开时间间隔计数器后开始计数，遇到码率正弦波，其正向过零点时关闭计数器。这样由开、关计数器的时间之差便可确定测站和卫星间的距离。这里要说明的是码相位通道只能测得不足一个码元宽度的时间间隔，因此存在多值解的问题，这可通过多普勒测量来解决。

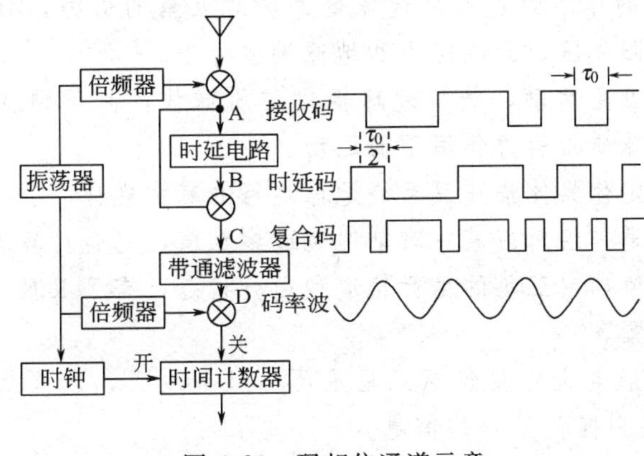

图 3-20　码相位通道示意

目前使用的测量型 GPS 接收机，多为混合型接收机，其通道普遍采用了相关和平方技术的优点，它可以同时获得码相位和载波相位观测量、导航电文和时间信息。

2. 存储器

这是 GPS 信号中接收机将定位现场采集的伪距、载波相位测量、人工量测的数据及解译的卫星星历储存起来的一种装置，以供差分导航和作相对定位的测后数据。存储器中的记录器有两种：一种是盒式磁带记录器；另一种是叫作内存器的内装式半导体存储器。前者在 1998 年以前用得较多，而后者广泛用于 1998 年以后的接收机中，如美国的 Trimble4800、Trimble5800 等。

3. 微处理机

接收机的计算部分由微处理机和机内软件组成。机内软件是由接收机生产厂家提供的，是实现数据采集、通道自校自动化的重要组成部分，主要用于信号捕获、跟踪和点位计算。微处理机结合机内软件做下列计算和处理。

① 开机后指令各通道自检，并测定、校正和存储各通道的时延值。

② 解译卫星星历，计算测站的三维坐标。

③ 由测站点位坐标和卫星星历计算所有卫星的升降时间、方位和高度角，提供可视卫星数据及卫星的工作状况，以便获得最佳定位星位，提高定位精度。

4. 电源

一般都采用蓄电池作电源，有机内电源和机外电源轮换使用的。设置机内电池作用有三点，即当机外电池电压不足时，机内电池自动接通而不中断观测；当更换机外电池时也是如此；第三个作用是关机后为存储器供电，防止数据丢失。

本章小结

本章主要介绍GPS系统的组成部分，卫星的运行与卫星星历，GPS卫星坐标计算，导航电文，GPS卫星信号及其传播等。

GPS定位系统包括三大部分：①地面监控部分；②空间卫星部分；③用户接收部分。

GPS定位的起算基准是依GPS卫星的已知瞬时位置为准。为了确定卫星的瞬时位置，必须了解卫星的运动状态和运行轨道。

GPS卫星所受的作用力包括：地球重力场对卫星的引力，日、月等天体对卫星的引力，以及太阳光压、大气阻力和地球潮汐力等。

理想情况下的卫星运动，是将地球视作匀质球体，且不顾及其他摄动力的影响，卫星只是在地球质心引力作用下而运动。

用开普勒三个定律具体描述卫星绕地球运行的基本规律。

卫星的星历就是一组对应某一时刻的轨道参数值，它是计算卫星瞬时位置的依据。这些参数的数值确定卫星的运行轨道和运行状态，有了卫星星历就可以计算出任一时刻的卫星位置。

GPS卫星的导航电文主要包括卫星星历、时钟改正、电离层时延改正、工作状态和C/A码转换到捕获P码的信息。

GPS用户设备主要包括有GPS接收机及其天线，微处理机及其终端设备和电源等。

思考题与习题

1. 主控站的主要作用有哪几条？
2. 地面监控部分的工作程序是什么？
3. GPS工作卫星为什么采用二万公里高近于圆形的轨道？
4. GPS卫星的主要作用有哪三方面？
5. GPS卫星的空间布局和运行速度决定了地面观测者具备哪些观测条件？
6. 什么是时间间隙段？怎样避开时间间隙段对测量定位的影响？
7. GPS信号接收机按用途可分为哪三种？按携带形式可分为哪七种？
8. 什么是理想情况下的卫星运动？
9. 广播星历的优缺点是什么？
10. GPS信号接收设备的结构和作用是什么？
11. 相关型通道的主要优点有哪些？
12. 微带天线的优缺点是什么？
13. 设置机内电池的作用有哪三点？

第四章

GPS卫星定位的基本原理

学习目标

- 了解 GPS 测速原理和定时原理。
- 理解主动式测距和被动式测距，伪距及其测定与计算，动态定位的特点。
- 掌握GPS定位的基本概念，静态定位与动态定位，单点定位和相对定位，伪距定位，载波相位测量原理及载波相位测量方法。

在中国，GPS定位技术的应用已深入到各个领域，因而在大地测量和工程测量应用中显示出巨大的潜力和广阔的前景。GPS定位的方式分为静态定位和动态定位。定位的方法一般有四种：卫星射电干涉测量法、多普勒法、伪距法、载波相位测量法。目前，在测量工程中应用的主要方法是静态定位中的伪距法和载波相位测量法，采用这两种方法可以获得高精度的定位成果。

本章在阐述GPS定位基本原理的基础上，重点介绍伪距法和载波相位测量法。此外，对动态定位的特点和基本原理，也加以简单介绍。

第一节　GPS定位概述

利用GPS进行定位，就是把卫星视为“动态”的控制点，在已知其瞬时坐标（可根据卫星轨道参数计算）的条件下，以GPS卫星和用户接收机天线之间的距离（或距离差）为观测量，进行空间距离后方交会，从而确定用户接收机天线所处的位置。

利用 GPS 进行定位有多种方式，如果就用户接收机天线所处的状态而言，定位方式分为静态定位和动态定位；若按参考点位置的不同，又可分为单点定位和相对定位。

一、静态定位与动态定位

静态定位是指 GPS 接收机在进行定位时，待定点的位置相对其周围的点位没有发生变化，其天线位置处于固定不动的静止状态。此时，接收机可以连续地在不同历元同步观测不同的卫星，获得充分的多余观测量，根据 GPS 卫星的已知瞬间位置，解算出接收机天线相位中心的三维坐标。由于接收机的位置固定不动，就可以进行大量的重复观测，所以静态定位可靠性强，定位精度高，在大地测量、工程测量中得到了广泛的应用，是精密定位中的基本模式。

准静态定位是指静止不动只是相对的。在卫星大地测量学中，在两次观测之间（一般为几十天到几个月）才能反映出发生的变化。

动态定位是指在定位过程中，接收机位于运动着的载体，天线也处于运动状态的定位。动态定位是用 GPS 信号实时地测得运动载体的位置。如果按照接收机载体的运行速度，还可将动态定位分为低动态（几十米/秒）、中等动态（几百米/秒）、高动态（几千米/秒）三种形式。其特点是测定一个动点的实时位置，多余观测量少、定位精度较低。目前，导航型的 GPS 接收机可以说是一种广义的动态定位，它除了要求测定动点的实时位置外，一般还要求测定运动载体的状态参数，如速度、时间和方位等。

二、单点定位和相对定位

GPS 单点定位也叫绝对定位，就是采用一台接收机进行定位的模式，它所确定的是接收机天线在 WGS—84 世界大地坐标系统中的绝对位置，所以单点定位的结果也属于该坐标系统。

GPS 单点定位的实质，即是空间距离后方交会。对此，在一个测站上观测 3 颗卫星获取 3 个独立的距离观测量就够了。但是由于 GPS 采用了单程测距原理，此时卫星钟与用户接收机钟不能保持同步，所以，实际的观测距离均含有卫星钟和接收机钟不同步的误差影响，习惯上称之为伪距。其中卫星钟差可以用卫星电文中提供的钟差参数加以修正，而接收机的钟差只能作为一个未知参数，与测站的坐标在数据的处理中一并求解。因此，在一个测站上为了求解出 4 个未知参数（3 个点位坐标分量和 1 个钟差系数），至少需要 4 个同步伪距观测值。也就是说，至少必须同时观测 4 颗卫星。

单点定位的优点是只需一台接收机即可独立定位，外业观测的组织及实施较为方便，数据处理也较为简单。缺点是定位精度较低，受卫星轨道误差、钟同步误差及信号传播误差等因素的影响，精度只能达到米级。所以该定位模式不能满足大地测量精密定位的要求。但它在地质矿产勘查等低精度的测量领域，仍然有着广泛的应用前景。

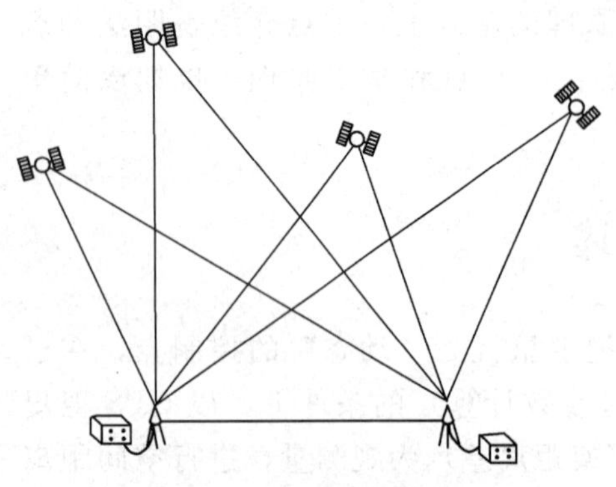
图 4-1 相对定位示意

相对定位又称为差分定位，是采用两台以上的接收机（含两台）同步观测相同的 GPS 卫星，以确定接收机天线间的相互位置关系的一种方法。其最基本的情况是用两台接收机分别安置在基线的两端（见图 4-1），同步观测相同的 GPS 卫星，确定基线端点在世界大地坐标系统中的相对位置或坐标差（基线向量），在一个端点坐标已知的情况下，用基线向量推求另一待定点的坐标。相对定位可以推广到多台接收机安置在若干条基线的端点，通过同步观测 GPS 卫星确定多条基线向量。

由于同步观测值之间有着多种误差，其影响是相同的或大体相同的，这些误差在相对定位过程中可以得到消除或减弱，从而使相对定位获得极高的精度。当然，相对定位时需要多台（至少两台以上）接收机进行同步观测。故增加了外业观测组织和实施的难度。

在单点定位和相对定位中，又都可能包括静态定位和动态定位两种方式。其中静态相对定位一般均采用载波相位观测值为基本观测量。这种定位方法是当前 GPS 测量定位中精度最高的一种方法，在大地测量、精密工程测量、地球动力学研究和精密导航等精度要求较高的测量工作中被普遍采用。

三、主动式测距和被动式测距

主动式测距（见图 4-2）是用电磁波测距仪发射测距信号，通过另一端的反射器反射回来，再由测距仪接收。根据测距信号的往、返传播时间求解出往、返距离 2ρ。由于电磁波测距仪需在测站点上主动发出测距信号，故称这种测距方式为主动式测距。主动式测距只要求仪器钟自身能在信号往、返时间段中保持稳定，就不会影响测距精度。其缺点是用户必须发射信号，因而难以隐蔽自己，这对军事用户十分不利。此外，要求用户同时具有发射设备和接收设备，装置较为复杂。

被动式测距（见图 4-2）是发射站（例如卫星）在规定的时刻内准确地发出信号，用户则根据自己的时钟记录信号到达的时间，根据时差 Δt 求得单程距离 ρ。由于用户只需被动地接收信号，故称为被动式测距。其优点是用户无需发射信号，因而便于隐蔽自己，用户装置也较简单，只配备接收设备即可。为了众多用户同时工作，要求接收机钟和各卫星钟都要和 GPS 时间系统保持同步，所以对钟的稳定度提出了很高的要求，或者要求采取特殊措施解决钟差对测距带来的影响。

双程测距（EDM）：

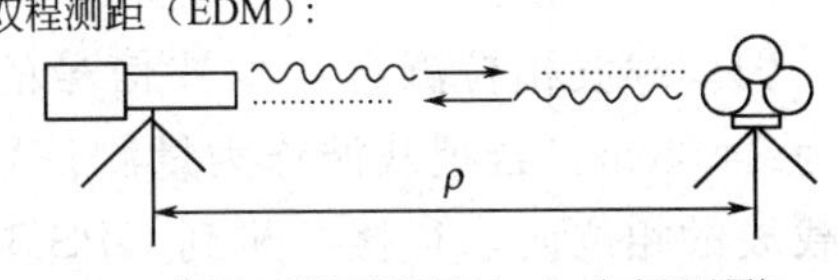

信号双程传播时间$\Delta t=2\rho/c$（观测量）
距离$\rho=c\cdot\Delta t/2$

单程测距（GPS）：

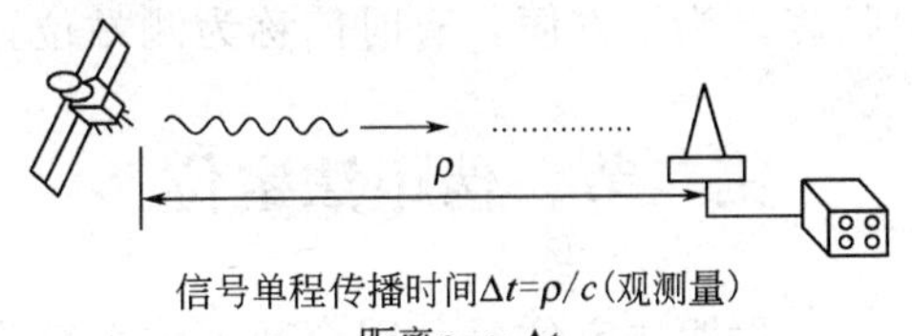

信号单程传播时间$\Delta t=\rho/c$（观测量）
距离$\rho=c\cdot\Delta t$

图 4-2 双程测距（EDM）与单程测距（GPS）

四、用 GPS 定位的基本方法

前面所述的静态定位或动态定位，所依据的观测量都是所测的卫星至接收机天线的伪距。但是，伪距的基本观测量又区分为码相位观测（简称测码伪距）和载波相位观测（简称测相伪距）。这样，根据 GPS 信号的不同观测量，可以区分为四种定位方法。

（1）卫星射电干涉测量　以银河系以外的类星体作为射电源的甚长基线干涉测量（VLBI）具有精度高，基线长度几乎不受限制等优点。因类星体离人们十分遥远，射电信号十分微弱，因而必须采用笨重、昂贵的大口径抛物面天线、高精度的原子钟和高质量的记录设备，所需的设备比较昂贵，数据处理较为复杂，从而限制了该技术的应用。GPS 卫星的信号强度比类星体的信号强度大 10 万倍，利用 GPS 卫星射电信号具有白噪声的特性，由两个测站同时观测一颗 GPS 卫星，通过测量这颗卫星的射电信号到达两个测站的时间差，可以求得站间距离。由于在进行干涉测量时，只把GPS卫星信号当作噪声信号来使用，因而无需了解信号的结构，所以这种方法对于无法获得P码的用户是很有吸引力的。其模型与在接收机间求一次差的载波相位测量定位模型十分相似。

（2）多普勒定位法　多普勒效应是1942年奥地利物理学家多普勒首先发现的。它的具体内容是：当波源与观测者做相对运动时，观测者接收到的信号频率与波源发射的信号频率不相同。这种由于波源相对与观测者运动而引起的信号频率的移动称为多普勒频移，其现象称为多普勒效应。根据多普勒效应原理，利用GPS卫星较高的射电频率，由积分多普勒计数得出伪距差。当采用积分多普勒计数法进行测量时，所需观测时间一般较长（数小时），同时，在观测过程中接收机的振荡器要求保持高度稳定。

（3）伪距定位法　伪距定位法是利用全球卫星定位系统进行导航定位的最基本的方法，其基本原理是：在某一瞬间利用GPS接收机同时测定至少四颗卫星的伪距，根据已知的卫星位置和伪距观测值，采用距离交会法求出接收机的三维坐标和时钟改正数。伪距定位法定一次位的精度并不高，但定位速度快，经几小时的定位也可达米级的精度，若再增加观测时间，精度还可提高。

（4）载波相位测量　载波信号的波长很短，L_1载波信号波长为19cm，L_2载波信号波长为24.4cm。若把载波作为量测信号，对载波进行相位测量可以达到很高的精度。通过测量载波的相位而求得接收机到GPS卫星的距离，是目前大地测量和工程测量中的主要测量方法。

本章所讲的接收机位置实际是指接收机天线相位中心的位置，而标石中心位置尚需进行归算。为了方便，有时简称为测站位置。

第二节　伪距法定位

伪距法定位是利用全球定位系统进行导航定位的最基本方法。它的优点是速度快、无多值性问题，利用增加观测时间可以提高定位精度；缺点是测量定位精度低，但足以满足部分用户的需要。

本节先介绍伪距的测量原理，然后阐述伪距法定位的原理和方法，以及它在相对定位中的应用。

一、测定伪距的方法

前已述及，GPS定位采用的是被动式单程测距。它的信号发射时刻由卫星钟确定，收到时刻则是由接收机钟确定，这就在测定的卫星至接收机的距离中，不可避免地包含着两台钟不同步的误差和电离层、对流层延迟误差影响，它并不是卫星与接收机之间的实际距离，所以称之为伪距。

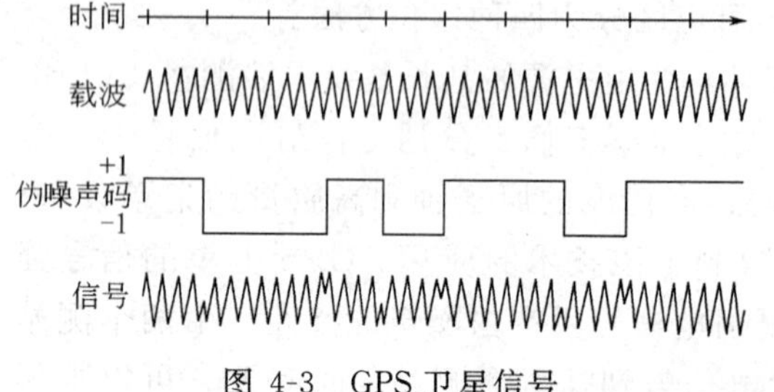

图 4-3　GPS卫星信号

GPS卫星信号包含有载波、测距码（P码和C/A码）、数据码（导航电文）三种信号分量。在无线电通信技术中，一般将频率较低的信号调制到频率较高的载波上，GPS卫星的测距码和数据码采用了调相技术。图4-3描绘了调制后载波相位的变化。当卫星发射机依据自己的时钟发出的含有测距码的调制信号，经过了 Δt 时间的传播后到达地面的接收机，如图 4-4 所示，此时接收机收到的测距码为 $U(t-\Delta t)$。而接收机的伪随机噪声码发生器，又产生了一个与卫星发播的测距码结构完全相同的复制码 $U'(t-\tau)$。并且通过接收机的时间延迟器进行移相，对测距码和复制码作相关处理，当信号之间的自相关系数达到最大，即近于 1 时，说明在积分间隔 T 内复制码已经和测距码"对齐"。否则继续调整时间延迟 τ，直至 $R(t)=\max$，于是就由时延器测定出两信号间的时间延迟 τ。测定自相关系数的工作由接收机锁相环路的相关器和积分器来完成。在理想的情况下，时延 τ 就等于卫星信号的传播时间 Δt，此时将 τ 乘以光速值 c，就可以求得卫星至接收机的距离。

$$R(t)=\frac{1}{T}\int_T U(t-\Delta t)U'(T-\tau)\mathrm{d}t$$

上述情况是假设卫星钟和接收机钟完全同步。事实上，卫星钟和接收机钟总不可能完全同步而存在差异。因而在自相关系数最大条件下求得的时延 τ 不会严格等于卫星信号的传播时间 Δt，它包含了卫星钟和接收机钟不同步的影响，以及信号传播过程中电离层和对流层的影响，所以把自相关系数最大条件下求得的时延 τ 和真空中光速 c 的乘积 $\tilde{\rho}=c\tau$ 称作伪距。以伪距作基本观测量来求定点位的方法就称为伪距法定位。

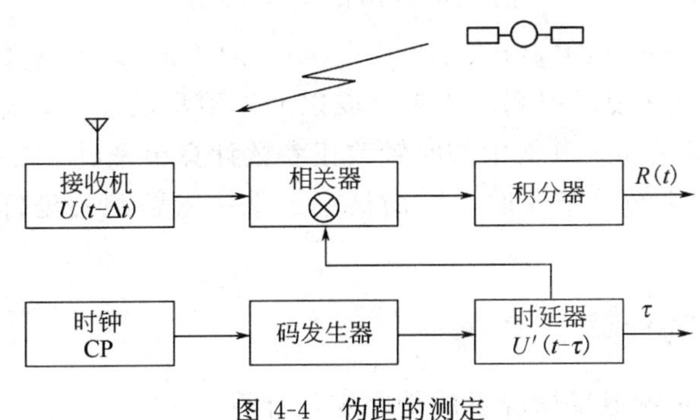

图 4-4 伪距的测定

二、伪距法定位的原理

为了解决定位问题，首先需将观测时得到的伪距 $\tilde{\rho}$ 改正为卫星至接收机之间的实际距离 ρ。

设卫星钟的瞬时读数为 t_a 时发出信号，其正确的标准时刻为 τ_a；该信号到达接收机的时间为 t_b，其正确的标准时刻为 τ_b。伪距测量中测得的时延 τ 实际为

$$\tau=t_b-t_a=\frac{1}{c}\tilde{\rho} \tag{4-1}$$

若发射时刻卫星钟的钟差为 v_{t_a}，接收时刻接收机钟的钟差为 v_{t_b}，则有

$$\left.\begin{aligned}t_a+v_{t_a}=\tau_a\\ t_b+v_{t_b}=\tau_b\end{aligned}\right\} \tag{4-2}$$

将式 (4-2) 代入 (4-1) 得

$$\begin{aligned}\frac{1}{c}\tilde{\rho}&=t_b-t_a=(\tau_b-v_{t_b})-(\tau_a-v_{t_a})\\ &=(\tau_b-\tau_a)+v_{t_a}-v_{t_b}\end{aligned} \tag{4-3}$$

式中，$(\tau_b-\tau_a)$ 是测距码从卫星到接收机的实际传播时间。再加上电离层折射改正 $\delta\rho_{ion}$

和对流层折射改正 $\delta\rho_{trop}$，此时卫星至接收机的实际距离为

$$\rho=c(\tau_b-\tau_a)+\delta\rho_{ion}+\delta\rho_{trop} \tag{4-4}$$

将式（4-3）代入式（4-4），即得实际距离 ρ 和伪距 $\tilde{\rho}$ 之间的关系式为

$$\rho=\tilde{\rho}+\delta\rho_{ion}+\delta\rho_{trop}-cv_{t_a}+cv_{t_b} \tag{4-5}$$

如果已知卫星的钟差 v_{t_a} 和接收机的钟差 v_{t_b}，又可精确求得电离层折射改正和对流层折射改正，那么测定了伪距 $\tilde{\rho}$，就可求得实际距离 ρ。实际距离 ρ 与卫星坐标（x、y、z）和接收机坐标（X、Y、Z）之间又有下列关系，即

$$\rho=[(x-X)^2+(y-Y)^2+(z-Z)^2]^{\frac{1}{2}} \tag{4-6}$$

式中的卫星坐标可以根据收到的卫星电文求得，所以上式中只包含有 3 个坐标未知数。这就是说，如果对三颗卫星同时进行伪距测量，就可以求出接收机的位置。

在实际应用中，将接收机的钟差 v_{t_b} 也视作未知数。因为要想知道精确的钟差，必须使用稳定度极高的原子钟，这在数目有限的卫星上可以办到；但在 GPS 接收机上都安装原子钟是不现实的，解决这一问题的办法，就是把接收机的钟差 v_{t_b} 也当作一个未知数来处理，为此就要求至少要同时测定 4 颗卫星的伪距，以便同时解出 4 个未知数：X，Y，Z，v_{t_b}。这样，根据式（4-5）和式（4-6），伪距定位法的数学模型为

$$[(x_i-X)^2+(y_i-Y)^2+(z_i-Z)^2]^{\frac{1}{2}}-cv_{t_b}=\tilde{\rho}_i+(\delta\rho_i)_{ion}+(\delta\rho_i)_{trop}-cv_{t_{ai}}\quad(i=1,2,3,4,\cdots) \tag{4-7}$$

式中，各符号的脚注 i 表示观测的 4 颗（或以上）卫星的序号；第 i 颗卫星发射信号瞬间的钟差 $v_{t_{ai}}$ 可以根据卫星导航电文中的时钟改正参数计算出来。

当方程式（4-7）的个数大于 4 时，可用最小二乘法求解测站坐标和接收机时钟改正数的最或是值。

三、伪距法定位的计算

现在先讨论只观测 4 颗卫星情况下的伪距定位计算。

在公式（4-7）中，若令

$$\rho_i'=\tilde{\rho}_i+(\delta\rho_i)_{ion}+(\delta\rho_i)_{trop}-cv_{t_{ai}}$$

再令 $cv_{t_b}=B$，式（4-7）就可以写为

$$\rho_i'=[(x_i-X)^2+(y_i-Y)^2+(z_i-Z)^2]^{\frac{1}{2}}-B \tag{4-8}$$

假设测站的初始坐标向量及其改正数向量分别为

$$\mathbf{X}_0=(X_0\ Y_0\ Z_0\ B_0)^{T}$$
$$\mathbf{dX}=(\mathrm{d}X\ \mathrm{d}Y\ \mathrm{d}Z\ \mathrm{d}B)^{T}$$

同时，考虑到测站至卫星 i 的方向余弦。

$$\left(\frac{\partial\rho_i'}{\partial X}\right)_0=-\frac{1}{\rho_{i0}}(x_i-X_0)=-l_i$$

$$\left(\frac{\partial\rho_i'}{\partial Y}\right)_0=-\frac{1}{\rho_{i0}}(y_i-Y_0)=-m_i$$

$$\left(\frac{\partial\rho_i'}{\partial Z}\right)_0=-\frac{1}{\rho_{i0}}(z_i-Z_0)=-n_i$$

$$\left(\frac{\partial\rho_i'}{\partial B}\right)_0=-1$$

式中

$$\rho_{i0}=[(x_i-X_0)^2+(y_i-Y_0)^2+(z_i-Z_0)^2]^{\frac{1}{2}}$$

于是式（4-8）的线性化形式可以写为

$$\begin{bmatrix}\rho_1'\\\rho_2'\\\rho_3'\\\rho_4'\end{bmatrix}=\begin{bmatrix}\rho_{10}'\\\rho_{20}'\\\rho_{30}'\\\rho_{40}'\end{bmatrix}-\begin{bmatrix}l_1\,m_1\,n_1\,1\\l_2\,m_2\,n_2\,1\\l_3\,m_3\,n_3\,1\\l_4\,m_4\,n_4\,1\end{bmatrix}\begin{bmatrix}\mathrm{d}X\\\mathrm{d}Y\\\mathrm{d}Z\\\mathrm{d}B\end{bmatrix}$$

或者写为

$$\boldsymbol{A}\mathrm{d}\boldsymbol{X}+\boldsymbol{L}=0 \tag{4-9}$$

式中

$$\boldsymbol{A}=\begin{bmatrix}l_1\,m_1\,n_1\,1\\l_2\,m_2\,n_2\,1\\l_3\,m_3\,n_3\,1\\l_4\,m_4\,n_4\,1\end{bmatrix}$$

$$\boldsymbol{L}=(L_1\ L_2\ L_3\ L_4)^{\mathrm{T}}$$

$$L_i=\rho_i'-\rho_{i0}'$$

则可得坐标改正数的向量解

$$\mathbf{d}\boldsymbol{X}=-\boldsymbol{A}^{-1}\boldsymbol{L} \tag{4-10}$$

上述公式仅针对观察 4 颗卫星情况下的求解。此时没有多余观测量，未知数的解算是惟一的。当同步观测的卫星数多于 4 个，例如 n 个时，则需要通过最小二乘法求解。此时可将式（4-9）写成误差方程式的形式，即

$$\boldsymbol{V}_{\mathrm{u}}=\boldsymbol{A}_{\mathrm{u}}\mathbf{d}\boldsymbol{X}+\boldsymbol{L}_{\mathrm{u}}$$

式中

$$\boldsymbol{V}_{\mathrm{u}}=(v_1\ v_2\cdots\ v_n)^{\mathrm{T}}$$

$$\boldsymbol{A}_{\mathrm{u}}=\begin{bmatrix}l_1\,m_1\,n_1\,1\\l_2\,m_2\,n_2\,1\\\vdots\ \ \vdots\ \ \vdots\\l_n\,m_n\,n_n\,1\end{bmatrix}$$

$$\boldsymbol{L}_{\mathrm{u}}=(L_1L_2\cdots L_n)^{\mathrm{T}}$$

根据最小二乘法原理求解得

$$\mathbf{d}\boldsymbol{X}=-(\boldsymbol{A}_{\mathrm{u}}^{\mathrm{T}}\boldsymbol{A}_{\mathrm{u}})^{-1}(\boldsymbol{A}_{\mathrm{u}}^{\mathrm{T}}\boldsymbol{L}_{\mathrm{u}}) \tag{4-11}$$

测站未知数中误差

$$m_{\mathrm{x}}=\sigma_0\sqrt{q_{ii}} \tag{4-12}$$

式中　σ_0——伪距测量中误差；

q_{ii}——权系数阵 $\boldsymbol{Q}_x$ 中的主对角线元素。

$$\boldsymbol{Q}_x=(\boldsymbol{A}_{\mathrm{u}}^{\mathrm{T}}\boldsymbol{A}_{\mathrm{u}})^{-1} \tag{4-13}$$

式（4-11）适合用计算机进行迭代计算。即给出测站坐标初始值，进行第一次迭代计算，利用所求改正数修正坐标初始值，继续进行迭代计算。因迭代过程收敛较快，一般迭代 2～3 次便可获得满意结果。

四、伪距定位法的应用

伪距定位法是单点定位的基本方法，它的定位速度很快，又无多值性问题，数据处理也比较便捷。由于它的测量信号是卫星发播的测距码，故测量精度就和测距码与复制码的相关（对齐）精度有关，也与测距码的码元宽度有关。

根据经验，接收机的复制码与测距码的对齐精度约为码元宽度（或码的波长）的1%。对于C/A码，其码元宽度约为293m，伪距测量精度则为2.9m；对于P码，其码元宽度约为29.3m，伪距测量精度则为0.29m，比C/A码的测量精度约高10倍。

但是，由于P码受美国军方控制，一般用户无法得到，只能利用C/A码进行伪距定位，加之美国对利用GPS有限制政策，在采用SA技术时，利用C/A码进行伪距定位的精度降低至约100m，远远不能满足高精度单点定位的要求。

若要提高测站点间的相对位置精度，则可用若干台接收机同时对相同的卫星进行伪距测量，此时卫星星历误差、卫星钟的误差、电离层和对流层折射误差对各同步观测站的影响基本相同，在求坐标差时可以自行消除。

伪距法进行相对定位可以采用两种办法：①间接相对定位，各同步测站分别进行单点定位，求得各测站坐标，然后相减求得坐标差；②直接相对定位，当两个测站进行同步观测时，产生两个数学式，相减后建立起伪距定位法用于相对定位的数学模型，然后解算出坐标差。

第三节　载波相位测量

全球定位系统的基本测距方法是利用测距码进行伪距测量。测码伪距以测距码作为量测信号，因测距码的波长较长，难以达到较高的精度。而载波相位测量不使用测距码信号，不受测距码控制，属于非测距码测量系统。载波信号的波长很短，其中 L_1 信号的波长为19cm，L_2 信号的波长为24cm。所以把载波作为量测信号，对载波进行相位测量就可以达到很高的精度，目前的测地型接收机载波相位测量精度一般为1～2mm，有的精度更高。但载波信号是一种周期性的正弦信号，相位测量只能测定其不足一个波长的小数部分，无法测定其整波长个数。因而存在着整周数的不确定性问题，使得解算过程复杂化。

一、载波相位测量原理

GPS接收机所接收到的卫星信号中，已用相位调制技术在载波上调制了测距码和卫星导航电文，所以载波已不再连续（见图4-3）。为此，要在载波相位测量之前先进行解调，设法将调制在载波上的测距码和卫星电文去掉，恢复载波的相位。卫星信号的解调可采用两种方法：一种是码相关法；第二种是平方法。

如果接收机在某一时刻跟踪卫星信号，并对恢复后的载波进行相位测量。与此同时，接收机的本机振荡器又能产生一个频率和初相均与卫星载波信号相同的基准信号，其相位就等于卫星载波信号的相位。如果在 t_0 时刻接收机产生的基准信号的相位是 $\phi^0(R)$，接收机接收到的载波信号的相位是 $\phi^0(S)$，若能测定出二者相位之差 $[\phi^0(R)-\phi^0(S)]$，则由载波波长 λ 就可以求出该瞬间从卫星至接收机的距离。

$$\rho=\lambda[\phi^0(R)-\phi^0(S)]=\lambda[N_0+F_r^0(\phi)] \tag{4-14}$$

式中，N_0 为基准信号与接收信号相位差的整周数；$F_r^0(\phi)$ 为相位差中不足一整周的小数部分。

实际上，解调过的GPS信号与基准信号进行混频，从而得到一个中频的差频信号，差频信号的相位也就是基准信号与接收信号的相位差值。也就是说，接收机产生的基准信号与接收的载波信号的相位差是通过量测差频信号的相位值得到的。

设接收机本机振荡器产生的基准信号为 $\cos(\omega_1 t+\varphi_1)$，接收到的载波信号为 $\cos(\omega_2 t+\varphi_2)$，混频后可以产生两个新信号。

$$\cos(\omega_1 t+\varphi_1)\cos(\omega_2 t+\varphi_2)=\frac{1}{2}\{\cos[(\omega_1+\omega_2)t+(\varphi_1+\varphi_2)]+\cos[(\omega_1-\omega_2)t+(\varphi_1-\varphi_2)]\}$$

上式右端第二项就是混频后产生的差频信号，它的相位（$\varphi_1-\varphi_2$）就等于基准信号与接收信号的相位之差。所以，载波相位测量值就等于混频后的差频信号的相位值。

还要注意到，在连续跟踪卫星信号的各次载波相位测量中，由于卫星相对于测站的运动，二者径向距离随时间发生变化，就产生了多普勒频移，而使接收到的信号频率不同于发射的频率。如果载波信号频率为 f，由于多普勒效应而使卫星信号频率变为 f_r，所产生的多普勒频移为

$$f_r-f=-\frac{f}{c}\times\frac{dr}{dt}$$

式中，$\frac{dr}{dt}$是卫星到测站的径向相对速度（即距离的导数）。在进行载波相位测量时，从初始时刻 t_0 到第 i 次的时刻 t_i，多普勒频移计数为

$$n_i=\int_{t_0}^{t_i}(f-f_r)dt=\int_{t_0}^{t_i}\frac{f}{c}\times\frac{dr}{dt}dt=\frac{f}{c}(r_i-r_0)=\frac{r_i-r_0}{\lambda}$$

式中，r_i，r_0 分别是 t_i 时刻和 t_0 时刻卫星至接收机的距离。

如图 4-5 所示，t_i 时刻载波相位测量的量测值为

$$\tilde{\varphi}=n_i+F_r^0(\phi)=\text{Int}^i(\phi)+F_r^i(\phi) \tag{4-15}$$

上式表明，载波相位测量的实际观测值 $\tilde{\varphi}$ 由两部分组成：其一是差频信号的整周数变化部分 $\text{Int}(\phi)$；其二是差频信号的不足一整周部分 $F_r(\phi)$。其中 $\text{Int}(\phi)$ 在初始观测时为零，而后由多普勒计数器从 t_0 时刻连续计数累积得出。而 $F_r(\phi)$ 则是根据 t_i 时的基准信号相位 $\phi^i(R)$ 和接收的载波信号相位 $\phi^i(S)$ 直接量测出来。

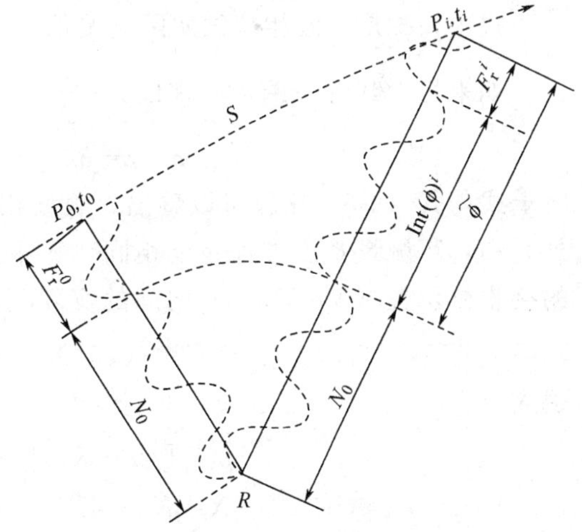

图 4-5 载波相位观测值的组成

综合以上结论可以看出，只要接收机能对卫星信号连续跟踪，那么每个完整的载波相位观测值，均由下列几部分组成。

$$\varphi=N_0+\tilde{\varphi}=N_0+\text{Int}(\phi)+F_r(\phi) \tag{4-16}$$

式中，N_0 是载波相位在传播路径上延迟的整周数；$\text{Int}(\phi)$ 是自起始时刻 t_0 至观测时刻 t_i 之间载波相位变化的整周数，它是自 $t_0\sim t_i$ 时间内用计数器逐个累计的差频信号的整周数；$F_r(\phi)$ 则是差频信号不足一整周的部分，它是在 t_i 时刻的一个瞬时量测值，其几何意义如图 4-5 所示。

二、载波相位测量观测方程

载波相位观测量是接收机天线相位中心和卫星位置的函数，只有找出它们之间的函数关系，才能求解接收机或卫星的位置。

设在 GPS 标准时刻为 τ_a、卫星钟读数为 t_a 的瞬间，卫星发射的载波相位为 $\varphi(t_a)$，该信

号在标准时刻 τ_b 到达接收机。根据波动方程，信号到达接收机的相位应保持不变，即在 τ_b 时刻，接收机收到的载波信号的相位为 $\phi(S)=\varphi(t_a)$。对应于标准时刻 τ_b 的接收机钟读数为 t_b，这时接收机产生的基准信号的相位为 $\phi(R)=\varphi(t_b)$。所以载波相位测量值为

$$\varphi=\varphi(t_b)-\varphi(t_a) \tag{4-17}$$

其中

$$\left.\begin{aligned} t_b&=\tau_b-v_{t_b}=\tau_a+(\tau_b-\tau_a)-v_{t_b}\\ t_a&=\tau_a-v_{t_a}\end{aligned}\right\} \tag{4-18}$$

对于稳定性较好的振荡器，相位与频率之间的关系可表示为

$$\varphi(t+\Delta t)=\varphi(t)+f\Delta t \tag{4-19}$$

式中　f——信号频率；

Δt——微小的时间间隔。

将式（4-18）代入式（4-17），并顾及式（4-19）的关系，可得

$$\varphi=\varphi(\tau_a)+f(\tau_b-\tau_a)-fv_{t_b}-\varphi(\tau_a)+fv_{t_a}$$

由式（4-4）得

$$\tau_b-\tau_a=\frac{1}{c}(\rho-\delta\rho_{ion}-\delta\rho_{trop})$$

于是

$$\varphi=\frac{f}{c}(\rho-\delta\rho_{ion}-\delta\rho_{trop})+f(v_{t_a}-v_{t_b})$$

将上式代入式（4-16），得载波相位测量的基本观测方程为

$$\tilde{\varphi}=\frac{f}{c}(\rho-\delta\rho_{ion}-\delta\rho_{trop})+fv_{t_a}-fv_{t_b}-N_0 \tag{4-20}$$

式中，$\tilde{\varphi}$ 是载波相位的实际观测值，以周数为单位。

如果将上式等号两边同乘以 $\lambda=\frac{c}{f}$，则有

$$\tilde{\rho}=\rho-\delta\rho_{ion}-\delta\rho_{trop}+cv_{t_a}-cv_{t_b}-\lambda N_0 \tag{4-21}$$

将上式与式（4-5）比较可以看出，载波相位测量的观测方程中除了增加一个整周未知数 N_0 外，和伪距测量观测方程完全相同，式中的 ρ 是 τ_a 时刻的卫星位置（x，y，z）和 τ_b 时刻的接收机位置（X，Y，Z）之间的实际距离，即

$$\rho=[(x-X)^2+(y-Y)^2+(z-Z)^2]^{\frac{1}{2}} \tag{4-22}$$

引入

$$\left.\begin{aligned} \rho_0&=[(x-X_0)^2+(y-Y_0)^2+(z-Z_0)^2]^{\frac{1}{2}}\\ X&=X_0+\mathrm{d}X\\ Y&=Y_0+\mathrm{d}Y\\ Z&=Z_0+\mathrm{d}Z\end{aligned}\right\} \tag{4-23}$$

将 ρ 在（x_0、y_0、z_0）点用泰勒级数展开得

$$\begin{aligned}\rho&=\rho_0+\left(\frac{\partial\rho}{\partial X}\right)_0\mathrm{d}X+\left(\frac{\partial\rho}{\partial Y}\right)_0\mathrm{d}Y+\left(\frac{\partial\rho}{\partial Z}\right)_0\mathrm{d}Z\\ &=\rho_0+\frac{X_0-x}{\rho_0}\mathrm{d}X+\frac{Y_0-y}{\rho_0}\mathrm{d}Y+\frac{Z_0-z}{\rho_0}\mathrm{d}Z\end{aligned} \tag{4-24}$$

将上式代入式（4-20），可以得到线性化的载波相位测量基本观测方程为

$$\frac{f}{c}\times\frac{x-X_0}{\rho_0}\mathrm{d}X+\frac{f}{c}\times\frac{y-Y_0}{\rho_0}\mathrm{d}Y+\frac{f}{c}\times\frac{z-Z_0}{\rho_0}\mathrm{d}Z-fv_{t_a}+fv_{t_b}+N_0$$
$$=\frac{f}{c}(\rho_0-\delta\rho_{\mathrm{ion}}-\delta\rho_{\mathrm{trop}})-\tilde{\varphi} \tag{4-25}$$

上式等号左端各项为未知数项，其中（x，y，z）是 τ_a 时刻的卫星坐标；上式等号右端各项可根据卫星电文或多普勒观测资料算得，而 $\tilde{\varphi}$ 的总和即为误差方程式的常数项。

式（4-25）可用以进行单点定位，但更多地用于相对定位。由于作为已知量的卫星位置，其误差远比相位观测值误差大，加之大气延迟改正的精度也难以与相位观测的精度匹配，所以在相对定位中常采用差分法解决这些问题。

三、载波相位测量差分法

在载波相位测量基本方程式（4-25）中，包含着两类不同的未知数：一类是必要参数，如测站的坐标；另一类是多余参数，如卫星钟和接收机的钟差、电离层和对流层延迟等。并且多余参数在观测期间随时间变化，给平差计算带来麻烦。

解决这个问题有两种办法：一种是找出多余参数与时空关系的数学模型，给载波相位测量方程一个约束条件，使多余参数大幅度减少；另一种更有效、精度更高的办法是，按一定规律对载波相位测量值进行线性组合，通过求差达到消除多余参数的目的。

例如，对某一观测瞬间 n 颗卫星进行了载波相位测量，就可以列出 n 个观测方程，方程中都含有相同的接收机钟差未知数 v_{t_b}。若选择 1 颗卫星作为基准，将其余 $n-1$ 颗卫星的观测方程与基准卫星对应的观测方程相减，就可以在 $n-1$ 个方程中消去钟差未知数。它可以大大减少计算工作量。目前，GPS 接收机的软件基本上都采用了这种差分法的模型。

考虑到 GPS 定位时的误差源，常用的差分法有如下三种：在接收机间求一次差；在接收机和卫星间求二次差；在接收机、卫星和观测历元间求三次差。

1. 在接收机间求一次差（单差）

将观测值直接相减的过程叫作求一次差。所获得的结果被当作虚拟观测值，也叫载波相位观测值的一次差或单差。如图 4-6(a) 所示，在 t_1 时刻接收机 i 和 j 同时对卫星 p 进行载波相位测量，此时卫星钟差 v_{t_a} 影响相同。由式（4-20）可得基本观测方程为

$$\tilde{\varphi}_i^p=\frac{f}{c}[\rho_i^p-(\delta\rho_{\mathrm{ion}})_i^p-(\delta\rho_{\mathrm{trop}})_i^p]+fv_{t_a}^p-f(v_{t_b})_i-(N_0)_i^p$$

$$\tilde{\varphi}_j^p=\frac{f}{c}[\rho_j^p-(\delta\rho_{\mathrm{ion}})_j^p-(\delta\rho_{\mathrm{trop}})_j^p]+fv_{t_a}^p-f(v_{t_b})_j-(N_0)_j^p$$

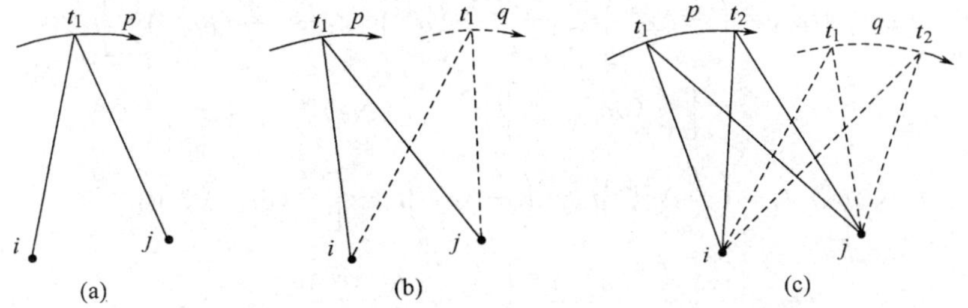

(a) (b) (c)

图 4-6 差分法的三种形式

以上二式相减，可得虚拟观测方程为

$$\Delta\varphi_{ij}^{p}=\frac{f}{c}\rho_{j}^{p}-\frac{f}{c}\rho_{i}^{p}-\frac{f}{c}(\delta\rho_{\text{ion}})_{ij}^{p}-\frac{f}{c}(\delta\rho_{\text{trop}})_{ij}^{p}+f(v_{t_b})_{ij}-(N_0)_{ij}^{p} \tag{4-26}$$

式中

$$(\delta\rho_{\text{ion}})_{ij}^{p}=(\delta\rho_{\text{ion}})_{j}^{p}-(\delta\rho_{\text{ion}})_{i}^{p}$$
$$(\delta\rho_{\text{trop}})_{ij}^{p}=(\delta\rho_{\text{trop}})_{j}^{p}-(\delta\rho_{\text{trop}})_{i}^{p}$$
$$(v_{t_b})_{ij}=(v_{t_b})_{j}-(v_{t_b})_{i}$$
$$(N_0)_{ij}^{p}=(N_0)_{j}^{p}-(N_0)_{i}^{p}$$

将式（4-26）中的$\frac{f}{c}\rho_{j}^{p}-\frac{f}{c}\rho_{i}^{p}$按式（4-24）展开成线性形式，经过平差计算，可以求得测站近似坐标的改正数 $\mathrm{d}X$、$\mathrm{d}Y$、$\mathrm{d}Z$。由式（4-26）可知，在测站间求一次差，可以消去卫星钟差参数 v_{t_a}。同时，对于短基线也可大大减弱电离层折射、对流层折射以及卫星星历误差的影响。所以，在接收机间求一次差可以显著提高测站间相对位置的精度。

2. 在接收机和卫星间求二次差（双差）

对载波相位观测值的一次差分观测值继续求差，所得的结果仍可作为虚拟观测值，叫载波相位观测值的二次差或双差。如图 4-6(b) 所示，在时刻 t_1 测站 i 和 j 同时观测卫星 p 和 q，根据上述原理对于卫星 q 也可以在测站间求差，将式（4-26）中的脚注 p 换成 q，即得卫星 q 的一次差观测方程。该方程减去式（4-26）则得在测站和卫星间求二次差后的虚拟观测方程式，即

$$\Delta\varphi_{ij}^{pq}=\frac{f}{c}\Delta\rho_{j}^{pq}-\frac{f}{c}\Delta\rho_{i}^{pq}-\frac{f}{c}(\delta\rho_{\text{ion}})_{ij}^{pq}-\frac{f}{c}(\delta\rho_{\text{trop}})_{ij}^{pq}-(N_0)_{ij}^{pq} \tag{4-27}$$

式中

$$\Delta\rho_{j}^{pq}=\rho_{j}^{q}-\rho_{j}^{p}$$
$$\Delta\rho_{i}^{pq}=\rho_{i}^{q}-\rho_{i}^{p}$$
$$(\delta\rho_{\text{ion}})_{ij}^{pq}=(\delta\rho_{\text{ion}})_{ij}^{q}-(\delta\rho_{\text{ion}})_{ij}^{p}$$
$$(\delta\rho_{\text{trop}})_{ij}^{pq}=(\delta\rho_{\text{trop}})_{ij}^{q}-(\delta\rho_{\text{trop}})_{ij}^{p}$$
$$(N_0)_{ij}^{pq}=(N_0)_{ij}^{q}-(N_0)_{ij}^{p}$$

由式（4-27）可知，求二次差后，消去了 i、j 测站接收机的相对钟差改正 $(v_{t_b})_{ij}$。二次差又称为星站二次差分，是大多数 GPS 基线向量处理软件中必选的模型，在实践中应用很广。

3. 在接收机、卫星和观测历元间求三次差（三差）

对二次差继续求差称为求三次差。所得的结果叫作载波相位观测值的三次差或三差。常用的求三次差是在接收机、卫星和历元之间求三次差。引入三差的目的，主要是为了协助解决整周未知数的问题。如图 4-6(c) 所示，参照方程式（4-27），可以写出相对于观测历元 t_k 和 t_{k+1} 的二次差方程。

$$(\Delta\varphi_{ij}^{pq})t_{k+1}=\left(\frac{f}{c}\Delta\rho_{j}^{pq}\right)t_{k+1}-\left(\frac{f}{c}\Delta\rho_{i}^{pq}\right)t_{k+1}-\left[\frac{f}{c}(\delta\rho_{\text{ion}})_{ij}^{pq}\right]t_{k+1}$$
$$-\left[\frac{f}{c}(\delta\rho_{\text{trop}})_{ij}^{pq}\right]t_{k+1}-[(N_0)_{ij}^{pq}]t_{k+1}$$

$$(\Delta\varphi_{ij}^{pq})t_{k}=\left(\frac{f}{c}\Delta\rho_{j}^{pq}\right)t_{k}-\left(\frac{f}{c}\Delta\rho_{i}^{pq}\right)t_{k}-\left[\frac{f}{c}(\delta\rho_{\text{ion}})_{ij}^{pq}\right]t_{k}$$
$$-\left[\frac{f}{c}(\delta\rho_{\text{trop}})_{ij}^{pq}\right]t_{k}-[(N_0)_{ij}^{pq}]t_{k}$$

式中

$$[(N_0)_{ij}^{pq}]t_{k+1}=[(N_0)_{ij}^{q}-(N_0)_{ij}^{p}]t_{k+1}$$
$$=[(N_0)_{j}^{q}-(N_0)_{i}^{q}-(N_0)_{j}^{p}-(N_0)_{i}^{p}]t_{k+1}$$

$$[(N_0)_{ij}^{pq}]t_k=[(N_0)_{ij}^{q}-(N_0)_{ij}^{p}]t_k$$
$$=[(N_0)_j^q-(N_0)_i^q-(N_0)_j^p-(N_0)_i^p]t_k$$

只要观测是连续的，上列二式等号右端诸项对应相等，所以

$$[(N_0)_{ij}^{pq}]t_{k+1}=[(N_0)_{ij}^{pq}]t_k$$

这样，t_{k+1} 和 t_k 的二次差方程相减，在得到的接收机、卫星、历元间三次差方程中，消除了与卫星和接收机有关的初始整周未知数项 N_0。

综上所述，载波相位测量中采用差分法，一方面减少了平差计算中的未知数数量，同时也消除或减弱了相对定位时测站间共同的一些误差影响。

第四节 GPS 动态定位原理

要使舰船、飞机和航天器等成功地完成预定的任务。除了起始点和目标位置之外，就是必须知道航行体所处的实时位置，只有知道现势位置才能考虑怎样到达下一目的地的问题。为了解决这个问题，可以在车辆、舰船、飞机和航天器等运动载体上安设 GPS 接收机，全天候和全球性地测量运动载体的七维状态参数（三维坐标、三维速度、时间）和三维姿态参数，实时地测得载体上 GPS 接收机天线的所在位置。和 GPS 静态定位相比较，GPS 动态定位有用户多样、速度多变、定位定时、数据和精度多变等特点。本节先介绍 GPS 动态定位的特点，然后分别介绍实时定位原理，包括单点动态定位、伪距差分动态定位、GPS 测速和 GPS 定时。

一、动态定位的特点

GPS 动态定位和 GPS 静态定位相比较，有以下显著特点。

1. 用户的广泛性

GPS 动态定位是运动状态下的一种实时定位方法，其绝大多数用户均在陆、海、空军事领域。同时，在交通运输、地球物理勘探、航空摄影测量、采矿生产等领域中，也有广泛的应用。运动载体可以是地面运动的、水上航行的及空中飞行的，所以，它的用户具有广泛性，比 GPS 静态定位具有更加广阔的应用天地。

2. 定位的实时性

在静态定位时，用户天线相对于地球是固定不动的；而动态定位，用户天线将随着运动载体不停地运动，特别是对于高动态定位，要求以极短的时间（如亚秒级）采集一个点的实时定位数据，适时地处理定位数据，及时地给出定位成果。所以，动态定位具有强烈和紧迫的实时性。

3. 速度的多异性

GPS 动态定位时的载体多种多样，这些载体的速度从每秒几米到每秒几千米。据此，GPS 动态定位分为低、中、高三种定位形式：低动态定位，载体的运动速度每秒几米至几十米；中等动态定位，载体的运动速度每秒 100m～1000m；高动态定位，载体的运动速度在每秒 1km 以上。

由上所述，动态定位显著区别于静态定位。在用户天线以每秒几米到几公里的速度相对于地球运动的情况下，需要用 GPS 信号测定它们的七维状态参数：三维坐标、三维速度、时间。

二、单点动态定位

单点动态定位又叫绝对动态定位。例如在行驶的火车和汽车上，安置 GPS 信号接收机，独立自主地测得运动载体的实时位置，进而描绘出运动载体的运行轨迹。

在单点动态定位情况下，由于观测站是运动的，为了获得瞬时定位结果，必须至少同步观测 4 颗卫星，以便获取 4 个同步伪距观测值，解得 4 个未知参数。

由式（4-6）知单点定位的基本方程为

$$\rho_i' = [(x_i - X)^2 + (y_i - Y)^2 + (z_i - Z)^2]^{\frac{1}{2}} + d \tag{4-28}$$

式中　X,Y,Z——动态用户在时元 t 的瞬时位置；

x_i,y_i,z_i——第 i 颗（$i=1,2,3,4$）卫星在其运行轨道上的瞬时位置，它可以根据卫星电文的星历参数计算而得；

ρ_i'——接收机测得的接收天线和第 i 颗卫星之间的距离，称为站星距离；

d——接收机时钟偏差等因素引起的站星距离偏差。

在用上式解算用户位置时，直接求各个坐标分量的改正值。如果给定的用户三维坐标初始值为 X_0、Y_0、Z_0，则应求解三维坐标改正值 $\mathrm{d}X$、$\mathrm{d}Y$、$\mathrm{d}Z$ 和距离偏差 d。

将上式用泰勒级数展开后可表示为下列线性形式。

$$\rho_i' = [(x_i - X_0)^2 + (y_i - Y_0)^2 + (z_i - Z_0)^2]^{\frac{1}{2}} - \frac{x_i - X_0}{\rho_{i0}} + \mathrm{d}X - \frac{y_i - Y_0}{\rho_{i0}} + \mathrm{d}Y - \frac{z_i - Z_0}{\rho_{i0}} + \mathrm{d}Z + d \tag{4-29}$$

式中，$\rho_{i0} = [(x_i - X_0)^2 + (y_i - Y_0)^2 + (z_i - Z_0)^2]^{\frac{1}{2}}$，$i$ 分别为 1,2,3,4。

若令矩阵

$$\boldsymbol{X} = (\mathrm{d}X\ \mathrm{d}Y\ \mathrm{d}Z\ d)^{\mathrm{T}}$$

$$\boldsymbol{A} = \begin{bmatrix} \frac{x_1 - X_0}{\rho_{10}} & \frac{y_1 - Y_0}{\rho_{10}} & \frac{z_1 - Z_0}{\rho_{10}} & -1 \\ \frac{x_2 - X_0}{\rho_{20}} & \frac{y_2 - Y_0}{\rho_{20}} & \frac{z_2 - Z_0}{\rho_{20}} & -1 \\ \frac{x_3 - X_0}{\rho_{30}} & \frac{y_3 - Y_0}{\rho_{30}} & \frac{z_3 - Z_0}{\rho_{30}} & -1 \\ \frac{x_4 - X_0}{\rho_{40}} & \frac{y_4 - Y_0}{\rho_{40}} & \frac{z_4 - Z_0}{\rho_{40}} & -1 \end{bmatrix}$$

$$\boldsymbol{B} = \begin{bmatrix} \rho_{10} - \rho_{10}' \\ \rho_{20} - \rho_{20}' \\ \rho_{30} - \rho_{30}' \\ \rho_{40} - \rho_{40}' \end{bmatrix}$$

式中，ρ_{i0}' 为用户至第 i 颗卫星的伪距观测值。

于是，由式（4-29）可写出

$$-\boldsymbol{AX} + \boldsymbol{B} = 0$$

由上式求解

$$\boldsymbol{X}=\boldsymbol{A}^{-1}\boldsymbol{B} \tag{4-30}$$

按式（4-30）解算运动载体的实时位置时，需要正确确定点位的初始坐标值。其中第一个点位的初始坐标值，可以按照第二节所述的用矢量表示载体状态的方法，通过若干次迭代计算，得到第一个点位的三维坐标和时钟偏差［见式（4-11)］。直接解算出第一个点的三维位置后，就可作为后一个点位的坐标初始值，通过解算式（4-30），取得第二个点的三维坐标和时钟偏差，余点类推。

研究表明，单点动态定位所确定的三维位置精度为±120m 左右，速度测量误差为±30cm/s，时间测量精度为±(300～400)ns。如果动态用户要求达到更高的精度，就不能采用单点动态定位了。

三、伪距差分动态定位

所谓差分动态定位（DGPS），就是使用两台接收机分别置于两个测站上同时测量来自相同 GPS 卫星的导航定位信号，用以联合测出动态用户的精确位置。其中一个测站是已知的基准点，该点的 GPS 接收机称为基准接收机；另一台安设于运动载体上，称为动态接收机。两台接收机同时测量来自相同 GPS 卫星的导航定位信号。基准接收机所测得的三维位置与该点已知值进行比较，可以获得 GPS 定位数据的改正值，据此来改正动态接收机所测得的实时位置。此时多项误差得到抵消，可以得到更为精确的动态用户位置。这种方法称为伪距差分动态定位，其原理框图如图 4-7 所示。

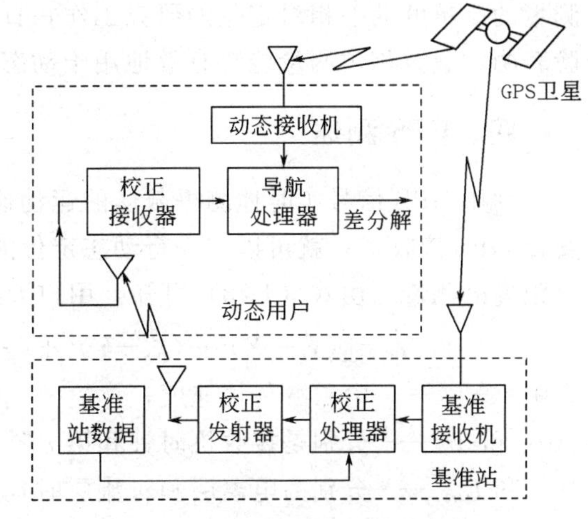

图 4-7　伪距差分动态定位原理

如果在式（4-28）中确切地表示 d，则在基准站 R 测得的卫星 i 的伪距为

$$\rho'_{\mathrm{R}i}=\rho_{\mathrm{R}i}+c(\mathrm{d}\tau_{\mathrm{R}}-\mathrm{d}\tau_{\mathrm{S}})+\mathrm{d}\rho_{\mathrm{R}}+L_{\mathrm{Rion}}+L_{\mathrm{Rtrop}} \tag{4-31}$$

式中　$\rho_{\mathrm{R}i}$——基准站 R 与卫星 i 之间的真实距离；

$\mathrm{d}\rho_{\mathrm{R}}$——卫星星历误差所引起的距离偏差；

$\mathrm{d}\tau_{\mathrm{R}}$——接收机时钟相对于 GPS 时间系统的误差；

$\mathrm{d}\tau_{\mathrm{S}}$——卫星时钟相对于 GPS 时间系统的误差；

L_{Rion}——电离层时延所引起的距离偏差；

L_{Rtrop}——对流层时延所引起的距离偏差；

c——电磁波传播速度。

上式中的真实距离 $\rho_{\mathrm{R}i}$ 可根据基准站的已知三维坐标和 GPS 卫星星历精确算得，而伪距 $\rho'_{\mathrm{R}i}$ 可由基准站接收机测得，故伪距的改正值应为

$$\Delta\rho_{\mathrm{R}i}=\rho_{\mathrm{R}i}-\rho'_{\mathrm{R}i}=-c(\mathrm{d}\tau_{\mathrm{R}}-\mathrm{d}\tau_{\mathrm{S}})-\mathrm{d}\rho_{\mathrm{R}}-L_{\mathrm{Rion}}-L_{\mathrm{Rtrop}} \tag{4-32}$$

在基准接收机进行伪距测量的同时，动态接收机 k 也对卫星 i 进行伪距测量，所得伪距为

$$\rho' k_i=\rho k_i+c(\mathrm{d}\tau_{\mathrm{k}}-\mathrm{d}\tau_{\mathrm{S}})+\mathrm{d}\rho_{\mathrm{k}}-L_{\mathrm{kion}}-L_{\mathrm{ktrop}} \tag{4-33}$$

与此同时，基准站将伪距校正值 $\Delta\rho_{\mathrm{R}i}$ 实时地发送动态用户，并以下式改正上列伪距。

$$\rho' k_i + \Delta\rho_{Ri} = \rho k_i + c(d\tau_k - d\tau_R) + (d\rho_k - d\rho_R) + (L_{kion} - L_{Rion}) + (L_{ktrop} - L_{Rtrop})$$

当动态用户距离基准站 1000km 以内时，上式最后三项的差数为零，这时公式成为

$$\begin{aligned} \rho' k_i + \Delta\rho_{Ri} &= \rho k_i + c(d\tau_k - d\tau_R) \\ &= [(x_i - X_k)^2 + (y_i - Y_k)^2 + (z_i - Z_k)^2]^{\frac{1}{2}} + \Delta d_R \end{aligned} \tag{4-34}$$

式中最后一项是动态接收机与基准接收机的钟差之差所引起的距离偏差。

如果基准、动态接收机各观测了相同的 4 颗 GPS 卫星，则可按式（4-34）列出 4 个方程式，可解得动态用户在时元 t 的三维位置。差分动态定位的结果，消除了星钟误差、星历误差、电离层与对流层时延误差，从而显著地提高了动态定位的精度。

以上就是采用测码伪距为观测量进行差分动态定位的基本原理。近年来以载波相位为观测量的高精度动态相对定位的研究工作，日益受到关注。在汽车和飞机上的差分动态定位实验表明，载波相位测量能够有效地用于动态定位，且已取得了厘米级的三维位置精度。

四、GPS 测速

利用 GPS 信号实时地测得载体的运动速度，称之为 GPS 测速。只要在这些运动载体上安置 GPS 接收机，就可以在进行动态定位的同时，利用 GPS 信号进行速度测量，是基于站星距离的测量。由式（4-28）可知，用户天线和 GPS 之间的站星距离为

$$\rho_i' = [(x_i - X)^2 + (y_i - Y)^2 + (z_i - Z)^2]^{\frac{1}{2}} + c(d\tau_R - d\tau_S) + L_{ion} + L_{trop} \tag{4-35}$$

式中　　c——电磁波传播速度；

$d\tau_R$ 和 $d\tau_S$——分别是接收机时钟和第 i 颗卫星时钟相对于 GPS 时系的偏差；

L_{ion} 和 L_{trop}——分别为电离层和对流层时延所引起的距离偏差。

式中各个参量均为时间的函数。

由物理学得知，线速度是运动质点在单位时间内的距离变化率。微分上式，就得到动态用户的三维速度表达式为

$$\begin{aligned} \dot{\rho}_i' = &\frac{(x_i - X)(\dot{x}_i - \dot{X}) + (y_i - Y)(\dot{y}_i - \dot{Y}) + (z_i - Z)(\dot{z}_i - \dot{Z})}{\rho_i} \\ &+ c(d\dot{\tau}_R - d\dot{\tau}_S) + \dot{L}_{ion} + \dot{L}_{trop} \end{aligned} \tag{4-36}$$

式中，$\dot{\rho}_i'$是站星距离的变化率，由 GPS 信号接收机测得；卫星的三维速度（$\dot{x}_i$、$\dot{y}_i$、$\dot{z}_i$）可根据导航电文求得；卫星时钟偏差变化率 $d\dot{\tau}_S$ 数值较小，可略去其影响；电离层和对流层时延变化率 $\dot{L}_{ion}$ 和 $\dot{L}_{trop}$ 因测速时间短暂可视其为零；而

$$\rho_i = [(x_i - X)^2 + (y_i - Y)^2 + (z_i - Z)^2]^{\frac{1}{2}}$$

中的卫星位置（x_i、y_i、z_i）可根据导航电文算得，用户位置（X，Y，Z）可由 GPS 信号实时测得，所以站星距离 ρ_i 是一个已知量。

这样，在高精度测速情况下，式（4-36）中只有动态用户三维速度（$\dot{X}$、$\dot{Y}$、$\dot{Z}$）和接收机时钟偏差变化率（时速）$d\dot{\tau}_R$ 4 个未知数。如果观测 4 颗在视 GPS 卫星，即可解得 4 个未知数。最后求得运动载体的运动速度为

$$v_k = \sqrt{(\dot{X}^2 + \dot{Y}^2 + \dot{Z}^2)} \tag{4-37}$$

另外，还可用 GPS 差分法测速，从而消除星历误差对测速精度的损失，可显著削弱电离层或对流层效应对测速精度的影响。

五、GPS 定时

人们的生活离不开时间，从日常生活到航海、航空和航天，定时有着广泛的应用领域。随着使用目的的不同，人们对时间准确度的要求也不同。若用 GPS 卫星信号进行时间传递，只要有一台能够接收、跟踪、变换和测量 GPS 信号的接收机，就可以获得较高的定时精度。

GPS 卫星上都安装有 4 台原子钟，GPS 时间与世界协调时 UTC 之差经常保持在 $\pm 1\mu s$ 以内。因此，GPS 卫星可以成为一种全球性用户的时间信号源，用以进行精确的时间比对。

在用 GPS 信号传递时间时，存在着三种时间尺度（时标）：其一为 GPS 时间，它是一种全球性的时间信号源，用以进行精确的时间比对；二是每颗 GPS 卫星的时钟；三是用户接收机的时钟。GPS 定时的实质是测定用户时钟相对于 GPS 时间的偏差，并根据卫星电文给出的有关参数，计算出世界协调时（UTC）。

下面介绍在一个已知位置的测站上，用一台 GPS 信号接收机观测 1 颗 GPS 卫星，测定用户时钟偏差的简单原理。

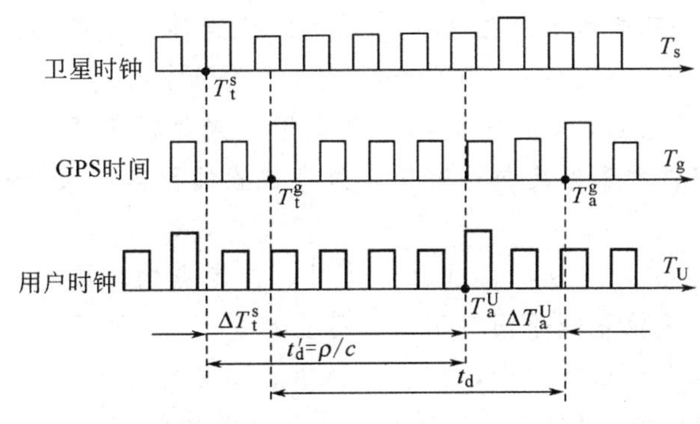

图 4-8　时钟偏差图解

如图 4-8 所示，设某颗 GPS 卫星在时刻 T_t^s 发射 GPS 信号初相，通过电离层和对流层所引起的附加时延 τ，到达用户接收天线的时刻为 T_a^U，则 GPS 信号的传播时间为

$$t_d' = T_a^U - T_t^s + \tau \tag{4-38}$$

式中 T_t^s 与 T_a^U 相对于 GPS 时间之差分别为

$$\left.\begin{aligned} \Delta T_t^s &= T_t^s - T_t^G \\ \Delta T_a^U &= T_a^U - T_a^G \end{aligned}\right\}$$

将上列二式关系代入公式（4-38），则得 GPS 信号接收机所测得的传播时间为

$$t_d' = t_d + \Delta T_a^U - \Delta T_t^s + \tau$$

式中 $t_d = T_a^G - T_t^G$，为 GPS 信号的实际传播时间；用户的时钟偏差则为

$$\Delta T_a^U = t_d' - t_d + \Delta T_t^s - \tau \tag{4-39}$$

式（4-39）即为一站单机的定时方程式。式中等号右端各参数均可根据卫星导航电文获取或算得。当同时观测 4 颗 GPS 卫星时，一站单机法可以在不知测站的情况下，同时测得用户时钟偏差和测站坐标。当时钟偏差为正值时，表示用户时间超前于 GPS 时间；为负值时表示用户时间落后于 GPS 时间。若要求定时更加准确，可采用图 4-9 所示的共视比对定时法，即在两个测

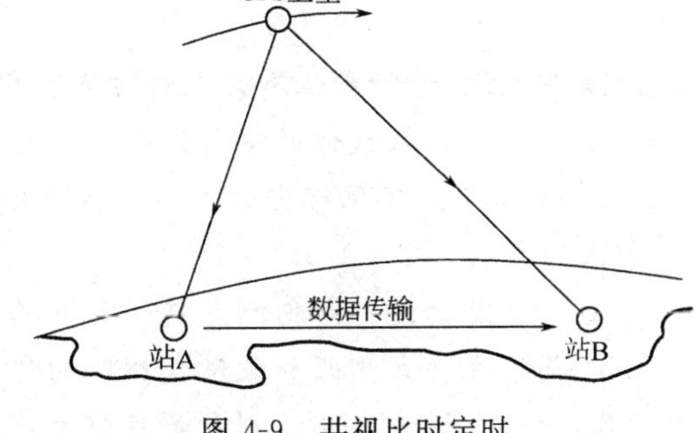

图 4-9　共视比时定时

站A和B上安设一台GPS信号接收机，在相同的时间内观测同一颗GPS卫星。通过无线数据传输将测站A的用户钟差送到测站B，对两个共视用户的钟差进行比对，从而测定用户时钟的偏差。实验表明，两个测站共同见到同一颗卫星的时间并不要求严格同步，前后相差20min以内对定时准确度无显著区别；由于它有效地消除了卫星钟差和星历误差的影响，达到了±5ns的定时准确度，所以这种方法成为目前用GPS信号传递时间的主要方法。

本章小结

本章主要介绍了GPS定位的两种方式和四种定位的方法：卫星射电干涉测量法、多普勒法、伪距法、载波相位测量法。目前，在测量工程中应用的主要方法是静态定位中的伪距法和载波相位测量法，采用这两种方法可以获得高精度的定位成果。

利用GPS进行定位，就是把卫星视为“动态”的控制点，在已知其瞬时坐标的条件下，以GPS卫星和用户接收机天线之间的距离（或距离差）为观测量，进行空间距离后方交会，从而确定用户接收机天线相位中心所处的位置。

利用GPS进行定位有多种方式，如果就用户接收机天线所处的状态而言，定位方式分为静态定位和动态定位；若按参考点位置的不同，又可分为单点定位和相对定位。

静态定位是指GPS接收机在进行定位时，待定点的位置相对其周围的点位没有发生变化，其天线位置处于固定不动的静止状态。

动态定位是指在定位过程中，接收机位于运动着的载体，天线也处于运动状态的定位。动态定位是用GPS信号实时地测得运动载体的位置。

GPS单点定位，就是采用一台接收机进行定位，它所确定的是接收机天线在WGS—84世界大地坐标系统中的绝对位置，其实质就是空间距离后方交会。

相对定位又称为差分定位，是采用两台以上的接收机（含两台）同步观测相同的GPS卫星，以确定接收机天线间的相互位置关系的一种方法。

根据GPS信号的不同观测量，可以区分为四种定位方法：①卫星射电干涉测量；②多普勒定位法；③伪距定位法；④载波相位测量。

GPS动态定位有用户多样、速度多变、定位定时、数据和精度多变等特点。可全天候和全球性地测量运动载体的七维状态参数（三维坐标、三维速度、时间）和三维姿态参数，实时地测得载体上GPS接收机天线相位中心的所在位置。

思考题与习题

1. 用GPS进行定位有哪几种方式？定位的方法一般有哪几种？

2. 按照接收机载体的运行速度，还可将动态定位分为哪三种形式？

3. GPS单点定位确定的是接收机天线在哪个大地坐标系统中的绝对位置？属于哪个坐标系统？

4. 什么是伪距？如何测定伪距？它的测量信号是什么码？简述其原理。

5. 简述主动式测距和被动式测距的优缺点。

6. 为什么说载波相位测量是目前大地测量和工程测量中的主要测量方法？

7. 利用全球定位系统进行导航定位的最基本方法是什么定位法？它的优点是什么？缺点是什么？

8. 为什么要在载波相位测量之前先进行卫星信号的解调？解调可采用哪几种方法？

9. 在载波相位测量基本方程中包含着哪两类不同的未知数？解决这个问题有哪两种办法？

10. 常用的差分法有哪三种？其中哪一种是大多数 GPS 基线向量处理软件中必选的方法，在实践中应用甚广？

11. GPS 动态定位和 GPS 静态定位相比较，有哪些显著特点？

12. 在单点动态定位情况下，为了获得瞬时定位结果，必须至少同步观测几颗卫星？获取几个同步伪距观测值？解得几个未知参数？

13. 差分动态定位（DGPS）怎样测出动态用户的精确位置？

14. 载波相位测量用于动态定位，取得的三维位置精度是哪一级？

15. GPS 接收机是怎样进行测速的？

16. GPS 时间与世界协调时 UTC 之差经常保持在多少之内？

17. 用 GPS 信号传递时间时，存在着几种时间尺度（时标）？

18. GPS 定时的实质是什么？

19. 一站单机的定时法的优缺点是什么？

20. 共视比对定时法的优缺点是什么？

第五章

GPS卫星定位的误差来源及其影响

学习目标

- 了解卫星星历误差，卫星钟误差，相对论效应的产生与消减方法。
- 理解接收机钟误差，相位中心位置误差的产生与消减方法。
- 掌握电离层折射误差、对流层折射误差、多路径误差的产生与消减方法，掌握整周未知数的确定。

在进行GPS测量时，观测量中存在着系统误差和偶然误差，其中系统误差影响尤其显著。本章中将对各种GPS测量的误差进行分析，了解它们的性质、大小以及对定位所产生的影响，在分析的基础上采取相应措施，消除或减弱各项误差对定位结果的影响。

如何正确确定整周未知数和整周跳变的不定性，是载波相位测量中的特有问题，在本章中也予以详细讨论，并提出其解决方法。

第一节　GPS测量的主要误差分类

GPS测量是通过地面接收设备接收卫星传送的信息来确定地面点的三维坐标。GPS定位测量的主要误差来源有三个方面：与GPS卫星有关的误差；与信号传播有关的误差；与接收设备有关的误差。误差种类如表5-1所列，其中卫星星历误差、电离层折射误差、对流层折射误差是影响GPS定位精度的主要因素。在高精度的GPS测量中，还要注意与地球整体运动有关的地球潮汐、负荷潮及相对论效应等的影响。

在上述误差中，偶然误差主要包括信号的多路径效应，系统误差主要包括卫星的星历误差、卫星钟差、接收机钟差以及大气的折射误

表 5-1　GPS 定位误差的分类

误差来源	误差分类	对距离测量的影响/m
GPS 卫星	①卫星星历误差；②卫星误差；③相对论效应	1.5～15
信号传播	①电离层折射误差；②对流层折射误差；③多路径效应	1.5～15
接收设备	①接收机钟误差；②位置误差；③天线相位中心变化	1.5～5
其他影响	①地球潮汐；②负荷潮	1.0

差等。可以看出：GPS 测量和经典的大地测量在误差方面有明显的不同，经典大地测量的主要误差源是偶然误差，而 GPS 测量的主要误差源是系统误差，其无论从误差的大小还是对定位的结果的危害性都比偶然误差要大得多，因系统误差有一定的规律可循，故在测量过程中可采用一定的措施加以消除。

第二节　与卫星有关的误差

与 GPS 卫星有关的误差有卫星星历误差、卫星钟误差和相对论效应。

一、卫星星历误差

某一瞬间的卫星位置，是由卫星星历提供的。所以卫星星历误差实际上就是卫星位置的确定误差。星历误差是一种起始数据误差，在一个观测时间段内属系统误差。其大小主要取决于卫星跟踪站的数量及空间分布、观测值的数量及精度、轨道计算时所用的轨道模型及定轨软件的完善程度等。它对单点定位的精度有很大的影响，也是精密相对定位中的重要误差来源之一。

1. 星历来源

卫星星历的数据来源有广播星历和实测星历两类。

(1) 广播星历　广播星历是根据美国 GPS 控制中心跟踪站的观测数据进行外推，通过 GPS 卫星发播的一种预报星历，它是卫星电文中所携带的主要信息。由于人们还不能充分了解作用在卫星上的各种摄动因素的大小及变化规律，所以预报数据中存在着较大的误差。当前从卫星电文中解译出来的星历参数共 17 个，每小时更换一次。由这 17 个星历参数确定的卫星位置精度约为 20～40m，有时可达 80m。广播星历的误差对相对定位的影响为 1×10^{-6}。即对长度为 10km 的基线会产生 10mm 的误差，对长度为 1000km 的基线会产生 1m 的误差。可以看出，广播星历误差是影响长基线定位精度的重要原因。全球定位系统投入运行后，启用全球均匀分布的跟踪网进行测轨和预报，此时，由星历参数计算的卫星坐标可能精确到 5～10m。如果美国政府启用 GPS 政策，广大用户很难获得应有的定位精度。

(2) 实测星历　它是根据实测资料进行拟合处理而直接得出的星历。它需要在一些已知精确位置的点上跟踪卫星来计算观测瞬间的卫星真实位置，从而获得准确可靠的精密星历。这种星历要在观测后 1～2 个星期才能得到［可向美国国家大地测量局（NGS）购买］，这对导航和动态定位无任何意义，但是在静态精密定位中具有重要作用。其次，GPS 卫星是高轨卫星，区域性的跟踪网也能获得很高的定轨精度。所以，许多国家和组织都在建立自己的 GPS 卫星跟踪网开展独立的定轨工作。

2. 星历误差对定位的影响

当把卫星位置当作已知值使用时，星历误差便成为一种起始数据的误差。对于单点定位时，星历误差的径向分量作为等价测距误差进入平差计算，配赋到星站坐标和接收机钟差改正数中去，具体配赋方式则与卫星的几何图形有关。

利用两站的同步观测资料进行相对定位时，由于星历误差对两站的影响具有很强的相关性，所以在求坐标差时，共同的影响可自行消去，从而获得高精度的相对坐标。根据一次观测的结果，可以导出星历误差对相对定位影响的估算式为

$$\frac{\mathrm{d}b}{b}=\frac{\mathrm{d}s}{\rho} \tag{5-1}$$

式中 b——基线长；

$\mathrm{d}b$——卫星星历误差所引起的基线误差；

ρ——卫星至测站的距离；

$\mathrm{d}s$——星历误差；

$\frac{\mathrm{d}s}{\rho}$——卫星星历的相对误差。

实测结果表明，经数小时观测后，基线相对误差大约为星历相对误差的1/4。

3. 减弱星历误差影响的途径

(1) 建立自己的卫星跟踪网独立定轨　为了不受美国有意降低卫星星历精度的影响，可以建立自己的GPS卫星跟踪网，进行独立定轨。如果跟踪站的数量和分布选择得当，实测星历有可能达到10^{-7}量级的精度，这对提高精密定位的精度将起显著作用。根据实测星历外推，还可为实时定位用户提供较为准确的预报星历。

(2) 相对定位　也称为同步观测值求差，这一方法是利用在两个或多个观测站上，对同一卫星的同步观测值求差。因为星历误差对相距不太远的两个测站的影响基本相同，所以对于确定两个测站之间的相对位置，可以减弱卫星星历误差的影响。

(3) 轨道松弛法　所谓轨道松弛法，就是在平差模型中把卫星星历给出的卫星轨道视为初始值，将其改正数作为未知数，通过平差求得测站位置及轨道改正数。这种方法不适用于范围较小的测区，此外，数据处理相当复杂，工作量大为增加，不宜在作业单位普遍推广，只适用于无法获取精密星历而采取的补救措施。

二、卫星钟的钟误差

卫星钟采用的是GPS时，它是由主控站按照美国海军天文台（USNO）的协调世界时（UTC）进行调整的。GPS时与UTC在1980年1月6日零时对准，不随闰秒增加，时间是连续的，随着时间的积累，两者之间的差别将表现秒的整倍数，如有需要，可由主控站对卫星钟的运行状态进行调整，不过这种遥控调整仍然满足不了定位所需的精度。其次，尽管GPS卫星均设有高精度的原子钟（铷钟和铯钟），但它们与理想的GPS时之间仍存在着难以避免的频率偏差或频率漂移，也包含钟的随机误差。这些偏差总量在1ms以内，由此引起的等效距离可达300km。在GPS测量中，卫星作为高空观测目标，其位置在不断变化，必须有严格的瞬间时刻，卫星位置才有实际意义。另外，GPS测量就是通过接收和处理GPS信号实现定位的，必须准确测定信号传播时间，才能准确测定观测站至卫星的距离。所以，时钟误差是一个重要误差源之一。

为保证测量精度，由主控站测定出每颗卫星的钟参数，编入卫星电文发布给用户。卫星

钟在时刻 t 的偏差可表示为二阶多项式形式，即

$$\Delta t_s = a_0 + a_1(t - t_0) + a_2(t - t_0)^2 \tag{5-2}$$

式中 t_0——一参考历元；

a_0——钟差常值；

a_1——卫星钟钟速（或频率偏差）；

a_2——卫星钟的钟速变率（或老化率）。

经上述钟差改正后，各卫星钟之间的同步差可保持在 20ns 以内，由此引起的等效距离偏差不超过 6m。卫星钟差或经改正后的残差，在相对定位中可通过差分法在一次求差中得到消除。

三、相对论效应

相对论效应是由于卫星钟和接收机钟所处的状态不同而引起的卫星钟和接收机钟之间产生相对钟误差的现象。GPS 卫星在高 20200km 的轨道上运行，卫星钟受狭义相对论效应和广义相对论效应的影响，其频率与地面静止钟相比，将发生频率偏移，这是精密定位中必须顾及的一种误差影响因素。

首先，根据狭义相对论的观点，一个频率为 f_0 的振荡器安装在飞行速度为 v 的载体上，由于载体的运动，对地面观测者来说将产生频率变化，其改变量为

$$\Delta f_1 = -\frac{1}{2} \times \frac{v^2}{c^2} f_0 \tag{5-3}$$

式中，c 为真空中光速。上式表明，卫星钟的钟频增加了 Δf_1。这就意味着，卫星钟比静止在地球上的同类钟走得慢了。再应用已知公式

$$v^2 = gR_m\left(\frac{R_m}{R_S}\right) \tag{5-4}$$

将式（5-4）代入式（5-3）得

$$\Delta f_1 = -\frac{1}{2} \times \frac{gR_m}{c^2}\left(\frac{R_m}{R_S}\right) f_0 \tag{5-5}$$

式中 g——地面重力加速度；

R_m——地面平均半径；

R_S——卫星轨道平均半径。

其次，按照广义相对论的观点，处于不同等位面的振荡器，其频率 f_0 将由于引力位不同而发生变化。例如，卫星钟与地面钟相比处于较高的引力位，将产生引力频移，此时卫星钟要走得快一些，其钟频增加量为

$$\Delta f_2 = \frac{gR_m}{c^2}\left(1 - \frac{R_m}{R_S}\right) f_0 \tag{5-6}$$

由以上可以看出，对 GPS 卫星而言，广义相对论效应的影响大于狭义相对论效应的影响，且符号相反，总的相对论效应影响为

$$\Delta f = \Delta f_1 + \Delta f_2 = \frac{gR_m}{c^2}\left(1 - \frac{3R_m}{2R_S}\right) f_0 \tag{5-7}$$

经计算得

$$\Delta f = 4.449 \times 10^{-10} \times f_0$$

由于相对论效应，卫星钟比地面钟快 $4.449 \times 10^{-10} f_0$。为了解决其影响，须将 GPS 卫

星钟的频率降低 $4.449\times10^{-10}f_0$。将 GPS 卫星钟的标准频率 $f_0=10.23\text{MHz}$ 代入得

$$10.23\text{MHz}\times(1-4.449\times10^{-10})=10.22999999545\text{MHz}$$

使卫星钟进入轨道受到相对论效应影响后，恰与标准频率 10.23MHz 相一致。

应该说明，上述讨论是在 $R_S=26500\text{km}$ 的圆形轨道下卫星作匀速运动（且取 $v=3874\text{m/s}$、$c=299792458\text{m/s}$、$R_m=6378\text{km}$）情况下进行的。事实上，卫星轨道是一椭圆，卫星运行速度也随时间发生变化，相对论效应的影响并非常数。所以，经上述改正后仍有残差，它对 GPS 时的影响最大可达 70ns，对精密定位仍不可忽略。

第三节 卫星信号传播误差

与卫星信号传播有关的误差主要包括电离层折射、对流层折射、多路径误差等各项误差影响。

一、电离层折射

1. 电离层及其影响

所谓电离层，系指地球上空大气圈的上层，距离地面高度在 50～1000km 之间的大气层。电离层中的气体分子由于受到太阳等天体各种射线的辐射作用，产生强烈的电离，形成大量的自由电子和正离子。当 GPS 信号通过电离层时，因受到带电介质的非线性散射特性的影响，信号的传播路径会发生弯曲，由于自由电子的作用，其传播速度会发生变化。所以，用光速乘上信号传播时间就不会等于卫星至接收机的实际距离。由于电离的原动力来自太阳，电离层的电子密度白天约为夜间的 5 倍；在一年中，冬季为夏季的 4 倍；太阳黑子活动最激烈时可为最小时的 4 倍。对于 GPS 信号来讲，这种距离差在天顶方向最大可达 50m，在接近地平方向时（高度角为 20°）可达 150m。可见它对观测量的精度影响较大，必须采取有效措施削弱它的影响。

电离层含有较高密度的电子，它属于弥散性介质，电磁波在这种介质内传播时，其速度与频率有关。理论证明，电离层的群折射率为

$$n_G=1+40.28N_ef^{-2}$$

因而群速为

$$v_G=\frac{c}{n_G}=c(1-40.28N_ef^{-2}) \tag{5-8}$$

式中 N_e——电子密度（每立方米中的电子数）；

f——信号的频率，Hz；

c——真空中的光速。

进行伪距测量时，调制码就是以群速 v_G 在电离层中传播的。若伪距测量中测得信号的传播时间为 Δt，则卫星至接收机的真正距离 s 为

$$\begin{aligned}s&=\int_{\Delta t}v_G\mathrm{d}t=\int_{\Delta t}c(1-40.28N_ef^{-2})\mathrm{d}t=c\Delta t-c\,\frac{40.28}{f^2}\int_{s'}N_e\mathrm{d}s\\&=\rho-c\,\frac{40.3}{f^2}\int_{s'}N_e\mathrm{d}s\end{aligned} \tag{5-9}$$

上式表明，正确的距离 s 包括两部分：一部分是真空中光速乘以信号传播时间；另一部分则是电离层改正项

$$d_{\text{ion}} = -c\frac{40.3}{f^2}\int_{s'} N_e \mathrm{d}s \tag{5-10}$$

式中，$\int_{s'} N_e \mathrm{d}s$ 表示沿信号传播路径 s' 对电子密度 N_e 进行积分。

应该明确，电离层中的相折射率与群折射率是不同的。码相位测量和载波相位测量应分别采用群折射率和相折射率。所以，载波相位测量时的电离层折射改正数和伪距测量时的改正数是不同的，两者大小相等，符号相反。

从式（5-10）可以看出，求电离层折射改正数的关键在于求电子密度 N_e。可是电子密度随着距离地面的高度、时间变化、太阳活动程度、季节不同、测站位置等多种因素而变化。目前，还无法用一个严格的数学模型来描述电子密度的大小和变化规律，所以，也不可能用式（5-10）直接求出电离层折射改正数 d_{ion} 的确切数值。

2. 减弱电离层影响的有效措施

（1）相对定位　相对定位也称差分处理技术。当测站间的距离相距不太远时（例如20km以内），两测站上的电子密度变化不大，卫星的高度角相差不多，此时卫星信号到达不同观测站所经过的介质状况相似、路径相似，当利用两台或多台接收机对同一组卫星的同步观测值求差时，可以有效地减弱电离层折射的影响，即使不对电离层折射进行改正，对基线成果的影响一般也不会超过 1×10^{-6}，所以，在短基线上用单频接收机也能获得很好的定位结果。

（2）双频接收　从式（5-10）可以看出，d_{ion} 和信号频率 f 的平方成反比。如果分别用两个已知频率 f_1 和 f_2 发射卫星信号，则两个不同频率的信号就会沿同一路径到达接收机。公式中的积分值虽然无法求算，但对两个频率的信号却是相同的。为简便起见，这里将式（5-10）写成 $d_{\text{ion}}=\frac{A}{f^2}$ 形式，根据式（5-9）有

$$\left.\begin{aligned} s&=\rho_1+\frac{A}{f_1^2} \\ s&=\rho_2+\frac{A}{f_2^2} \end{aligned}\right\}$$

以上二式相减得

$$\Delta\rho=\rho_1-\rho_2=\frac{A}{f_2^2}-\frac{A}{f_1^2}=\frac{A}{f_1^2}\left(\frac{f_1^2}{f_2^2}-1\right)=d_{\text{ion}_1}\left(\frac{f_1^2}{f_2^2}-1\right) \tag{5-11}$$

在用调制在两个载波上的测距码测距时，只有电离层折射影响不同，其余误差影响相同，所以上式中的（$\rho_1-\rho_2$）也就等于两个载波所测伪距之差（$\bar{\rho}_1$，$-\bar{\rho}_2$），当已知 f_1、f_2 时，即可算得 d_{ion_1}，于是

$$\left.\begin{aligned} s&=\rho_1+d_{\text{ion}_1} \\ s&=\rho_2+d_{\text{ion}_2} \end{aligned}\right\} \tag{5-12}$$

因此，用双频接收机进行伪距测量，就能根据电离层折射和信号频率有关的特性，从两个伪距观测值中求得电离层折射改正数。正因为如此，具有双频的GPS接收机在精密定位中得到了广泛应用。在拟定作业计划时，应该选择适当的作业季节和一天中的最佳时段（夜间）来进行观测，不要在太阳辐射强烈的正午时分观测。

双频载波相位测量观测值的电离层折射改正与式（5-12）类同，只是和伪距测量时的改正有两点区别：一是电离层折射改正的符号相反；二是要引入整周未知数 N_0。

(3) 利用电离层改正模型进行改正　采用双频接收技术，可以有效地减弱电离层折射的影响，但在电子含量很大，卫星高度角较小时其误差有可能达几个厘米。为了满足更高精度 GPS 测量的需要，Fritzk、Brunner 提出的电离层延迟改正模型在任何情况下其精度均优于 2mm。

对于 GPS 单频接收机，一般采用导航电文中提供的电离层延迟模型加以改正，以减弱电离层的影响。由于影响电离层折射的因素很多，无法建立严格的数学模型，所以，该模型最多可以消除电离层折射的 75%。

二、对流层折射

1. 对流层及其影响

对流层是高度为 50km 以下的大气底层，由于离地面更近，其大气密度比电离层更大，大气状态变化也更复杂。对流层与地面接触并从地面得到辐射热能，其温度随高度的上升而降低。对流层中虽有少量带电离子，但对电磁波传播影响不大，不属于弥散性介质，也就是说，电磁波在其中的传播速度与频率无关，所以其群折射率与相折射率可认为相等。

对流层的折射率与大气压力、温度和湿度密切相关。由于大气的对流作用很强，大气状态变化复杂。对流层折射的影响与信号的高度角有关，当在天顶方向（高度角为 90°），其影响达 2.3m；当在地面方向（高度角为 10°），其影响达 20m；所以，对流层及其影响难以准确地模型化。利用测站地面实测的气象数据，可通过现有的各种数学模型消除 92%～95%的对流层折射影响。目前采用的对流层折射改正公式主要有霍普菲尔德（Hopfield）公式、萨斯塔莫宁（Saastamoinen）公式和勃兰克（Black）公式，这里仅介绍应用较广的霍普菲尔德公式。

2. 用霍普菲尔德公式进行对流层折射改正

设对流层的大气折射率为 n，真空中折射率为 1，则对流层折射改正可写为

$$\Delta s=\int_{s}(n-1)\mathrm{d}s$$

由于（$n-1$）数值很小，为方便计，令

$$N=(n-1)\times 10^{6}$$

N 称为折射指数，它可以分为干气部分 N_{d} 和湿气部分 N_{w}，它们与大气压力、温度和湿度有如下近似关系，即

$$N=N_{\mathrm{d}}+N_{\mathrm{w}}=77.6\frac{p}{T}+77.6\times 4810\frac{e}{T^{2}} \tag{5-13}$$

式中　p——大气压力，mbar（1mbar=0.1kPa）；

T——热力学温度；

e——水汽分压，mbar。

这说明，为了计算 N 必须建立一个根据测站上气象元素（T_{s}，p_{s}，e_{s}）计算空中各点气象元素的数学模型。下面直接给出计算对流层改正的霍普菲尔德模型。

$$\Delta s=\Delta s_{\mathrm{d}}+\Delta s_{\mathrm{w}}=\frac{K_{\mathrm{d}}}{\sin(E^{2}+6.25)^{\frac{1}{2}}}+\frac{K_{\mathrm{w}}}{\sin(E^{2}+2.25)^{\frac{1}{2}}} \tag{5-14}$$

式中　E——卫星的高度角（°）；

K_{d}，K_{w}——分别为卫星位于天顶方向时（$E=90°$）的对流层干气改正和湿气改正，其计算式为

$$
\left.\begin{aligned}
K_d &= 155.2\times10^{-7}\frac{P_s}{T_s}(h_d-h_s)\\
K_w &= 155.2\times10^{-7}\frac{4810}{T_s^2}e_s(h_w-h_s)
\end{aligned}\right\} \tag{5-15}
$$

式中 h_s——测站的高程；

h_d——当 N_d 趋近于 0 时的高程值（≈40km）；

h_w——当 N_w 趋近于 0 时的高程值（≈10km）。

它们可按下式计算。

$$
\left.\begin{aligned}
h_d &= 40136+148.72(T_s-273.16)(\mathrm{m})\\
h_w &= 11000(\mathrm{m})
\end{aligned}\right\} \tag{5-16}
$$

以上各式中的温度均采用热力学温度，气压和水汽压以 mbar 为单位；Δs、h_s、h_d、h_w 单位为 m。

3. 减弱对流层影响的措施

（1）用改正模型进行对流层改正　其设备简单，方法易行。但是由于水汽在空间的分布很不均匀，不同时间、不同地点水汽含量相差甚远，用统一模型难以准确描述，所以，对流层改正的湿气部分精度较低，只能将湿分量消去 80%～90%。

在使用改正模型时，干温 T_s 和气压 p_s 可用温度计和气压计在测站直接测定；而水汽压 e_s 可根据测站上的相对湿度 RH 来计算，即

$$
e_s=\mathrm{RH}\cdot\exp(-37.2465+0.213166T_s-0.000256908T_s^2)
$$

式中 T_s——热力学温度，$T_s=t_s+273.16°$；

RH——相对湿度，可用毛发湿度计直接测出。

（2）利用同步观测值求差　与电离层的影响类型类似，当两观测站相距不太远时（例如<20km)，由于信号通过对流层的路径大体相同，所以，对同一卫星的同步观测值求差，可以明显地减弱对流层折射的影响。这一方法在精密相对定位中被广泛应用。不过，随着同步观测站之间距离的增大，大气状况的相关性减弱，当距离>50～100km 时，对流层折射的影响就成为制约 GPS 定位精度提高的重要因素。

三、多路径误差

多路径是指卫星信号通过多个不同路径传到接收机天线。在直接收到卫星信号的同时，还可能收到经天线周围地物反射的卫星信号（见图 5-1），多种信号叠加就会引起测量参考点（相位中心）的位置变化，这种由于多路径的信号传播所引起的干涉时延效应称为多路径效应。

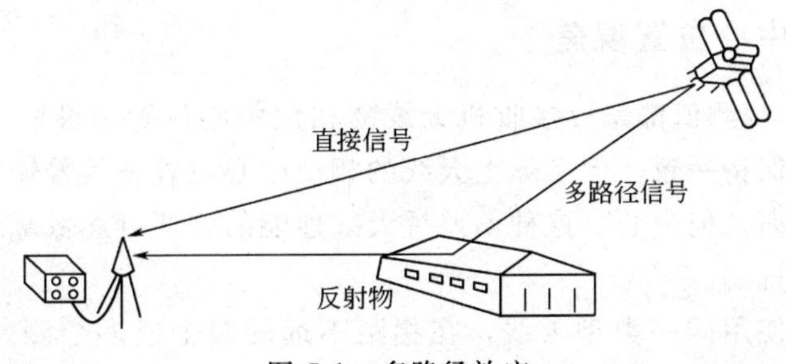

图 5-1　多路径效应

多路径效应的影响随着天线周围反射物面的性质而异。物面反射信号的能力可用反射系数 a 来表示。$a=0$ 表示信号完全被吸收不反射；$a=1$ 表示信号完全反射不吸收。表 5-2 给

出了不同发射物面对频率为 2GHz 的微波信号的反射系数。

表 5-2 反射系数

水面		稻田		野地		森林山地	
a	损耗/dB	a	损耗/dB	a	损耗/dB	a	损耗/dB
1.0	0	0.8	2	0.6	4	0.3	10

多路径误差不仅与反射系数有关，也和反射物离测站的距离及卫星信号方向有关，无法建立准确的误差改正模型，只能恰当地选择站址，避开信号反射物。例如：①选设点位时应远离大面积平静的水面，较好的站址可选在地面有草丛、农作物等植被能较好吸收微波信号的能量的地方；②测站不宜选在山坡、山谷和盆地中；③测站附近不应有高层建筑物，观测时测站附近也不要停放汽车。

第四节 接收设备误差与图形强度

在 GPS 定位误差中，与接收设备有关的误差主要有接收机钟误差、天线相位中心位置误差、接收机的位置误差和几何图形强度误差等。

一、接收机钟误差

在 GPS 测量时，为了保证随时导航定位的需要，卫星钟必须具有极好的长期稳定度。而接收机钟则只需在一次定位的期间内保持稳定，所以，一般使用短期稳定度较好、便宜轻便的石英钟，其稳定度约为 10^{-10}。如果接收机钟与卫星钟间的同步差为 $1\mu s$，则由此引起的等效距离误差约为 300m。

减弱接收机钟差比较有效的方法是：把每个观测时刻的接收机钟差当作一个独立的未知数，在数据处理中与观测站的位置参数一并求解。伪距测量的数据处理就是根据这一原理进行的。

在静态绝对定位中，可以认为各观测时刻的接收机钟差是相关的，设法建立一个钟误差模型，在平差计算中求解多项式系数。不过接收机钟的稳定性较差，钟差模型不易反映真实情况，难以充分消除其误差影响。

此外，还可以通过在卫星间求一次差来削弱接收机钟差的影响。

二、天线相位中心位置误差

在 GPS 测量中，观测值都是以接收机天线的相位中心位置为准的，所以天线的相位中心应该与其几何中心保持一致。但实际上天线的相位中心位置随信号输入的强度和方向不同会发生变化，使其偏离几何中心。这种偏差视天线性能的好坏可达数毫米至数厘米，对精密相对定位也是不容忽视的。

实际工作中如果使用同一类型天线，在相距不远的两个或多个测站同步观测同一组卫星，可以通过观测值求差来减弱相位中心偏移的影响。不过这时各测站的天线均应按天线附有的方位标志进行定向，根据仪器说明书的要求，罗盘指向磁北极，其定向偏差应在 3°以内。

三、等效距离误差

前面各节阐述了 GPS 卫星定位的各种误差来源、影响与减弱方法。这些误差对 GPS 卫星定位的综合影响可用一个精度指标来表示，这就是等效距离误差。等效距离误差也就是各项误差投影到测站至卫星方向上的具体数值。如果认为各项误差之间相互独立，就可以求出总的等效距离误差，并用 σ_0 表示。从而 σ_0 就可以作为 GPS 定位时衡量观测精度的客观标准。

四、几何图形强度

GPS 定位的精度除了取决于等效距离误差 σ_0 以外，还取决于空间后方交会的几何图形强度。

在式（4-13）所表示的权系数阵 $\boldsymbol{Q}_x$ 中，若顾及各权系数元素，该式又可写为

$$\boldsymbol{Q}_x=\begin{bmatrix} q_{11} & q_{12} & q_{13} & q_{14} \\ q_{21} & q_{22} & q_{23} & q_{24} \\ q_{31} & q_{32} & q_{33} & q_{34} \\ q_{41} & q_{42} & q_{43} & q_{44} \end{bmatrix} \tag{5-17}$$

显然，GPS 星座与测站所构成的几何图形不同，权系数的数值亦不同，此时，即使相同精度的观测值所求得的点位精度也不会相同。为此需要研究卫星星座几何图形与定位精度的关系。通常用图形强度因子 DOP（Dilution Of Precision）来表示几何图形强度，其定义是

$$m_x=\text{DOP}\cdot\sigma_0 \tag{5-18}$$

式中　σ_0——等效距离的标准差；

m_x——某定位元素的标准差；

DOP——实际是权系数阵中主对角线元素的函数。

图形强度因子是一个直接影响定位精度、但又独立于观测值和其他误差之外的一个量。其值恒大于 1，最大值可达 10，其大小随时间和测站位置而变化。在 GPS 测量中，希望 DOP 值越小越好。

在实际工作中，常根据不同的要求采用不同的评价模型和相应的图形强度因子。

① 平面位置图形强度因子 HDOP（Horizontal DOP）及其相应的平面位置精度

$$\begin{gathered}\text{HDOP}=\sqrt{q_{11}+q_{22}} \\ m_H=\text{HDOP}\cdot\sigma_0\end{gathered} \tag{5-19}$$

② 高程图形强度因子 VDOP（Vertical DOP）及其相应的高程精度

$$\begin{gathered}\text{VDOP}=\sqrt{q_{33}} \\ m_V=\text{VDOP}\cdot\sigma_0\end{gathered} \tag{5-20}$$

③ 空间位置的图形强度因子 PDOP（Position DOP）及其相应的三维定位精度

$$\begin{gathered}\text{PDOP}=\sqrt{q_{11}+q_{22}+q_{33}} \\ m_P=\text{PDOP}\cdot\sigma_0\end{gathered} \tag{5-21}$$

④ 接收机钟差图形强度因子 TDOP（Time DOP）及其钟差精度

$$\text{TDOP}=\sqrt{q_{44}}$$

$$m_T = \text{TDOP} \cdot \sigma_0 \tag{5-22}$$

⑤ 几何图形强度因子 GDOP（Geometric DOP）及其三维坐标和时间误差的综合影响

$$\text{GDOP} = \sqrt{q_{11} + q_{22} + q_{33} + q_{44}}$$
$$m_G = \text{GDOP} \cdot \sigma_0 \tag{5-23}$$

由分析表明，如果由测站与 4 颗卫星构成一个六面体时，图形强度因子 GDOP 与该六面体体积成反比。如图 5-2 所示，意味着所测卫星在空间分布越大，六面体的体积越大，GDOP 值越小，图形越坚强，定位精度越高。

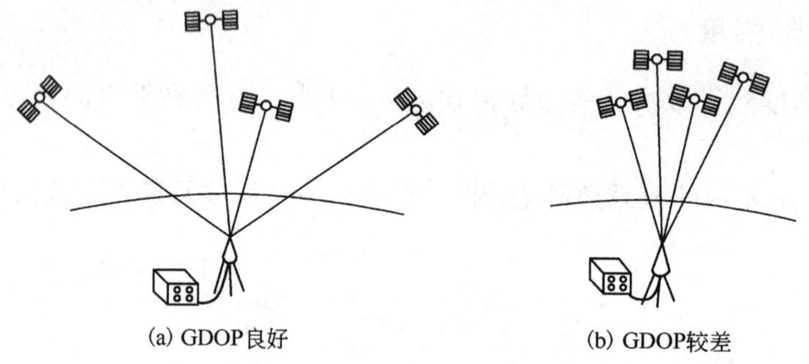

(a) GDOP良好　　(b) GDOP较差

图 5-2　卫星的分布与 GDOP

第五节　整周跳变分析与整周未知数的确定

载波相位测量是目前测定卫星至测站距离的最精密方法，然而整周跳变的出现和整周未知数的不确定性又为高精度的测量增加了不少麻烦。式（4-16）说明，完整的载波相位观测值由三部分组成：①载波相位在起始时刻沿传播路径延迟的整周数 N_0；②从某一起始时刻至观测时刻之间载波相位变化的整周数 $\text{Int}(\phi)$；③接收机所能测定的载波相位差非整周的小数部分 $F_r(\phi)$。如果接收机的计数器在累积计数中产生整周数跳变而导致 $\text{Int}(\phi)$ 错误，或者不能采取恰当措施正确确定 N_0，式（4-16）均将失去实际意义。因此，如何解决整周跳变问题和确定整周未知数问题，就成为正确进行载波相位测量的两个特殊问题。

一、整周跳变分析

1. 整周跳变及其发生

在跟踪卫星过程中可能由于卫星信号被障碍物暂时阻挡，或受到无线电信号干扰的影响，引起卫星跟踪的暂时中断，使计数器无法连续计数，出现信号失锁。这时的瞬时量测值 $R_r(\phi)$ 虽然仍是正确的，但是整周计数 $\text{Int}(\phi)$ 由于丢失了在失锁期间载波相位变化的整周数，使其后的相位观测值均含有同样的整周误差，这种现象叫整周跳变。

如果能够检测出在何时发生了整周跳变，并能求出丢失的整周数，就可以对中断后的整周计数进行修正，恢复其正确计数。

发生整周跳变后的整周计数可以从中断处继续向后计数，也可以归零后重新计数，或者从任意一个整周数重新开始计数，它们取决于接收机的类型及产生周跳的具体情况。

2. 整周跳变的检验和修正

卫星和接收机之间的距离在随时间而不断变化，其径向速度最大可达 0.9km/s，相应的

载波相位观测值 φ 亦应随之变化，不过这种变化应该是循序渐变，有一定的规律性。例如表 5-3 所示，接收机在不同时间 t_i 对同一颗卫星进行相位观测，每 15s 输出一个观测值，相邻观测值的变化可达数万周，难以发现几十周的跳变。如果在相邻观测值之间求一次差，就得到观测间隔（$t_i - t_{i-1}$）内卫星至接收机的距离之差，亦即卫星径向速度 $\frac{d\rho}{dt}$ 平差值与（$t_i - t_{i-1}$）的乘积。由于径向速度平均值变化比较缓慢，所以一次差的变化也就较小。如果在一次差间再求二次差，就得到卫星径向加速度平均值和观测间隔平方之乘积，其变化越加缓慢。同理，求至四次差时，$\frac{d^4\rho}{dt^4}$ 趋近于零，这时的差值主要是振荡器的随机误差，具有偶然误差特性。

表 5-3　载波相位观测量及其差值

历　元	$\mathrm{Int}(\phi)+F_r(\phi)$	1 次差	2 次差	3 次差	4 次差
t_1	475833.2253				
		11608.7531			
t_2	487441.9784		399.8410		
		12008.5671		2.5072	
t_3	499450.5455		402.3212		−0.5795
		12410.8883		1.9277	
t_4	511861.4338		404.2489		0.9639
		12815.1372		2.8916	
t_5	524746.5710		407.1405		−0.2721
		13222.2777		2.6195	
t_6	537898.8487		409.7600		−0.4219
		13632.0377		2.1976	
t_7	551530.8864		411.9576		
		14043.9953			
t_8	565574.8817				

但是，如果在过程中出现了整周跳变，势必要破坏上述相位观测量的正常变化，高次差的随机特性也将受到破坏。例如表 5-4 中在 t_5 时刻的观测值中含有 100 周的周跳，四次差中将出现数十周的异常现象。这表明通过求差有利于发现周跳。不过这种求高次差的方法难以检验只有几周的小周跳，因为振荡器本身就有可能造成两周左右的随机误差。

表 5-4　含有周跳影响的观测量及其差值

历　元	$\mathrm{Int}(\phi)+F_r(\phi)$	1 次差	2 次差	3 次差	4 次差
t_1	475833.2253				
		11608.7531			
t_2	487441.9784		399.8410		
		12008.5671		2.5072	
t_3	499450.5455		402.3212		−100.5795①
		12410.8883		−98.0723①	
t_4	511861.4338		304.2489①		300.9639①
		12715.1372①		202.8916①	
t_5	524746.5710①		507.1405①		−300.2721①
		13222.2777		−97.3805①	
t_6	537898.8487①		409.7600		99.5781①
		13632.0377		2.1976	
t_7	551530.8864①		411.9576		
		14043.9953			
t_8	565574.8817①				

① 表示观测值中含有 100 周的周跳。

当发现周跳后，可以根据前面或后面的正确观测值，利用高次插值公式外推观测值的正确整周计数，或者根据相邻的几个正确相位观测量，采用 n 阶多项式（$a+bt+ct^2+dt^3+et^4$）拟合的方法来推求整周计数的正确性，从而发现周跳并修正整周计数。

修正后的观测值中还可能有 1～2 周的小周跳未被发现。若用这些观测值进行平差计算，就会出现很大的残差，据此还可以发现周跳。继续用修正周跳后的观测值和平差值（基线向量等）重复进行平差计算，直至残差符合要求为止，就会得到一组无周跳的载波相位观测值。

检验和修正周跳还有其他一些方法。但是，解决问题的根本途径还是提高对外业观测的要求，重视选择机型、选点、组织观测等外业工作环节，人为地避免周跳的发生。

二、整周未知数 N_0 的确定

正确地解决整周未知数的确定问题，一方面是提高载波相位测量精度的必不可少的条件，这是因为在连续跟踪的载波相位观测值中，均含有相同的整周未知数 N_0；另一方面，快速而正确地确定 N_0，又是提高 GPS 定位作业效率的重要环节。因为在同步观测 4 颗以上卫星的情况下，为解算 N_0 至少需要在不同的时间进行两次观测。如果其间时间间隔很短，则所测卫星的几何分布变化很小，这就降低了不同观测结果的作用，影响了定位结果的可靠性，所以必须延长观测时间。这样，GPS 定位所需的时间，其实就成了正确确定 N_0 所需的时间。因此，快速解算整周未知数，对于提高定位效率具有决定性的作用。

确定整周未知数 N_0 的方法很多，常用的方法有以下几种。

1. 经典静态相对定位法

经典静态相对定位法，是将整周未知数 N_0 作为特定参数与其他未知参数在平差计算中一并求解。根据整周未知数在平差计算中解算结果的取值，又有两种情况。

（1）整数解　整周未知数具有整数的特性，但一般平差计算得到的整周未知数并非为整数，此时将其固定为整数，并作为已知数代入原观测方程重新进行平差计算，求得基线向量的最后值。

（2）实数解　该方法不考虑整周未知数的整数性质，通过平差计算求得的整周未知数不再进行凑整和重新解算。这种方法一般用于基线较长的相对定位中。

2. “动态”测量法

在上述经典相对定位法中，是在基线向量未知的情况下，通过静态相对定位解算整周未知数的。可是当观测站之间的基线向量已知时，便可以根据基线端点两接收机的同步观测结果，应用静态相对定位的双差模型直接求解相应的整周未知数，这时观测时间可大为缩短，一般只需几分钟。

具体做法是：将接收机设置在两个已知点上进行短时间观测，首先利用已知的基线向量确定初始整周未知数，随后留一台接收机在已知点上（称为基准接收机），其余一台（或若干台）接收机依次迁往各待定点（称为流动接收机）。迁站过程中需保持对卫星连续跟踪，迁站后与基准接收机进行同步观测。这时流动接收机在待定点上就不需要再确定整周未知数，只需要进行 1～2min 的观测便可精确确定流动站与基准站之间的相对位置，从而完成静态相对定位。

3. 交换天线法

首先需要在已知的基准站附近 5～10m 处任意选择一个天线交换点，形成一个短基线。将两台接收机的天线分别安置于该二点，对至少 4 颗相同的卫星进行同步观测，采集若干历元（2～8）的观测值。然后将两台接收天线从三角架上取下，在对卫星信号保持跟踪的情况下互换位置，继续同步观测若干历元。最后把天线恢复到原来位置，再同步观测若干

历元。

此后，基准接收机留在已知点上继续观测，流动接收机则可依次迁往待定点进行观测。由于整周未知数已经确定，所以在新的待定点定位时只需很短时间。

4. 快速确定整周未知数法

快速确定整周未知数法是根据初次平差所提供的信息，利用数理统计中参数估计和假设检验的方法，对信息空间的每一点进行比较判别，最终选择其可能性最大点确定最佳整周未知数。实验结果表明，当基线较短（<20km）时，根据1～2min的双频观测结果，便可精确地解算整周未知数，使相对定位的精度达到厘米级甚至更高。

本章小结

本章主要介绍了GPS定位测量的主要误差，其来源有三个方面：①与GPS卫星有关的误差；②与信号传播有关的误差；③与接收设备有关的误差。其中卫星星历误差、电离层折射误差、对流层折射误差是影响GPS定位精度的主要因素。

在上述误差中，偶然误差主要包括信号的多路径效应；系统误差主要包括卫星的星历误差、卫星钟差、接收机钟差以及大气的折射误差等。

星历误差是一种起始数据误差，在一个观测时间段内属系统误差，是精密相对定位中的重要误差来源之一。

广播星历是外推星历，它是卫星电文中所携带的主要信息。当前从卫星电文中解译出来的星历参数共17个，每小时更换一次。

实测星历是根据实测资料进行拟合处理而直接得出的星历。它需要在一些已知精确位置的点上跟踪卫星来计算观测瞬间的卫星真实位置，从而获得准确可靠的精密星历。

减弱星历误差影响的途径有三种：①建立自己的卫星跟踪网独立定轨；②相对定位；③轨道松弛法。

与卫星信号传播有关的误差主要包括电离层折射、对流层折射、多路径误差等各项误差影响。其中最大的系统误差是电离层折射误差的影响。

与接收设备有关的误差主要有接收机钟误差、天线相位中心位置误差、接收机的位置误差和几何图形强度误差等。

载波相位测量的整周跳变的解决和整周未知数的确定是目前研究的热点问题。

思考题与习题

1. 在GPS测量定位中，其主要误差源是什么误差？系统误差主要包括哪几种？
2. GPS卫星星历误差的实质是什么？
3. 广播星历与实测星历的优缺点是什么？
4. 星历误差对定位的影响有哪些？减弱星历误差影响的途径有几种？
5. 相对论效应是怎样产生的？如何解决？
6. 电离层折射及其影响有哪些？减弱电离层影响的有效措施有几种？
7. 对流层折射及其影响有哪些？减弱对流层影响的有效措施有几种？

8. 多路径效应是什么？怎样防止？

9. 减弱接收机钟差比较有效的方法是什么？

10. 接收机天线的相位中心与其几何中心的区别在哪里？

11. 图形强度因子 DOP 的定义是什么？中国采用哪种图形强度因子？为什么？

12. 整周跳变是哪种测量方法中必须解决的问题？如何解决？

13. 如何确定整周未知数？常用的方法有哪几种？

第六章

GPS卫星定位测量的设计与实施

学习目标

- 了解最佳 GPS 接收机应具备的条件，GPS 接收机类型的选择：单频、双频。了解美国天宝导航公司、美国阿士泰克公司、瑞士徕卡等公司生产的 GPS 接收机。
- 理解 GPS 网的联测设计中应注意的问题，野外选点埋石的选择与外业成果的记录，野外数据的检核、技术总结与上交资料。
- 掌握建立 GPS 网的技术依据和规范要求，GPS 测量的精度分级，作业基本技术规定，GPS 网的布网原则，卫星空间分布的几何图形强度设计。掌握 GPS 定位网的测设方案，最佳观测时段的选择及数据处理。

布设于中国大部分领域（约 9600000km^2）上的国家天文大地网，是一项规模巨大的工程。该工程从 1951 年开始野外工作，一直到 1971 年才基本结束，由于工程艰巨，必须全面规划、统筹安排、制定一些基本原则，用于指导建网工作。与常规测量类似，在 GPS 国家 A 级网的基础上建立的国家 B 级网（又称国家高精度 GPS 网），布测工作从 1991 年开始，经过 5 年努力完成外业工作，内业计算已基本完成。全网基本均匀布点，覆盖全国。GPS 测量也可划分为外业和内业两个阶段。

此外，区域性 GPS 大地控制网、GPS 精密工程控制网、GPS 变形监测、线路 GPS 控制网等已基本取代了常规大地控制网。

GPS 测量外业阶段包括外业准备、外业实施、外业结束三个过程，统称为 GPS 卫星定位网的布测。

外业准备主要是根据测量任务和测量规范制定技术设计书，进行踏勘、选点、埋石；外业实施即用 GPS 接收机野外采集数据；外业结束则是对观测数据和其他资料的计算、检验、整理和总结。本章将分节讨论与之有关的内容。

第一节 建立 GPS 控制网的技术依据

GPS 定位网设计及外业测量的主要技术依据是测量任务书和测量规范。测量任务书是测量施工单位上级主管部门下达的技术文件；而测量规范则是国家测绘管理部门制定的技术法规。中国国家测绘局 1992 年发布并实施了《全球定位系统（GPS）测量规范》，以下简称《规范》；并于 2001 年对该规范进行了修订，由国家质量技术监督局发布。此外，中华人民共和国建设部在 1997 年 10 月 1 日发布了行业标准《全球定位系统城市测量技术规程》，以下简称《规程》；本书将以《规范》和《规程》为依据，介绍 GPS 网的精度、密度、作业规格等有关问题。

一、GPS 测量的精度分级

对于 GPS 网的精度要求，主要取决于网的用途和定位技术所能达到的精度。精度指标通常是以相邻点间弦长的标准差来表示，即

$$\sigma=\sqrt{a^2+(bd)^2} \tag{6-1}$$

式中 σ——标准差，mm；

a——固定误差，mm；

b——比例误差系数，10^{-6}；

d——相邻点间的距离，mm。

GPS 卫星定位网虽然不存在常规控制网的那种逐级控制问题，但是由于不同的 GPS 网的应用和目的不同，其精度标准也不相同。根据传统的习惯做法，人们应将 GPS 卫星定位网划分成几个等级。

根据修订后的《规范》规定，GPS 测量按其精度划分为 AA、A、B、C、D、E 六级，如表 6-1 所列。其中 AA 级主要用于全球性的地球动力学研究、地壳形变测量和精密定轨；A 级主要用于区域性的地球动力学研究、地壳形变测量；B 级主要用于局部形变监测和各种精密工程测量；C 级主要用于国家大、中城市及工程测量的基本控制网；D、E 级多用于中小城市、城镇及测图、地籍、土地信息、房产、物探、勘测、建筑施工等控制网测量。

表 6-1 《规范》规定的 GPS 测量精度分级（一）

级　别	平均距离/km	固定误差 a/mm	比例误差系数/10^{-6}
AA	1000	≤3	≤0.01
A	300	≤5	≤0.1
B	70	≤8	≤1
C	10～15	≤10	≤5
D	5～10	≤10	≤10
E	0.2～5	≤10	≤20

为了进行城市和工程测量，《规程》规定其GPS网按相邻点的平均距离和精度划分为二、三、四等和一级、二级，如表6-2所列。并规定在布网时可以逐级布设、越级布设或布设同级全面网。

表6-2 《规程》规定的GPS测量精度分级（二）

等　级	平均距离/km	a/mm	$b/10^{-6}$	最弱边相对中误差
二等	9	≤10	≤2	1/12万
三等	5	≤10	≤5	1/8万
四等	2	≤10	≤10	1/4.5万
一级	1	≤10	≤10	1/2万
二级	<1	≤15	≤20	1/1万

注：当边长小于200m时，边长中误差应小于20mm。

在实际工作中，精度标准的确定还要根据用户的实际需要及人力、物力、财力等情况合理设计。由于以载波相位观测量为依据的静态相对定位，可以提供很高的定位精度，这种精度对于大多数普通工程定位来说并非必要。所以，应根据不同的任务要求，合理地安排精度标准，这对于提高人力和物力的利用率，加快工程进度是十分必要的。

二、GPS点的密度

各种不同的任务要求和服务对象，对GPS网点的分布有着不同的要求。例如，国家特级（AA级）基准点主要用于提供国家级基准，有助于定轨、精密星历计算和大范围大地变形监测，希望能以几百公里的平均距离而布满全国。而一般工程测量所需要的网点则应满足测图加密和工程测量的需用，平均边长需要缩短到几公里以内。考虑到这些情况，《规范》和《规程》对GPS网中两相邻点间距离视其需要作出了规定：相邻点间最小距离应为平均距离的1/2～1/3；最大距离应为平均距离的2～3倍。《规程》还规定，特殊情况下，个别点的间距还允许超出表中规定。由此可以看出，对于城市和工程测量而言，《规程》比《规范》有较大的灵活性。

三、测量作业基本技术规定

GPS测量的仪器和方法与常规测量的仪器和方法显著不同，所以反映其技术规格的主要指标亦不相同。为了了解外业观测和内业计算，先介绍有关的术语，然后再介绍有关技术指标的概念。

1. 术语

（1）观测时段（observation session）　测站上开始接收卫星信号到停止接收，连续观测的时间间隔称为观测时段，简称时段。

（2）同步观测（simultaneous observation）　两台或两台以上接收机同时对同一组卫星所进行的观测。

（3）同步观测环（simultaneous observation loop）　三台或三台以上接收机同步观测所获得的基线向量构成的闭合环。

（4）独立观测环（independent observation loop）　由非同步观测获得的基线向量构成的闭合环。

(5) 数据剔除率（percentage of data rejection） 同一时段中，删除的观测值个数与获取的观测值总数的比值。

(6) 天线高（antenna height） 观测时接收机天线相位中心至测站中心标志面的高度。

(7) 国际地球参考框架ITRF Y Y（International Terrestrial Reference Frame） 由国际地球自转服务局推荐的以国际参考子午面和国际参考极为定向基准，以ITRF Y Y天文常数为基础所定义的一种地球参考系和地心（地球）坐标系。

(8) 参考站（reference station） 在一定的观测时间内，一台或几台接收机分别固定在一个或几个测站上，一直保持跟踪观测卫星，其余接收机在这些测站的一定范围内流动设站作业，这些固定站就称为参考站。

(9) 流动站（roving station） 在参考站的一定范围内流动作业的接收机所设立的测站。

2.《规范》和《规程》规定的技术指标

由于卫星的轨道运动和地球的自转，卫星相对于测站的几何图形在不断变化。一些卫星从地平线升起至一定高度，可以投入观测作业，另一些卫星观测高度角越来越小，无法继续观测。考虑到作业中尽可能选取图形强度较好的卫星进行观测，因而在一个观测时段要几次更换跟踪的卫星。一般将时段中任一卫星有效观测时间符合要求的卫星，称为有效观测卫星。测量等级越高，有效观测卫星总数需要越多，时段中任一卫星有效观测时间需要越长，观测时段应该越多，时段长度也应越长。

在地球上的任何地点和时间，用一台GPS信号接收机，均能够以±120m左右的精度测定它的所在位置。但是如果用基线两端的两台接收机同时观测4颗以上的共视卫星，两者所

表 6-3 《规范》规定的各级GPS测量基本技术要求规定

项目 \ 级别			AA	A	B	C	D	E
卫星截止高度角/(°)			10	10	15	15	15	15
同时观测有效卫星数			≥4	≥4	≥4	≥4	≥4	≥4
观测有效卫星总数			≥20	≥20	≥9	≥6	≥4	≥4
观测时段数			≥10	≥6	≥4	≥2	≥1.6	≥1.6
时段长度/min	静态		≥720	≥540	≥240	≥60	≥45	≥40
	快速静态	双频+P(Y)码	—	—	—	≥10	≥5	≥2
		双频全波	—	—	—	≥15	≥10	≥10
		单频或双频半波	—	—	—	≥30	≥20	≥15
采样间隔/s	静态		30	30	30	10～30	10～30	10～30
	快速静态		—	—	—	5～15	5～15	5～15
时段中任一卫星有效观测时间/min	静态		≥15	≥15	≥15	≥15	≥15	≥15
	快速静态	双频+P(Y)码	—	—	—	≥1	≥1	≥1
		双频全波	—	—	—	≥3	≥3	≥3
		单频或双频半波	—	—	—	≥5	≥5	≥5

注：1. 在时段中观测时间符合表6-3中第七项规定的卫星，为有效观测卫星。

2. 计算有效观测卫星总数时，应将各时段的有效观测卫星数扣除其间的重复卫星数。

3. 观测时段长度，应为开始记录数据到结束记录的时间段。

4. 观测时段数≥1.6，指每站观测一时段，至少60%测站再观测一时段。

采集的 GPS 定位数据又经过求差处理，此时相对定位精度可以达到毫米级。试验表明，在静态相对定位环境下进行载波相位测量，对于 3000km 以内的站间距离 D，可以达到 $(5\text{mm}+10^{-8}D)$ 的精度，三维位置精度能够达到 $\pm 3\text{cm}$。因此，以载波相位观测量为根据的静态相对定位，是建立 GPS 控制网的基本方式。《规范》中的各项规定，就是针对这一基本方式做出的。

各级 GPS 测量作业的基本技术规定列于表 6-3 和表 6-4。

表 6-4 《规程》规定的 GPS 测量各等级的作业的基本技术要求

<table>
<tr><th rowspan="2">项　目</th><th rowspan="2">观测方法</th><th colspan="5">等　级</th></tr>
<tr><th>二等</th><th>三等</th><th>四等</th><th>一级</th><th>二级</th></tr>
<tr><td rowspan="2">卫星截止高度角/(°)</td><td>静态</td><td rowspan="2">≥15</td><td rowspan="2">≥15</td><td rowspan="2">≥15</td><td rowspan="2">≥15</td><td rowspan="2">≥15</td></tr>
<tr><td>快速静态</td></tr>
<tr><td rowspan="2">有效观测卫星数</td><td>静态</td><td>≥4</td><td>≥4</td><td>≥4</td><td>≥4</td><td>≥4</td></tr>
<tr><td>快速静态</td><td>—</td><td>≥5</td><td>≥5</td><td>≥5</td><td>≥5</td></tr>
<tr><td rowspan="2">平均重复设站数</td><td>静态</td><td>≥2</td><td>≥2</td><td>≥1.6</td><td>≥1.6</td><td>≥1.6</td></tr>
<tr><td>快速静态</td><td>—</td><td>≥2</td><td>≥1.6</td><td>≥1.6</td><td>≥1.6</td></tr>
<tr><td rowspan="2">时段长度/min</td><td>静态</td><td>≥90</td><td>≥60</td><td>≥45</td><td>≥45</td><td>≥45</td></tr>
<tr><td>快速静态</td><td>—</td><td>≥20</td><td>≥15</td><td>≥15</td><td>≥15</td></tr>
<tr><td rowspan="2">数据采样间隔/s</td><td>静态</td><td rowspan="2">10～60</td><td rowspan="2">10～60</td><td rowspan="2">10～60</td><td rowspan="2">10～60</td><td rowspan="2">10～60</td></tr>
<tr><td>快速静态</td></tr>
<tr><td>PDOP</td><td>静态、快速静态</td><td><6</td><td><6</td><td><6</td><td><6</td><td><6</td></tr>
</table>

第二节　GPS 定位网的布设

由于 GPS 控制网的布设不需要造标，所以仅有技术设计、踏勘选点、埋设标石三个工作环节。其中技术设计是 GPS 测量中外业准备阶段的重要内容，它是优质低耗完成 GPS 作业的依据和条件。

一、技术设计中应考虑的因素

技术设计主要是根据上级主管部门下达的测量任务书和 GPS 测量规范或规程来进行的。它的总的原则是，在满足用户要求的情况下，尽可能减少物资、人力和时间的消耗。在工作过程中，要考虑下面一些因素。

(1) 测站因素　同测站布设有关的技术因素有：网点的密度；网的图形结构；时段分配、重复设站和重合点的布置等。

(2) 卫星因素　同观测对象卫星有关的一些因素有：卫星高度角与观测卫星的数目；图形强度因子；卫星信号质量。大部分接收机具有解码并记录来自卫星的广播星历表的能力。

(3) 仪器因素　同仪器有关的一些因素有：接收机，用于相对定位至少应有两台；天线质量；记录设备。

(4) 后勤因素　后勤保障方面的因素有：使用的接收机台数、来源和使用时间；各观测时段的机组调度；交通工具和通信设备的配置等。

二、GPS网的布网原则

为了用户的利益，GPS网图形设计时应遵循以下原则。

① GPS网应根据测区实际需要和交通状况，作业时的卫星状况，预期达到的精度，成果的可靠性以及工作效率，按照优化设计原则进行。

② GPS网一般应通过独立观测边构成闭合图形，例如一个或若干个独立观测环，或者附合路线形式，以增加检核条件，提高网的可靠性。

③ GPS网的点与点之间不要求通视，但应考虑常规测量方法加密时的应用，每点应有一个以上通视方向。

④ 在可能条件下，新布设的GPS网应与附近已有的GPS网点进行联测；新布设的GPS网点应尽量与地面原有控制网点相连接，连接处的重合点数不应少于三个，且分布均匀，以便可靠地确定GPS网与原有网之间的转换参数。

⑤ GPS网点，应利用已有水准点联测高程。C级网每隔3～6点联测一个高程点，D和E级网视具体情况确定联测点数。A和B级网的高程联测分别采用三、四等水准测量的方法；C～E级网可采用等外水准或与其精度相当的方法进行。

三、GPS网的联测设计

GPS卫星定位所测得的点位坐标，属于WGS—84世界大地测量坐标系。为了将它们转换成国家或地方坐标系，在设计GPS定位网时，一定要考虑联测一定数量的常规控制点和基准点。

1. 联测点（公共点）的精度要求

联测点作为GPS成果转化到常规地面坐标系的基准点，在GPS测量数据处理中具有重要的意义。联测点的地面实用坐标是将GPS定位结果的WGS—84坐标系转换至地面坐标系时的起算数据，所以要求联测点的地面坐标具有较高的精度。

为此，联测点应是下列几种点之一。

① 测区内现有的最高等级的常规地面控制点；

② 地方坐标系中控制网定位、定向的起算点；

③ 连接国家坐标系和地方坐标系的连接点；

④ 水准点。

2. 联测点的密度和分布

GPS网与地面网的联测点最少应有两个。其中一个作为GPS在地面网坐标系内的定位起算点，两个点间的方位和距离作为GPS网在地面坐标系内定向、长度的起算数据。

显然，为了更好地解决GPS网与地面网两者成果的转换问题，应有更多的联测点。分析研究和作业实践表明，一个GPS网应联测3～5个精度较高、分布合理的地面点作为GPS网的一部分。当测区较大时，还应适当增加联测点。

3. GPS网中水准点的选择和分布

GPS网一般是求得测站点的三维坐标，其中高程为大地高，而实际应用的高程系统为正常高系统。为此，通常是在GPS网中施测或重合少量的几何水准点，用数值拟合法拟合出测区的似大地水准面，继而内插出其他GPS点的高程异常，再求出其正常高。

根据研究，在平原地区布测的GPS网中，只要用三等实测或重合全网1/5 GPS点的几何水准，用数值拟合法求定 GPS 点的正常高，即可代替四等水准测量。所实测的水准点，大部分应布设在网的周围点上，少量放在网的中间，以求获得最佳效果。

四、卫星空间分布的几何图形强度设计

GPS 定位精度同卫星与测站构成的图形强度有关，与能同步跟踪的卫星数和接收机使用的通道数有关。若接收机有观测到 5 颗卫星以上的能力，就应该把所有可能观测到的卫星都进行跟踪观测；若只有观测到 4 颗卫星的能力，应在所有可见星中选取 PDOP 值最小的那一组卫星进行观测，这是根据伪距定位时求解公式推算出的选星原则。

《规范》对图形强度因子 PDOP 值没有要求；《规程》对点的空间位置图形强度因子 PDOP 值要求不应超过表 6-5 所列值。

表 6-5　图形强度因子（PDOP）规定值

级　别	二等	三等	四等	一级	二级
PDOP	＜6	＜6	＜6	＜6	＜6

五、野外选点

由于 GPS 测量中不要求测站之间相互通视，网的图形结构也比较灵活，所以选点的野外工作比较简便。但是，点位的正确选择对观测工作的顺利进行和测量结果的可靠性具有重要意义。所以，在选点工作开始之前，必须搜集测区的有关资料，例如已有的小比例尺地形图（1∶10000～1∶100000）、行政区划图和已有的测绘成果资料。要充分了解和研究测区情况，特别是交通、通信、供电、气象及原有控制点等情况。

1. GPS 选点的要求

① 点位应选设在易于安置接收设备和便于操作的地方，视野应开阔。被测卫星的地平高度角一般应大于 10°～15°，以减弱对流层折射的影响。

② 点位应远离大功率无线电发射源（如电视台、微波站等，其距离不得小于 200m；并应远离高压输电线，其距离不得小于 50m），以避免周围磁场对 GPS 卫星信号的干扰。

③ 点位附近不应有强烈干扰接收卫星信号的物体，并尽量避免大面积水域，以减弱多路径误差的影响。

④ 点位应选在交通方便的地方，有利于用其他测量手段联测或扩展。

⑤ 地面基础稳定，利于点位保存。

⑥ 应充分利用符合要求的旧有控制点。

2. 选点作业

选点人员在实地选定的点位上，打一木桩或以其他方式加以标定，同时树立测旗，以便埋石及观测人员能迅速找到点位，开展后续工作。选点人员还应按技术设计的要求，最后确认该点是否进行水准联测，并应实地踏勘水准路线，提出有关建议。

GPS 点名可取村名、山名、地名、单位名，应向当地政府部门或群众进行调查后确定。当利用符合要求的旧有控制点时，点名不宜更改。

不论是新选定的点或利用原有点位，均应按《规范》或《规程》中规定的格式在实地绘制 GPS 点点之记，如表 6-6 所示。点位周围有高于 10°的障碍物时，应用平板仪和罗盘仪绘制点的环视图。测区选点完成后，还应绘制 GPS 网选点图，如图 6-1 所示。

表 6-6　GPS 点点之记

日期:20　年　月　日　　　记录者:　　　　绘图者:　　　　校对者:

点名及种类	GPS 点	名		土质		
		号				
	相邻点(名、号、里程、通视否)			标石说明(单层、双层、类型)旧点		
				旧点名		
所在地						
交通路线						
所在图幅号				概略位置	X	Y
					L	B
(略图)						
备　注						

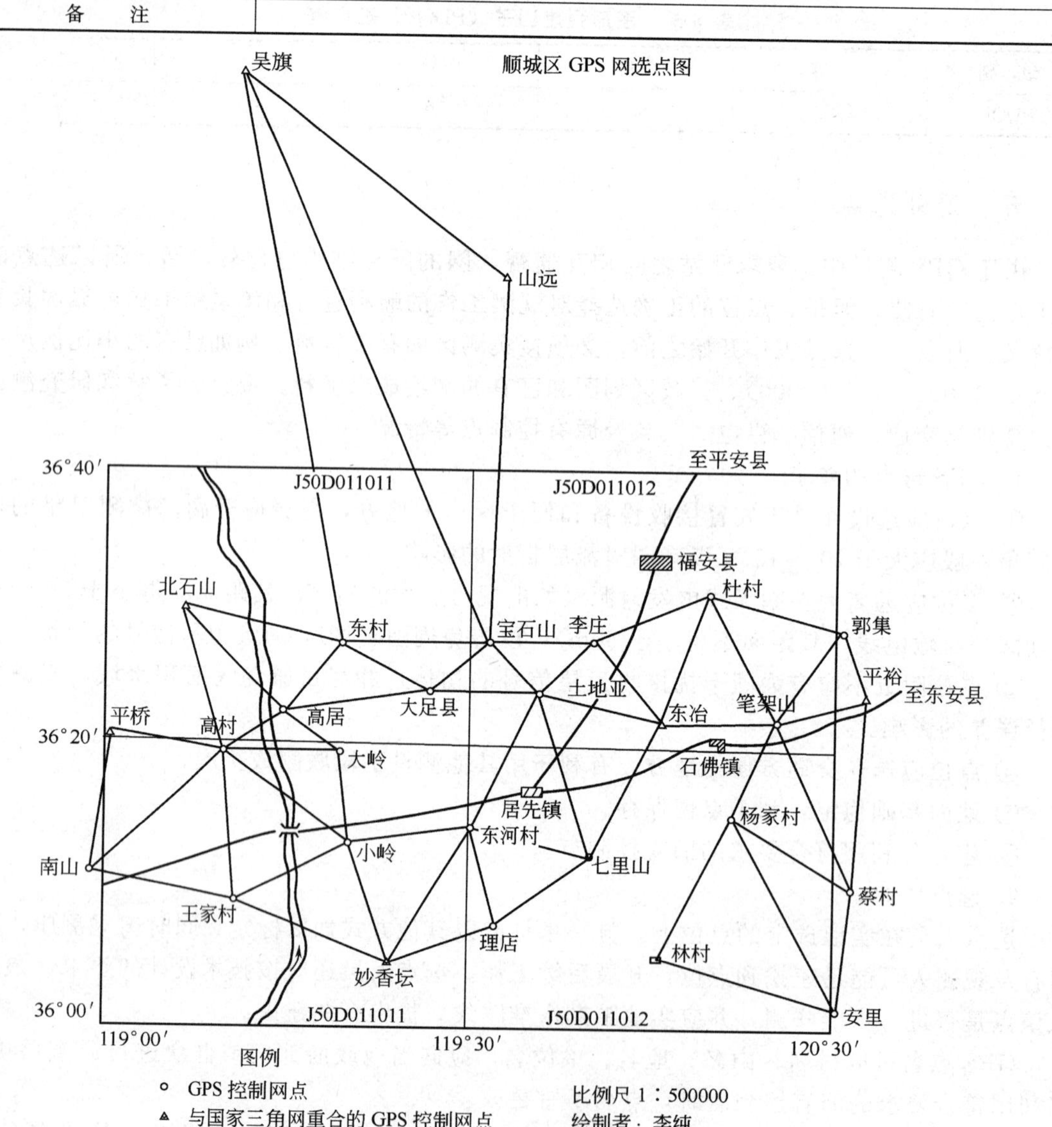

图 6-1　GPS 网选点

最后，要对选点工作写出总结，包括详细的交通情况，车的种类、车次以及通信、供电、充电情况等。

六、标石埋设

中心标石是地面GPS点的永久性标志，为了长期使用GPS测量成果，点的标石必须稳定、坚固，以利长期保存和利用。目前，GPS点的标石类型及其适用级别如表6-7所列。其中普通标石的结构，如图6-2所示。

表 6-7 标石类型及其适用级别

标石类型	适用级别	标石类型	适用级别
a. 基岩天线墩	AA、A	f. 普通基本标石	B～E
b. 岩层天线墩	AA、A	g. 冻土基本标石	B
c. 基岩标石	B	h. 固定沙丘基本标石	B
d. 岩层普通标石	B～E	i. 普通标石	B～E
e. 土层天线墩	AA、A	j. 建筑物上的标石	B～E

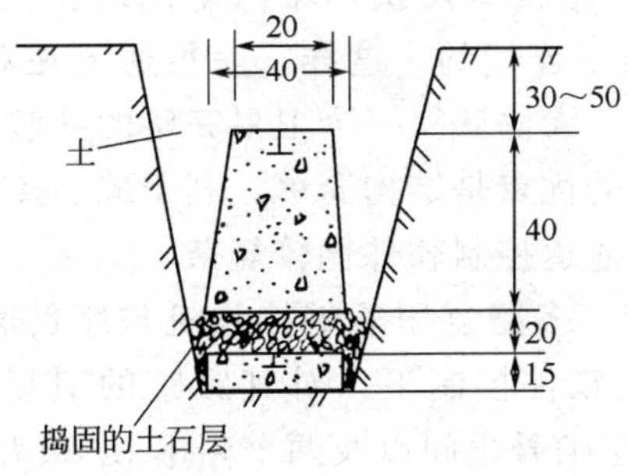

图 6-2 标石结构

各等级GPS点的标石用混凝土灌制。一般普通标石分上标石和下标石两层，其上均设有金属的中心标志。

埋设标石时，须使各层标志中心在同一铅垂线上，其偏差不得大于2mm。新埋标石时，应依法办理征地手续和测量标志委托保管书。

第三节 GPS接收机的选择

利用GPS定位技术布测测量控制网，必然面临GPS接收机的选择问题。接收机的最佳选择应该综合考虑一系列因素，例如结构性能、可靠程度、操作难易、供应渠道等。

一、接收机的类型选择

1. 单、双频接收机的选择

(1) 单频接收机　单频接收机只能接收经调制的 L_1 信号。它虽然可以利用导航电文提供的参数，对观测量进行电离层影响的改正，但由于改正模型的不完善，误差较大，所以单频接收机主要用于基线较短（例如<10km）的精密定位工作。

但是，单频接收机的优点是工艺成熟，所用的电子元件较少，对微处理器的要求较低，不需要昂贵的互相关器，不受P码保密的限制，产量大，价格比双频接收机便宜得多。

目前，单频接收机已经历经三代，其中第三代的窄距相关接收机，使C/A码达到了P码精度，加之第三代的先进软件，即使基线在30～300km范围内，精度也能达到7cm+2×$10^{-6}D$。所以，在中国工矿地区，测区范围有限，从单位的实情出发，为完成一般控制测量和工程测量任务，采用第三代单频接收机的硬、软件是可取的。

（2）双频接收机　双频接收机可以同时接收L_1和L_2信号，利用双频技术可以消除或减弱电离层折射对观测量的影响，所以定位精度较高，基线长度不受限制。其次，解算整周未知数的时间较短，约为单频机的一半，所以作业效率较高。

2. 信号通道类型的选择

接收机的通道类型有三种：多通道接收机、序贯通道接收机、多路复用通道接收机。

（1）多通道接收机　多通道接收机具有多个卫星信号通道，一个通道仅连续跟踪一个卫星信号，所以也称为连续跟踪型接收机。它可以将来自不同卫星的信号，分离开来进行处理，实现对各卫星信号的跟踪、处理和测量。由于实现了对不同卫星信号的隔离，所以其观测比较可靠，并且具有良好的信噪比，能够接收较弱的信号，但可能产生通道间的干扰。

（2）序贯通道接收机　序贯通道接收机通常只有1～2个通道。为了跟踪多个卫星信号，在其软件控制下，按时序依次轮换（切换）跟踪不同的卫星，一次跟踪和量测时间大于20ms，所以它对卫星的跟踪是不连续的。这样，序贯通道在对一个卫星信号测量时，必将丢失其他一些卫星信号的信息，无法获得一个卫星完整的导航电文，这就需要另备额外通道来获取卫星电文。这种接收机的优点是结构简单，利于减小接收机的体积和质量；其缺点是难以保持载波信号的跟踪，其通道控制软件比较复杂。

（3）多路复用通道接收机　多路复用通道接收机与序贯通道接收机相似，一般也只有1～2个通道。但是，它在相应软件控制下，对其跟踪的卫星信号量测一个循环时间较短（≤20ms），实现了在不同的卫星信号之间以及两个频率L_1和L_2信号之间的高速转换，而且转换的速率同导航电文的比特率（20ms）同步。所以这种通道不仅能获得所跟踪卫星的完整导航电文，还可以连续地跟踪载波信号，对载波相位进行连续测量。多路复用通道接收机的主要缺点是信噪比较低，通道的控制软件比较复杂。

3. 码相关型和码相位型的选择

根据接收机信号通道的工作原理，接收机可以分为码相关型接收机、平方型接收机和混合型接收机。

（1）码相关型接收机　码相关型接收机的特点是采用了码相关技术。所以它能够产生与卫星发射的测距码结构完全相同的复制码，在相关器中对接收到的卫星测距码和接收机产生的复制码进行相关分析，当两码达到最大相关时，便可测定出两信号间的时间延迟。码相关型接收机可利用C/A码，也可利用P码，其要求是必须掌握测距码的结构，所以又称其为有码接收机。

码相关型接收机的优点是，既可进行伪距测量，又可进行载波相位测量，并能获得导航电文。它的主要缺点是要求用户必须掌握测距码的结构，由于美国政府对P码的保密政策，所以一般用户无法采用码相关技术获得L_2载波的相位观测值。

（2）平方型接收机　平方型接收机是利用载波信号的平方技术，将接收的卫星信号进行自乘，去掉载波上的调制码，得到一个载波的二次谐波，以便进行载波相位测量。这种接收机只利用卫星信号，无需解码，所以不必掌握测距码的结构，故也称为无码接收机。

平方型接收机的主要优点是无需掌握测距码（C/A码、P码）的结构便能获得L_1、L_2

载波信号，这就可以通过双频技术，减弱电离层折射的影响，提高定位的精度。它的缺点是卫星信号经平方后，完全消掉了其中的测距码和数据码，无法获得卫星的导航电文和时间信息，必须通过其他方法获取卫星星历和时间信息。

(3) 混合型接收机　所谓混合型接收机，是综合利用相关技术和平方技术的优点，可以同时获得码相位和载波相位观测量，可以提供多种导航和定位信息，如导航电文和时间信息等。目前，在测量工作中广泛使用的多属这种类型的接收机。

二、最佳 GPS 接收机具备的条件

① 可靠性高，接收机本身产生的周跳、半周跳和 1/4 周跳极少；

② 耐用性强，平均无故障工作时间＞5000h；

③ 精度高，单频机达到 $5mm+2\times10^{-6}D$，双频机达到 $5mm+1\times10^{-6}D$；

④ 卫星跟踪性能良好，不易失真；

⑤ 多功能，既能用于静态、快速静态和动态测量，又能担任 DGPS 和 GIS 任务；

⑥ 具有 12～24 通道，在海、陆、空应用时，都能跟踪全部可见卫星；

⑦ 具有较低的 C/A 码测距噪声（≤10cm）和载波相位噪声（＜1mm）；

⑧ 具有削弱多路径误差的功能；

⑨ 较高的原始数据率（最好是 20 次/s），以便在高动态条件下应用；

⑩ 具有较大的存储器（10～100Mb），以便用于动态测量；

⑪ 体积小（$<2000cm^3$），质量轻（＜2kg），功耗低（＜1～3W）；

⑫ 工作温度在－40～＋65℃之间，以便在炎热和酷寒地区均能工作。

三、GPS 接收机简介

(一) Trimble 4800 型 GPS 全站仪

1. 概况

美国天宝（Trimble）导航有限公司，是 1978 年成立的专门从事生产和销售 GPS 接收机的股份公司。该公司迄今已生产有测地型、导航型和授时型三大类 20 多种型号的 GPS 接收机。

测地型接收机均称为 4000 系列，其型号经历了 A/AX、S/SX、SL/SD、ST/SST、SE/SSE、4600、4700、4800 的发展过程。2000 年以来，5000 系列的 5700、5800 接收机也已相继问世，更新的 R8、R7 也已推向市场。中国前些年多引进的主要是 ST/SST 型，其中单频机（4600）标称精度为 $5mm+1\times10^{-6}D$，双频机（4800）标称精度为 $5mm+1\times10^{-6}D$。该公司 1998 年下半年推出的 4800 型为该接收机系列的第九代新产品。

2. 硬件部分

Trimble 4800 是把 GPS 接收机、GPS 天线、RTK 电台及电台天线缩小在单一的轻型机壳中的新型双频 GPS 接收机。

3. 使用

作为 GPS 全站仪的移动站，4800 可安装在特制的“Power LiTE” GPS 测距杆上，它能把可卸式锂电池装在测距杆的底部，并为系统提供电源。这套包括天宝手簿 TSC1 在内的 RTK 定位系统，质量只有 3.9kg。在主机和测杆之间不需要电缆连接，在身后也不需要背带和背包。

4800 使用非常简单。单键操作、三种状态显示使得初学者也非常容易使用。4800 不仅

可以配置成 GPS 全站仪，也可以配置成后处理应用的测量系统。该设备很容易安装在测距杆上进行工程放样和地形测量，也可以安装在三脚架上进行控制测量。手簿上的可卸式 PC-MCIA 卡能有效地扩展内存。

对 RTK 测量用户，可以发挥内置 UHF（450MHz）电台和电台天线的优势。

使用 UHF 波段，把功能强大的基准站扩展其相应的工作距离，连接的 UHF/VHF 或者扩频电台也可以和 4800 同时使用。

4800 的特点在于它采用了天宝公司最新的双频技术，其中包括已申请专利的微型对中天线，它可以进一步提高定位精度。此外，还包括快速而可靠的 RTK 初始化技术、很短的定位时间延迟、每秒 5 次的快速位置数据更新以及可靠的卫星“超跟踪技术”，它适用于 GPS 应用有许多困难的地区。

4800 如果配置成全站仪使用，测量员还能进一步提高它的生产效率，并且从 Trimble 手簿 TSC1 和 Trimble 后处理软件 GPSurvey 和 Trimble Survey Office 软件包中获益匪浅。

（二）苏州一光 SGS220 型双频 GPS 接收机

1. 概况

苏州一光仪器有限公司（原名苏州第一光学仪器厂）是国内最早专门从事测量仪器生产的厂家之一，也是国内光学行业中首家通过国际（挪威船级社）ISO9001 质量管理体系认证的厂家。

苏州一光 GPS 产品包括静态测量系统、动态 RTD 测量系统、双频 RTK 定时测量系统、利普软件、GPS 后处理软件以及水上测量软件等。

2. 产品概述

如图 6-3、图 6-4 所示，SGS220 型双频 RTK 测量系统采用进口 GPS 主板和核心部件，配以武汉大学 GPS 工程中心开发的适合中国国情的 GPS 后处理软件，成为目前市场上性价比最高的双频 RTK 接收机。可用于地形地籍测量、控制测量、管线测量、勘界测量、工程放样与建筑应用等。

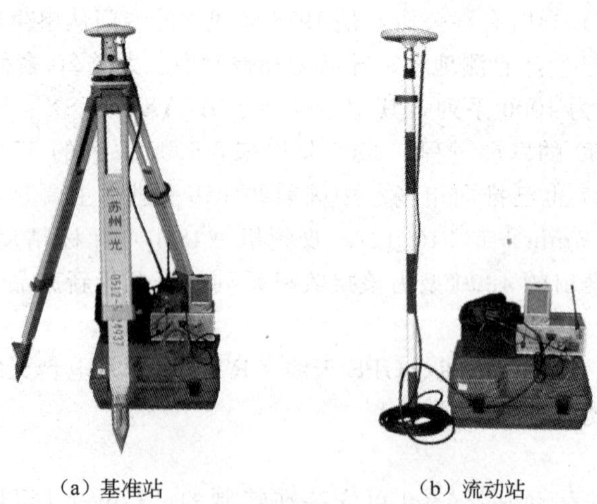

(a) 基准站　　(b) 流动站

图 6-3　基准站和流动站

3. 技术特征

① 并行 40 通道，C/A 码、P 码，L_1、L_2 载波相位。

② 具有动态初始化 OTF 功能，时间小于 1min。

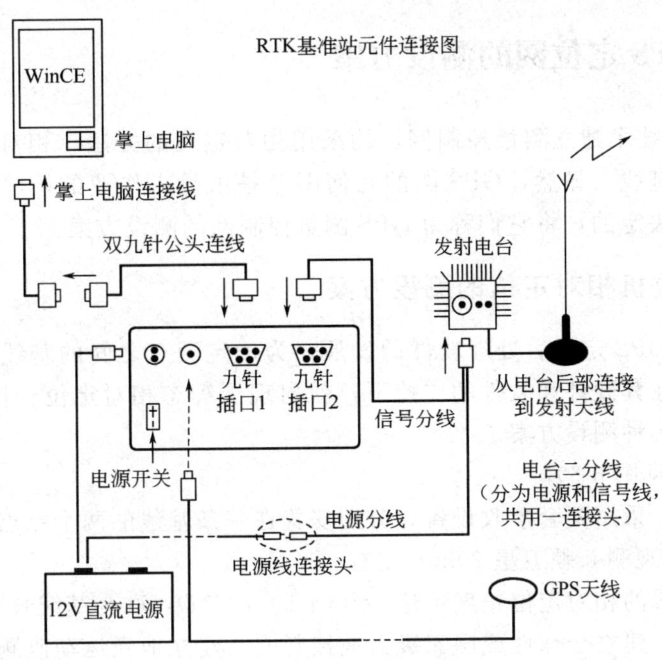

图 6-4 RTK 基准站连接

③ 定位精度：静态为 $5mm+1\times10^{-6}$；RTD 为 1m；RTK 为 $2cm+2\times10^{-6}$。

④ 工作温度：$-20\sim+50$℃。

（三）Rogue-800 型 GPS 接收机

美国加州理工学院喷气推进实验室在航空航天局的支持下，经过多年努力，于 1992 年推出了改进型 Turbo Rogue-8000 型 GPS 接收机。试验结果表明，其陆地定位精度为 $3mm+0.1\times10^{-6}D$，海上定位精度为厘米级，飞机动态定位精度为 10cm。

该接收机能同时跟踪 8 颗卫星。可由 L_1 C/A 码、L_1 P 码和 L_2 P 码信号进行伪距测量和载波相位测量。接收机的硬件和软件采用了独特的信号处理技术，对采集的双频 C/A 码和 P 码数据进行人工差分组合，使之从现有的 L_1（19cm）和 L_2（24cm）产生更大的波长（86cm）和带观测噪声的 P 码（±60cm）。此时，借助下式求出宽波的整周未知数。

$$N_{LW}=\Phi_{L1}-\Phi_{L2}-(\Delta t_{L1}f_1+\Delta t_{L2}f_2)\frac{f_1-f_2}{f_1+f_2}$$

式中 Φ_{L1}，Φ_{L2}——分别为 L_1 和 L_2 的载波相位；

Δt_{L1}，Δt_{L2}——分别为 L_1 和 L_2 的传播时间；

f_1，f_2——载波频率。

由于准确、快速地解算整周未知数，使 GPS 测量的速度和精度大为提高。

接收机天线采用双频交叉偶极型，天线上装有独特的扼流圈天线，可极大地消除多路径效应。

该接收机系统提供的三种软件可处理大规模 GPS 网，通过卡尔曼滤波进行轨道精化。由于采用的数学模型顾及了高阶项，使测量结果的精度进一步提高。

以上简单介绍了几种有代表性的 GPS 接收机。随着 GPS 定位技术的不断发展和日趋完善，GPS 接收机的研究和生产必将不断创新，可以预言，结构精巧、功能齐全、高度自动的新型 GPS 接收机将会不断问世，推动经典大地测量工作的全面变革。

第四节　GPS定位网的测设方案

应用GPS定位技术建立测量控制网，均采用相对定位的方法。相对定位的两点间构成独立观测边，也称基线。显然，GPS网的几何图形是由投入作业的接收机台数、观测路线和基线连接形式所决定的，将它们称为GPS测量控制网的测设方案。

一、两台接收机相对定位的测设方案

近年来，随着GPS定位后处理软件的发展，为确定两点之间的基线向量，已有多种测设方案可供选择。在其硬件和软件的支持下，就出现了静态相对定位、快速静态相对定位、准动态相对定位等多种测设方案。

1. 静态定位（见图6-5）

（1）作业方法　采用两套接收设备，分别安置在一条基线的两个端点，同步观测4颗卫星1h左右，或同步观测5颗卫星20min左右。

（2）精度　基线的相对定位精度可达 $5\text{mm}+1\times10^{-6}D$，$D$ 为基线长度（km）。

（3）适用范围　建立全球性或国家级大地控制网、建立地壳运动监测网、建立长距离检校基线、进行岛屿与大陆联测、钻井定位。

（4）注意事项　所有观测过的基线应组成一系列封闭图形（见图6-5），以利于外业检核，提高成果可靠度。并且可以通过平差，有助于进一步提高定位精度。

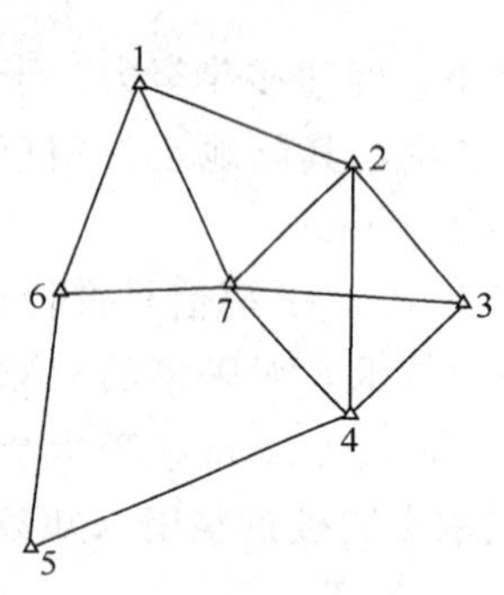

图6-5　静态定位

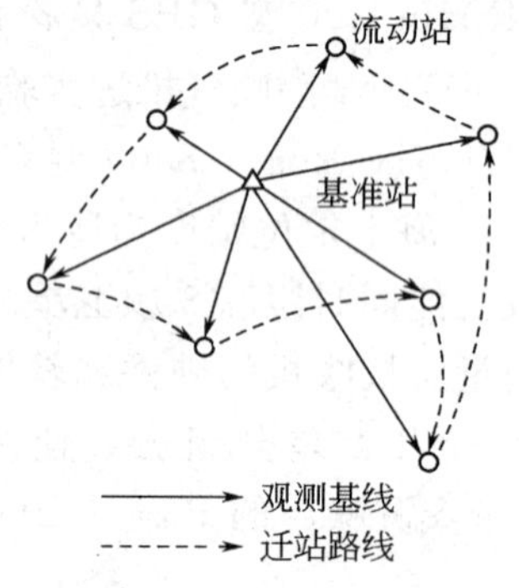

图6-6　快速静态定位

2. 快速静态定位（见图6-6）

（1）作业方法　在测区中部选择一个基准站，并安置一套接收设备连续跟踪所有可见卫星；另一台接收机依次到各点流动设站，每点观测1～2min。

（2）精度　流动站相对于基准站的长度中误差为 $5\text{mm}+1\times10^{-6}D$。

（3）应用范围　控制网的建立及其加密、工程测量、地籍测量、大批相距百米左右的点位定位。

（4）注意事项　在观测时段内应确保有5颗以上卫星可供观测；流动点与基准点相距应不超过20km；流动站上的接收机在转移时，不必保持对所测卫星连续跟踪，可关闭电源以降低能耗。

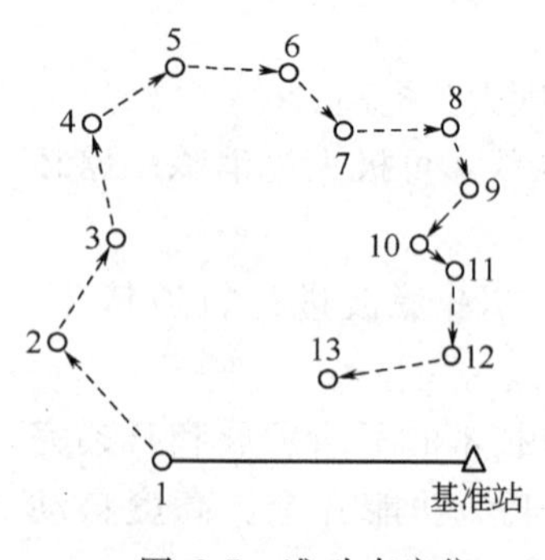

图6-7　准动态定位

3. 准动态定位（见图6-7）

(1) 作业方法　在测区选择一个基准站，安置接收机连续跟踪所有可见卫星；将另一台接收机先置于1号站（见图6-7）观测1～2min；在保持对所测卫星连续跟踪而不失锁的情况下，将流动接收机分别在2、3、4…各点观测数秒钟。

(2) 精度　基线的中误差约为1～2cm。

(3) 应用范围　开阔地区的加密控制测量、工程定位及碎部测量、剖面测量及路线测量等。

(4) 注意事项　应确保在观测时段上有5颗以上卫星可供观测；流动点与基准点距离不超过20km；观测过程中流动接收机不能失锁，否则应在失锁的流动点上延长观测时间1～2min。

4. 往返式重复设站（见图6-8）

(1) 作业方法　建立一个基准点安置接收机连续跟踪所有可见卫星；流动接收机依次到每点观测1～2min；1h后逆序返测各流动点1～2min。

(2) 精度　相对于基准点的基线中误差为$5mm+1\times10^{-6}D$。

(3) 应用范围　控制测量及控制网加密、取代导线测量及三角测量、工程测量及地籍测量等。

(4) 注意事项　流动点与基准点相距不超过20km；基准点上空开阔，能正常跟踪3颗及以上的卫星。

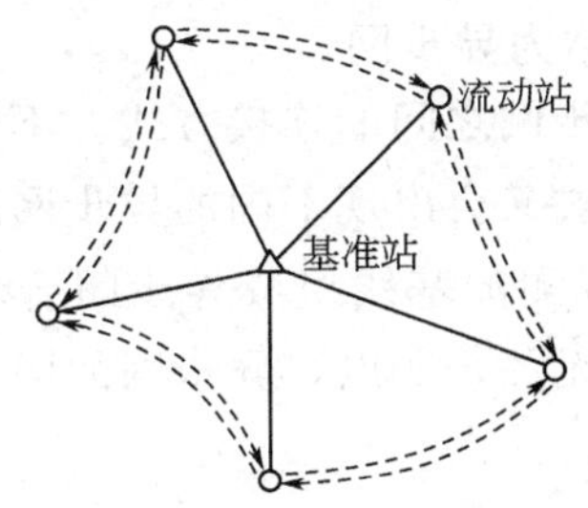

图6-8　往返式重复设站

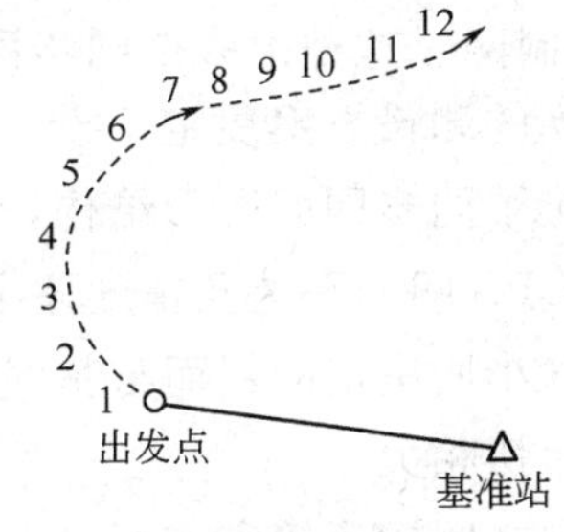

图6-9　动态定位

5. 动态定位（见图6-9）

(1) 作业方法　建立一个基准点安置接收机连续跟踪所有可见卫星；流动接收机先在出发点上静态观测1～2min；然后流动接收机从出发点开始连续运动；按指定的时间间隔自动测定运动载体的实时位置。

(2) 精度　相对于基准点的瞬时点位精度可达1～2cm。

(3) 应用范围　精密测定运动目标的轨迹、测定道路的中心线、剖面测量、航道测量等。

(4) 注意事项　需同步观测5颗卫星，其中至少4颗卫星要连续跟踪；流动点与基准点相距不超过20km。

二、多台接收机的同步网测设方案

当投入作业的接收机数目多于两台时，就可以在同一时段内，几个测站上的接收机同步观测共视卫星。此时，由同步观测边所构成的几何图形，称为同步网，或称为同步环路。

图6-10表示用三台［见图(a)］、四台［见图(b)、(c)］、五台［见图(d)、(e)］接收机作同步观测所构成的同步网的几何图形。

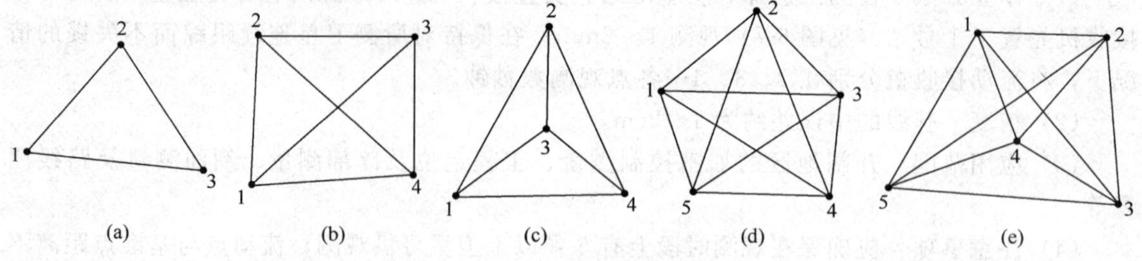

图 6-10　同步网的几何图形

由图 6-10，若三角形同步网的点数为 m，则网中同步边（基线）总数为

$$s=\frac{m(m-1)}{2} \tag{6-2}$$

不过在 s 条基线中，只有 $m-1$ 条独立基线，其余基线均可由独立基线推算而得，属于非独立基线。同一条基线，其直接解算结果与独立基线推算所得结果之差，就产生了所谓坐标闭合差条件，用它可评判同步网的观测质量。

三、多台接收机的异步网测设方案

在城市或大、中型工程中布设 GPS 控制网时，控制点数目比较多，由于受接收机数量的限制，难以再选择同步网的测设方案。此时，必须将多个同步网相互连接，构成统一整体的 GPS 控制网。这种由多个同步网相互连接的 GPS 网，称为异步网。

异步网的测设方案决定于投入作业的接收机数量和同步网之间的连接方式。不同的接收机数量决定了同步网的网形结构，而同步网的不同连接方式又会出现不同的异步网的网形结构。由于 GPS 网的平差及精度评定，主要是由不同时段观测的基线组成异步闭合环的多少及闭合差大小所决定的，而与基线边长度和其间所夹角度无关，所以，异步网的网形结构与多余观测密切相关。

同步网之间的连接方式有以下三种。

1. 点连式

同步网之间仅有一点相连接的异步网称为点连式异步网，如图 6-11 所示。

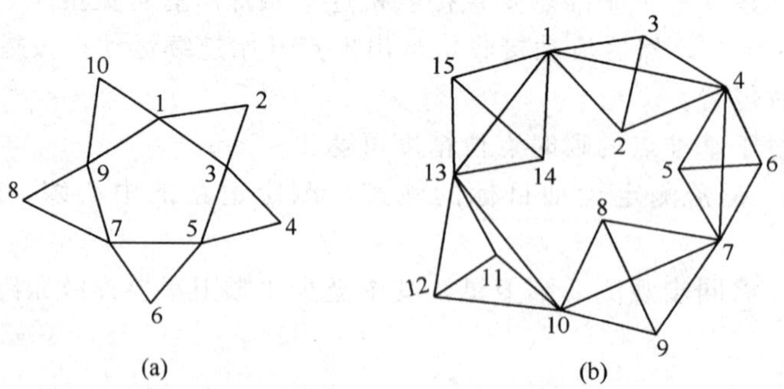

图 6-11　点连式异步网

在图 6-11（a）中共有 10 个点，用 3 台接收机分别在 5 个三边同步网中依次作同步观测。同步网间用 1、3、5、7、9 各点相连接，连接点上设站两次，其余点只设站一次。该图形中有 5 个同步环和 1 个异步环，基线总数为 15，其中独立基线数为 9，非独立基线数为 6，没有重复基线。

在图 6-11（b）中共有 15 个点，用 4 台接收机分别在 5 个多边同步网中依次作同步观测，构成点连式异步网。该图形中有 5 个同步环和 1 个异步环，基线总数为 30，其中独立基线数为 14，非独立基线数为 16。由图 6-11 可以看出，在点连式异步网中均没有重复基线出现。

2. 边连式

同步网之间由一条基线边相连接的异步网称为边连式异步网，如图 6-12 所示。

图 6-12（a）表示用 3 台接收机分别在 13 个三角形同步网中先后作同步观测。同步网间有一条公共基线连接，公共基线在相连的同步环中分别测量两次。该网中有 13 个同步环和 1 个异步环，基线总数为 26，其中独立基线数为 13，重复基线数为 13。这样，就出现了 13 个同步环检核、1 个异步环检核、13 个重复基线的检核。

图 6-12（b）为 4 台接收机先后在 8 个观测时段进行同步观测所构成的边连式异步网。网中有 8 个同步环和 1 个异步环、8 个重复基线的检核。其中在同步环检核中，又可产生大量同步闭合环。

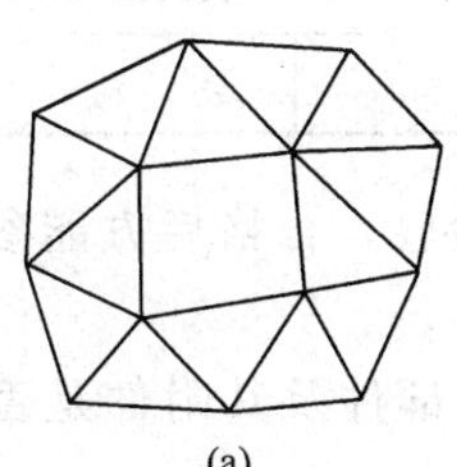

(a)　(b)

图 6-12　边连式异步网

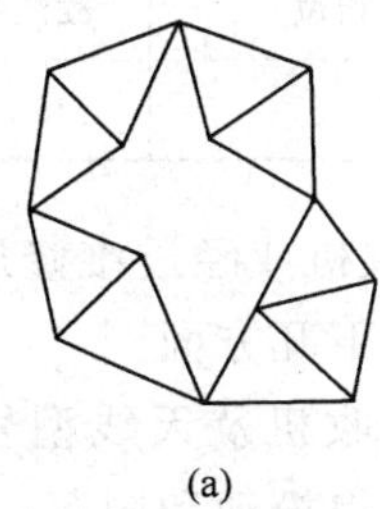

(a)

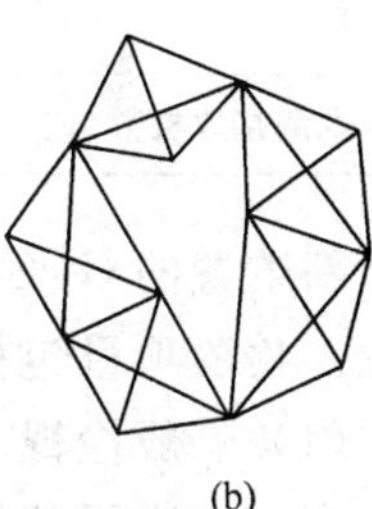

(b)

图 6-13　混连式异步网

3. 混连式

混连式是点连式与边连式的一种混合连接方式，如图 6-13 所示。其中图（a）为 3 台接收机作同步观测，由 9 个三边同步网所构成的混连式异步网；图（b）为 4 台接收机进行同步观测，由 5 个多边同步网构成的混连式异步网。

在上述三种连接方案中，第 1 种工作量最小，但无重复基线检核；第 2 种工作量最大，检核条件也最多；第 3 种比较灵活，工作量与检核条件比较适中。在选择测设方案时，应从所具备的接收机数量和精度、工作量大小、卫星运行状态、测区条件等方面进行权衡。通常 GPS 相对定位精度较高，比较容易达到工程的期望精度，这时也就没有必要以高额投入换取更高的精度。

第五节　外业观测

GPS 外业观测是利用接收机接收来自 GPS 卫星的无线电信号，它是外业阶段的核心工作，包括准备工作、天线设置、接收机操作、气象数据观测、测站记簿等项内容。

一、接收设备及其检验

GPS 接收机是完成测量定位的关键设备，可根据需要按表 6-8（规范）和表 6-9（规程）选用。

表 6-8　接收机选用（规范）

级　别	AA	A	B	C	D、E
单频/双频	双频/全波长	双频/全波长	双频	双频或单频	双频或单频
观测量(至少有)	L1、L2 载波相位	L1、L2 载波相位	L1、L2 载波相位	L1 载波相位	L1 载波相位
同步观测接收机数	≥5	≥4	≥4	≥3	≥2

表 6-9　接收机选用（规程）

项目＼等级	二等	三等	四等	一级	二级
接收机类型	双频或单频	双频或单频	双频或单频	双频或单频	双频或单频
标称精度	≤(10mm＋2×$10^{-6}d$)	≤(10mm＋5×$10^{-6}d$)	≤(10mm＋5×$10^{-6}d$)	≤(10mm＋5×$10^{-6}d$)	≤(10mm＋5×$10^{-6}d$)
观测量	载波相位	载波相位	载波相位	载波相位	载波相位
同步观测接收机数	≥3	≥3	≥2	≥2	≥2

新购置的 GPS 接收机或经过维修后的接收机应按规定进行全面检验，合格后方能参加作业。检验项目包括如下几方面。

(1) 一般检视　接收机及天线型号应正确，外观是否良好；各种部件及其附件是否齐全、完好；紧固部件不得松动和脱落；设备的使用手册应齐全。

(2) 通电检验　正确连接电缆，然后通电检验有关信号灯、按键、显示系统以及仪表、测试系统是否正常，最后按操作步骤进行卫星的捕获与跟踪，检验其工作情况。

(3) 实测检验　应在不同长度的标准基线上或专设的 GPS 测量检验场上进行。对广大用户而言，可采用较为简单的超短基线（准确测得它的实际长度），作为检测的标准值。

检测时将受检接收机按照全组合方式对超短基线做双差定位测量。在这种几米长的超短基线上作双差定位测量时，既可不顾及对流层和电离层时延改正的残差影响，又可消除星历和星钟误差以及接收机钟差。各站际双差成果和基线标准值之差，能较客观地反映各接收机对的仪器误差极其稳定性。

除上述三项检验以外，天线底座的圆水准器和光学对点器，也都要在出测前进行检验和校正。作业中所用的测量作业仪表，如通风干湿表、空盒气压表、温度计，也应定期送气象部门检验，以保证正常工作。

GPS 接收机是贵重的精密电子仪器，对于它的运输、使用、存放，用户均需制定严格的维护办法。

二、制定实测方案

GPS 卫星定位网的技术设计是在室内完成的，它注重 GPS 网的科学性和完整性。而实测方案则是依据接收机的台数和点位的分布特点，充分考虑到测区交通和地理环境，精心安排多台接收机进行的同步观测计划。

例如，图 6-14 表示了利用 4 台接收机进行同步环路测量的实施方案。图中用网环路与子环路分别构成闭合的 GPS 网。GPS 点的编号就是环路测量的推进顺序。根据所设计的网环路制定实测方案时还会出现其他不同形式，应视测区内的交通状况和站址位置做出周密的安排。

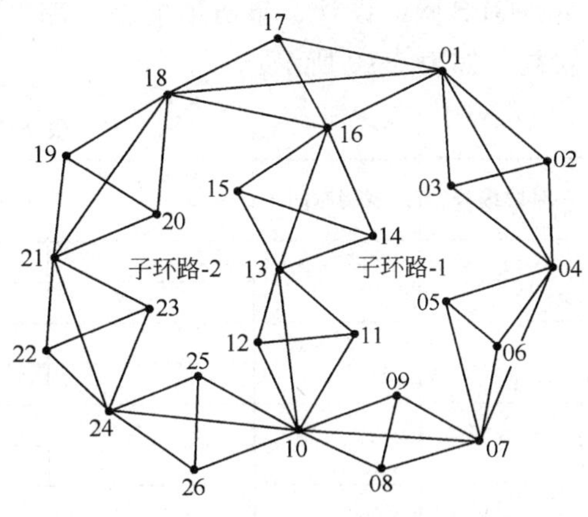

图 6-14　网环路与子环路

三、选择最佳观测时段

GPS 卫星的观测，是待 GPS 卫星升离地平线一定的角度才开始的，这个角度就是卫星高度截止角。高度角越小，越有利于减小三维位置图形强度因子（PDOP），从而延长最佳观测时间；但是卫星高度角越小，对流层影响越显著，测量误差随之增大。在精密定位测量时，卫星高度截止角宜选定在 15°左右。

当卫星高度角大于等于 15°时，某测站上在视 GPS 卫星的 PDOP 随时间变化曲线的例子如图 6-15 所示。它是用测站概略经纬度和现有 GPS 卫星星历所做出的 PDOP 预报，用以选择最佳观测时段。由图可知，整个作业时段上除 10:17～10:33 间 16min 只有 4 颗卫星外，均有 5 颗以上卫星可供观测；除 8:42～8:53 约 11min 内 PDOP≥8 外，其余时间的几何图形处于良好状态或一般状态。通常用一个子环路的平均经纬度和最接近观测时日的 GPS 卫星星历绘制 PDOP 变化曲线，以此选择测量该子环路的公共观测时段，而不是依每一个测站选择最佳观测时段。

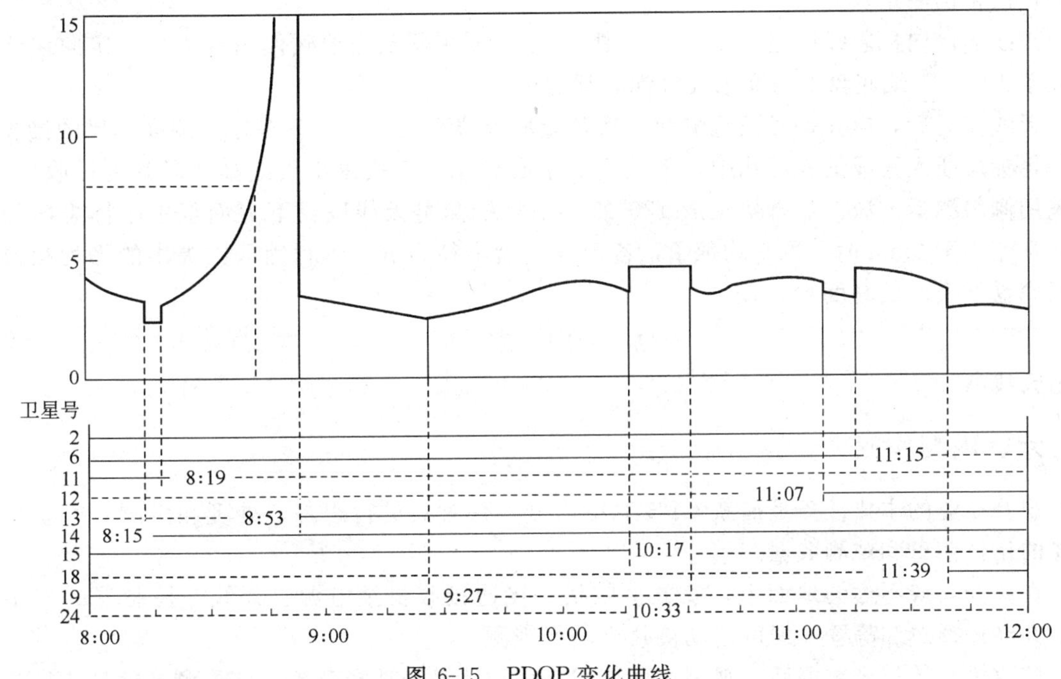

图 6-15　PDOP 变化曲线

四、编排作业调度表

作业小组应在观测前根据测区地形、交通状况、控制网的大小、精度的高低、仪器的数量、GPS网的设计、星历预报表和测区的天气、地理环境等编制作业调度表，以提高工作效益，如表6-10所示。

表 6-10 GPS 作业调度表

<table>
<tr><th rowspan="2">时段编号</th><th rowspan="2">观测时间</th><th>测站号/名</th><th>测站号/名</th><th>测站号/名</th><th>测站号/名</th><th>测站号/名</th></tr>
<tr><th>机号</th><th>机号</th><th>机号</th><th>机号</th><th>机号</th></tr>
<tr><td rowspan="2">0</td><td rowspan="2"></td><td></td><td></td><td></td><td></td><td></td></tr>
<tr><td></td><td></td><td></td><td></td><td></td></tr>
<tr><td rowspan="2">1</td><td rowspan="2"></td><td></td><td></td><td></td><td></td><td></td></tr>
<tr><td></td><td></td><td></td><td></td><td></td></tr>
<tr><td rowspan="2">2</td><td rowspan="2"></td><td></td><td></td><td></td><td></td><td></td></tr>
<tr><td></td><td></td><td></td><td></td><td></td></tr>
<tr><td rowspan="2">3</td><td rowspan="2"></td><td></td><td></td><td></td><td></td><td></td></tr>
<tr><td></td><td></td><td></td><td></td><td></td></tr>
<tr><td rowspan="2">4</td><td rowspan="2"></td><td></td><td></td><td></td><td></td><td></td></tr>
<tr><td></td><td></td><td></td><td></td><td></td></tr>
</table>

五、天线安置

为了避免严重的重影及多路径现象干扰信号接收，确保观测成果质量，必须妥善安置天线。

天线要尽量利用脚架安置，直接在点上对中。当控制点上建有寻常标时，应在安置天线之前先放倒觇标或采取其他措施。只有在特殊情况下，方可进行偏心观测，此时归心元素应以解析法精确测定。

天线的定向标志线应指向正北。其中A与B级在顾及当地磁偏角修正后，定向误差不应大于±5°。天线底盘上的圆水准气泡必须居中。

天线安置后，应在每时段观测前、后各量取天线高一次。对备有专门测高标尺的接收设备，将标尺插入天线的专用孔中，下端垂准中心标志，直接读出天线高。对其他接收设备，可采用倾斜测量方法。从脚架互成120°的三个空挡测量天线底盘下表面至中心标志面的距离，互差小于3mm时，取平均值L，若天线底盘半径为R，再利用厂方提供的平均相位中心至底盘下表面的高度h_c，按

$$h=\sqrt{L^2-R^2+h_c} \tag{6-3}$$

求出天线高。

六、观测作业

观测作业的主要任务是捕获GPS卫星信号，并对其进行跟踪、处理和量测，以获得所需要的定位信息和观测数据。

在离开天线不远的地面上，安放接收机。接通接收机至电源、天线、控制器的连接电缆，并经过预热和静置，即可启动接收机进行观测。

接收机开始记录数据后，观测员可使用专用功能键和选择菜单，查看测站信息、接收卫星数量、各通道信噪比、相位测量残差、实时定位的结果及其变化、存储介质记录情况等。

观测员要细心操作，静置和观测期间防止接收设备震动，防止人员和其他物体碰动天线和阻挡信号。

至于利用接收机进行作业的具体方法步骤，因接收机的类型不同而异。对于目前常见的接收机，其操作自动化程度较高，一般只需按若干功能键就能进行测量。对某种具体接收机的操作方法，用户应按随机的操作手册进行。

七、外业成果记录

在外业观测过程中，所有信息资料和观测数据都要妥善记录。记录的形式主要有以下两种。

1. 观测记录

观测记录由接收设备自动完成，均记录在存储介质（如磁带、磁卡等）上，记录项目主要有：载波相位观测值及其相应的 GPS 时间；GPS 卫星星历参数；测站和接收机初始信息（测站名、测站号、时段号、近似坐标及高程、天线及接收机编号、天线高）。

存储介质的外面应贴制标签，注明文件名、网区名、点名、时段号、采集日期、测量手簿编号等。

接收机内存数据文件转录到外存介质上时，不得进行任何剔除和删改，不得调用任何对数据实施重新加工组合的操作指令。

2. 测量手簿

测量手簿是在接收机启动前与作业过程中，由测量员随时填写的。对于 D、E 级测量记录格式如表 6-11 所示。其中图幅编号，可填写 1∶50000 地形图图幅编号；近似经纬度填至 1′，近似高程填至 100m。整个观测过程出现的重要问题及其处理情况，亦应如实地填写在记事栏内。

表 6-11　GPS 外业观测手簿

________________工程 GPS 外业观测手簿

观测者姓名________ 日　期______年____月____日 测　站　名________ 测　站　号______ 时段号______ 天 气 状 况________	
测站近似坐标： 经度：E ______°______′ 纬度：N ______°______′ 高程：____________	本测站为 □________新点 □________等大地点 □________等水准点 □____________
记录时间：□北京时间　□UTC　□　区时 开录时间________结束时间________	
接收机号________天线号________ 天线高：(m)　　测后校核值________ 1. ______ 2. ______ 3. ______ 平均值________	
天线高量取方式略图	测站略图及障碍物情况
观测状况记录 1. 电池电压________(快、条) 2. 接收卫星号________ 3. 信噪比(SNR)________ 4. 故障情况________ 5. 备注	

观测记录和测量手簿都是GPS精密定位的依据，必须按照规定妥善保管。

第六节　观测成果的外业检核及处理

观测成果的外业检核是外业工作的最后一个环节。每当观测任务结束，必须对观测数据的质量进行分析并做出评价，以确保观测成果和定位结果的预期精度。

一、野外数据检核

对野外观测资料首先要进行复查，内容包括：成果是否符合调度命令和规范的要求；进行的观测数据质量分析是否符合实际。然后进行下列项目的检核。

1. 每个时段同步边观测数据的检核

两端点的接收机，通过多历元同步观测，经平差计算的基线边称为同步边。同步边检核的内容如下。

（1）数据剔除率　剔除的观测值个数与应获取的观测值个数的比值称为数据剔除率。同一时段观测值的数据剔除率，其值应小于10%。

（2）平差值的中误差　计算同步边各时段平差值中误差和相对中误差。其中中误差应小于0.1m，相对中误差应符合表6-1的要求。

2. 重复观测边的检核

同一条基线边若观测了多个时段，则可得到多个边长结果。这种具有多个独立观测结果的边就是重复观测边。对于重复观测边的任意两个时段的成果互差，均应小于接收机标称精度的$2\sqrt{2}$倍。

3. 环闭合差的检核

当独立观测的各同步边构成闭合环形（如三角形、多边形）时，各边的坐标差之和应为零。但是由于多种误差的存在，环中各独立观测边的坐标差分量闭合差不为零，设其为

$$\left.\begin{aligned}\omega_x &= \sum_{i=1}^{n}\Delta x_i\\ \omega_y &= \sum_{i=1}^{n}\Delta y_i\\ \omega_z &= \sum_{i=1}^{n}\Delta z_i\end{aligned}\right\}\tag{6-4}$$

式中，n为闭合环中同步边数。此时环闭合差的定义是

$$\omega=(\omega_x^2+\omega_y^2+\omega_z^2)^{\frac{1}{2}}\tag{6-5}$$

环闭合差的大小是评价观测成果质量的重要标志之一。《规范》规定，若干个独立边组成闭合环时，各坐标差分量闭合差不应大于$3\sqrt{n}\sigma$，其中σ为相应级别按平均边长算出的规定中误差，见表6-1。

4. 同步观测环检核

当环中各边为多台接收机同步观测时，由于各边是不独立的，所以其闭合差应恒为零。例如三边同步环中只有两条同步边可以视为独立的成果，第三边成果应为其余两边的代数和。但是由于模型误差和处理软件的内在缺陷，使得这种同步环的闭合差实际上仍可能不为零。这种闭合差一般数值很小，不至于对定位结果产生明显影响，所以也可把它作为成果质

量的一种检核标准。

《规范》规定，三边同步环中第三边处理结果与前两边的代数和之差值应小于下列数值，即

$$\omega_x \leqslant \frac{\sqrt{3}}{5}\sigma, \omega_y \leqslant \frac{\sqrt{3}}{5}\sigma, \omega_z \leqslant \frac{\sqrt{3}}{5}\sigma$$

$$\omega = (\omega_x^2 + \omega_y^2 + \omega_z^2)^{\frac{1}{2}} \leqslant \frac{3}{5}\sigma \tag{6-6}$$

式中，σ 为相应级别的规定中误差（按平均边长计算）。

对于四站以上的多边同步环，可以产生大量同步闭合环，在处理完各边观测值后，应检查一切可能的闭合差。以图 6-16 为例，A、B、C、D 四站应检核：①AB—BC—CA；②AC—CD—DA；③AB—BD—DA；④BC—CD—DB；⑤AB—BC—CD—DA；⑥AB—BD—DC—CA；⑦AD—DB—BC—CA。所有闭合环的分量闭合差不应大于 $\frac{\sqrt{n\sigma}}{5}$，而环闭合差为

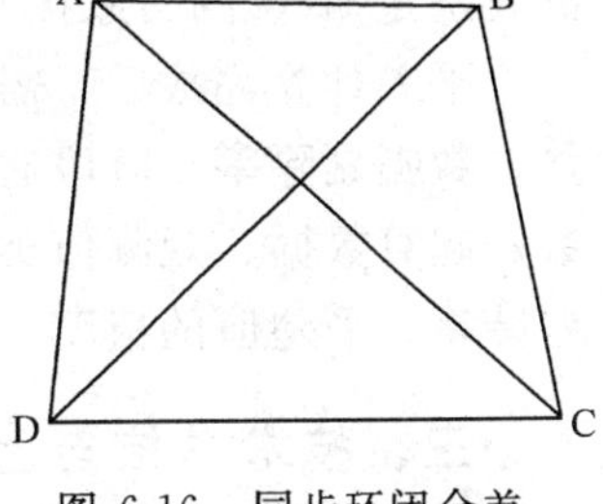

图 6-16　同步环闭合差

$$\omega = (\omega_x + \omega_y + \omega_z)^{\frac{1}{2}} \leqslant \frac{\sqrt{3n}}{5}\sigma \tag{6-7}$$

式中　n——闭合环中的边数；

σ——相应级别的规定中误差。

当发现边闭合数据或环闭合数据超出上列规定时，应分析原因并对其中部分或全部成果重测。需要重测的边，应尽量安排在一起进行同步观测。

二、数据后处理

GPS 测量数据的测后处理，一般均可借助相应的后处理软件自动完成，其基本过程和基本内容如下所述。

1. 观测数据的预处理

预处理的主要目的是对原始数据进行编辑、加工与整理，分流并产生各种专用信息文件，为进一步的平差计算作准备。它的基本内容如下。

(1) 数据传输　将 GPS 接收机记录的观测数据传输到磁盘或其他介质上。

(2) 数据分流　从原始记录中，通过解码将各种数据分类整理，剔除无效观测值和冗余信息，形成各种数据文件，如星历文件、观测文件和测站信息文件等。

(3) 统一数据文件格式　将不同类型接收机的数据记录格式、项目和采样间隔，统一为标准化的文件格式，以便统一处理。

(4) 卫星轨道的标准化　采用多项式拟合法，平滑 GPS 卫星每小时发送的轨道参数，使观测时段的卫星轨道标准化。

(5) 探测周跳，修复载波相位观测值。

(6) 对观测值进行必要改正　在 GPS 观测值中加入对流层改正，单频接收机的观测值中加入电离层改正。

2. 平差计算

根据上述预处理所获得的标准化数据文件，进行观测数据的平差计算。其主要内容包括

如下几方面。

(1) 基线向量或多站网平差计算　对于两台接收机，要对多个历元同步观测值进行独立基线向量（坐标差）的平差计算。对于多台接收机所作的同步观测区，要同时确定多条基线向量。由此所得到的平差结果为观测站之间的基线向量及其方差与协方差。

(2) GPS 网平差的计算　利用上述基线边的平差结果，作为相关观测量进行网的整体平差。平差计算应在 WGS—84 坐标系统中进行，平差结果一般是网点的空间直角坐标、大地坐标和高斯平面坐标以及相应的方差和协方差。

(3) 坐标系统的转换或与地面网的联合平差　上述 GPS 网在 WGS—84 坐标系统中的平差结果，还需要化算到地方所采用的坐标系统中去。如果为了改善已有的地方控制网，还需要确定 GPS 网与原控制网之间的转换参数，进行两网的联合平差。

平差计算完成后，需输出打印以下基本信息：测区和各测站的基本信息；观测值的数量、数据剔除率、时段起止时刻和持续时间的统计信息；平差计算采用的坐标系统、基本常数、起算数据、观测值类型和数据处理方法；平差计算采用的先验约束条件、先验误差；平差结果；平差值的精度。

三、技术总结与上交资料

1. 技术总结

GPS 测量工作结束后，需按要求编写技术总结报告，其内容如下。

① 测区范围与位置，自然地理条件，气候特点，交通及电讯、电源等情况；

② 任务来源，测区已有测量情况，项目名称，施测目的和基本精度要求；

③ 施测单位，施测起讫时间，技术依据，作业人员情况；

④ 接收设备类型与数量以及检验情况；

⑤ 选点所遇障碍物和环境影响的评价，埋石与重合点情况；

⑥ 观测方法要点与补测、重测情况，以及野外作业发生与存在问题的说明；

⑦ 野外数据检核，起算数据情况和数据后处理内容、方法及软件情况；

⑧ 工作量、工日及定额计算；

⑨ 方案实施与规范执行情况；

⑩ 上交成果尚存问题和需要说明的其他问题；

⑪ 各种附表与附图。

2. 上交资料

GPS 测量任务完成后，应上交下列资料。

① 测量任务书与专业设计书；

② 点之记、环视图和测量标志委托保管书；

③ 卫星可见性预报表和观测计划；

④ 外业观测记录（包括原始记录的存储介质及其备份）、测量手簿及其他记录（包括偏心观测）；

⑤ 接收设备、气象及其他仪器的检验资料；

⑥ 外业观测数据质量分析及野外检核计算资料；

⑦ 数据加工处理中生成的文件（含磁盘文件）、资料和成果表；

⑧ GPS 网展点图；

⑨ 技术总结和成果验收报告。

本章小结

本章主要介绍了中国的国家天文大地网和在GPS国家A级网的基础上国家B级网（又称国家高精度GPS网）的建网。

GPS测量外业阶段包括外业准备、外业实施、外业结束三个过程。

GPS定位网设计及外业测量的主要技术依据是测量任务书和测量规范。中国国家质量技术监督局在2001年发布了《全球定位系统（GPS）测量规范》，把GPS测量按其精度划分为AA、A、B、C、D、E六级；中华人民共和国建设部在1997年10月1日发布了行业标准《全球定位系统城市测量技术规程》，把GPS网按相邻点的平均距离和精度划分为二、三、四等和一级、二级。

技术设计主要是根据上级主管部门下达的测量任务书和GPS测量规范或规程来进行的。它的总的原则是，在满足用户要求的情况下，尽可能减少物资、人力和时间的消耗。在工作过程中，要考虑：①测站因素；②卫星因素；③仪器因素；④后勤保障因素。

GPS定位精度同卫星与测站构成的图形强度有关，与能同步跟踪的卫星数和接收机使用的通道数有关。

由于GPS测量中不要求测站之间相互通视，网的图形结构也比较灵活，所以选点的野外工作比较简便。但是，点位的正确选择对观测工作的顺利进行和测量结果的可靠性具有重要意义。

布测GPS测量控制网，必然面临GPS接收机的选择问题。接收机的最佳选择应该综合考虑结构性能、可靠程度、操作难易程度等。

应用GPS定位技术建立测量控制网，可采用下列方法：①静态定位；②快速静态定位；③准动态定位；④往返式重复设站；⑤动态定位。同步网之间的连接方式有以下三种：①点连式；②边连式；③混连式。

GPS测量外业观测是利用接收机接收来自GPS卫星的无线电信号，它是外业阶段的核心工作，包括准备工作、天线设置、接收机操作、气象数据观测、测站记簿等项内容。

野外数据检核内容包括：①每个时段同步边观测数据的检核；②重复观测边的检核；③环闭合差的检核；④同步观测环检核。

GPS测量数据的测后处理，一般均可借助相应的后处理软件自动完成，其基本过程有：①观测数据的预处理；②平差计算。

GPS测量工作结束后，需按要求编写技术总结报告和上交资料。

思考题与习题

1. GPS测量外业阶段包括哪几项？
2. GPS定位网设计及外业测量的主要技术依据是什么？
3. 《规范》规定，GPS测量按其精度划分为六级，其中B级和C级主要用于哪种测量？
4. 《规程》规定其GPS网按什么要求划分等级？并规定在布网时的要求是什么？

5. GPS网的精度要求是什么？精度指标通常是以什么来表示？

6. 在GPS定位外业工作过程中，需要考虑哪些因素？

7. GPS网图形设计时应遵循哪些原则？

8. 在设计GPS定位网时，一定要考虑联测一定数量的常规控制点和基准点。联测点应选择哪几种点？其在GPS定位网中密度和分布如何？

9. GPS定位精度同什么因素有关？

10. GPS野外选点应符合哪些要求？

11. 选择GPS接收机应该综合考虑哪些因素？按信号通道类型的选择有哪几种？

12. 什么是同步网？同步网之间的连接方式有哪几种？什么是异步网？

13. 新购置的GPS接收机或经过维修后的接收机应按规定进行全面检验，合格后方能参加作业。检验项目包括哪几种？

14. 如何选择最佳观测时段？

15. 怎样编制作业调度表？

16. 如何架设天线？天线的定向标志线有什么作用？

17. GPS外业观测作业的主要任务是什么？

第七章

GPS控制网的数据处理

学习目标

- 了解 GPS 测高及其数据处理，拟合法确定正常高程，GPS 做三、四等水准加密，过河水准测量，变形监测。
- 理解星历预报的重要性，数据传输过程，基线向量的误差分析与判断。
- 掌握基线向量的解算，坐标系统的转换，GPS 网平差。

GPS 测量定位数据不同于常规的测量数据（如距离、角度、高差等），它是接收机天线相位中心至卫星的伪距、载波相位和卫星星历等数据。因此，要得到具有实用意义的定位成果，就需要对 GPS 定位数据进行一系列的处理。

GPS 控制网数据处理的目的就是将采集的数据经测量平差后归化到参考椭球面上并投影到所采用的平面上，得到点的准确位置。

本章将详细介绍 GPS 定位数据处理技术。首先讨论 GPS 定位数据的预处理和基线向量解算，然后讨论 GPS 基线网的平差计算和 GPS 定位成果的坐标系统转换问题，最后介绍 GPS 网与地面网的联合平差，GPS 测高及其数据处理的过程。

第一节　观测数据的预处理

一、概述

GPS 测量数据处理的基本过程可分为：数据采集，数据传输，预处理，基线解算，网平差计算，坐标系统转换，与原有地面网的联合平差等基本步骤，其过程如图 7-1 所示。

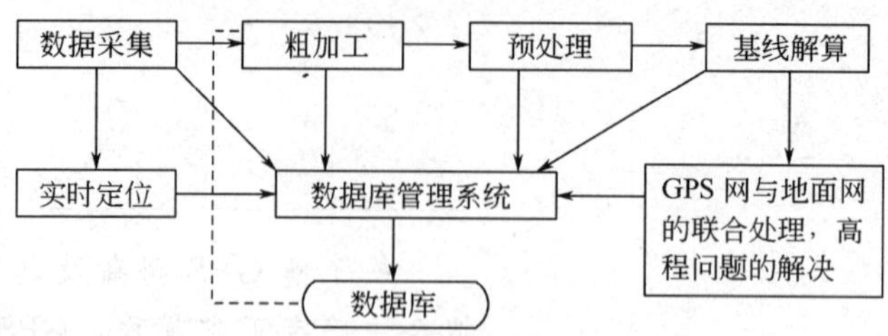

图 7-1 GPS 数据处理基本流程

GPS 定位数据处理与常规测量数据处理相比具有以下显著特点。

(1) 海量的数据　按每 15s 采集一组野外观测数据计算，一台接收机连续观测 1h 将有 240 组数据，每组数据含有对若干颗（一般多于 4 颗）卫星的伪距、载波相位观测值和星历数据、气象数据等。GPS 定位时一般使用几台接收机同步观测，将会有上万组甚至更多的数据。

(2) 复杂的处理过程　从 GPS 原始观测数据到最终的平差结果，其处理过程非常复杂。简单地说，可以分为基线向量的解算和网平差两个阶段。每一阶段都需要对大量数据进行组织、检验、计算和分析处理，处理过程非常复杂。

(3) 多样的数学模型　GPS 定位技术是一项正在发展中的新兴技术，因此，对同一问题的处理方法也不尽相同。这就使得数据处理时数学模型和算法具有多种形式，而且还在不断地创新。

(4) 自动化程度高　随着计算机技术的迅猛发展和软件水平的不断提高，GPS 数据处理的自动化程度也越来越高。目前，GPS 数据处理一般均可借助相应的 GPS 数据处理软件自动完成。

本节讨论 GPS 数据的预处理，其主要目的是对原始观测数据进行编辑、加工与整理，剔除粗差，删除无效无用数据，分流出各种专用的信息文件，为下一步的平差计算做准备。

预处理所采用的数学模型、评价数据质量的标准和方法的优劣，对以后的平差计算以及平差结果的精度都将产生重要的影响，因而是提高 GPS 定位作业效率和精度的重要环节。预处理工作的主要内容如下。

(1) 数据传输　将 GPS 接收机内存模块所记录的观测数据传输到计算机内，以便进行处理和保存。GPS 接收机与计算机的连接可分为电缆连接和无线连接两种。

(2) 数据分流　数据分流是在数据传输的同时进行的，首先将各类观测数据归放入不同的文件，然后通过解码将各项数据分类整理，剔除无效观测值和冗余信息，分别建立不同的数据文件，以便进一步加工和处理。

以上两项工作称之为数据的粗加工，可认为是预处理的准备工作。

(3) 观测数据的平滑滤波检验　剔除粗差，并进一步删除无效无用数据。

(4) 统一数据文件格式　将不同类型接收机的数据记录格式、项目和采样间隔，统一为彼此兼容的标准化的文件格式（RINEX——国际通用的与接收机无关的 GPS 数据标准交换格式），以便统一处理，若是同一类型的接收机，则不需做此步工作。

(5) 卫星轨道方程的标准化　为了统一不同来源卫星轨道信息的表达方式和平滑 GPS

卫星每小时发送的轨道参数，一般须采用多项式拟合法，使观测时段的卫星轨道标准化，以简化计算工作，提高定位精度。

（6）探测整周跳变、修复载波相位观测值

（7）对观测值进行电离层、对流层等各种模型改正

二、预处理的准备工作

1. 数据传输

GPS接收机采集的数据可以记录在专用盒式磁带上，或接收机的内存模块内。目前，大多数GPS接收机采集的数据都是记录在内存模块内，以方便外业观测。以Trimble 4800接收机为例，其内存可连续存储50h（6颗卫星，15s采样间隔）的观测数据。在进行数据预处理之前，首先要将观测数据从GPS接收机的内存模块传输至计算机。

2. 数据分流

在进行数据传输的同时，利用数据处理软件将原始记录中的各项观测数据进行分类整理，剔除无效观测值和冗余信息，自动生成以下四个数据文件。

（1）观测值文件　是容量最大的文件。内含对应的卫星号、卫星高度角和方位角、观测历元、C/A码伪距、载波相位（L_1/L_2）、积分多普勒计数、信噪比等，其中最主要的是伪距和载波相位观测值。

（2）星历参数文件　包含所有被测卫星的轨道位置信息，根据这些信息可以计算出任一瞬间的被测卫星在轨位置。

（3）电离层参数和UTC参数文件　电离层参数可用于改正观测值的电离层影响，UTC参数则用于将GPS时间修正为UTC时间。

（4）测站信息文件　包含测站的基本信息和在本测站上的观测情况。例如测站名，测站号，测站的概略坐标，接收机号，天线号，天线高，观测的起止时间，记录的数据量，初步定位结果等。

3. 数据解码

经数据分流后生成的四个数据文件中，除测站信息文件外，其余均为二进制数据文件。为便于分析研究，而且更重要的是为数据文件标准化做准备，必须将它们解译成能直接识别的文件。

三、数据预处理的内容

GPS数据预处理的目的是：对数据进行平滑滤波检验，剔除粗差；统一数据文件格式并将其加工成标准化文件，找出整周跳变点并进行修复，确定整周未知数的初值；对观测值进行各种模型改正。此处仅讨论卫星轨道方程标准化、星钟多项式标准化和观测值文件标准化问题。

1. GPS卫星轨道方程的标准化

从理论上讲，根据卫星星历数据就可以计算出观测时段内任一时刻任一卫星的空间位置和速度。但是在实际观测时，由于星历来源不同，其数据格式及相应的计算位置和速度的公式也不相同。另外，GPS广播星历每小时更新一次，即每小时就有一组独立的星历参数。当用相邻两组星历计算同一时刻的卫星位置时，将会得出不同的结果，从而给两组独立轨道的邻接点及其附近点处的整周跳变探测、修复和观测值残差分析带来许多不确定性因素。因

此，在实际平差之前采用以时间为变元的多项式拟合法，建立一组标准化的轨道方程来覆盖整个观测时段，使观测时段的卫星轨道标准化。

设多项式 P_j 为

$$P_j(t)=\sum_{i=0}^{n} a_{ji}t^i \qquad (j=x,y,z) \tag{7-1}$$

式中 $P_j(t)$——分别是 x、y、z 坐标的多项式函数；

$a_{ji}(j=x,y,z;i=0,1,\cdots,n)$——多项式系数；

t——时间变量。

相应的速度分量的多项式为

$$P'_j(t)=\sum_{i=1}^{n}(ia_{ji})t^{i-1} \tag{7-2}$$

若根据星历数据计算了 t_k（$k=1,2,\cdots,m;m\geqslant n$）时刻的卫星位置（$x_k,y_k,z_k$），则可得到 3 组 3m 个误差方程。例如，对于 $P_x(t)$ 而言有

$$V_{x_k}=-x_k+P_x(t_k)\,|\,a_{x_i}^0=a_{x_i}^0 \qquad (k=1,2,\cdots,m) \tag{7-3}$$

取 $a_{x_i}^0=0$，则可组成误差方程为

$$\begin{bmatrix} V_{x_1} \\ V_{x_2} \\ \vdots \\ V_{x_m} \end{bmatrix}=\begin{bmatrix} 1 & t_1 & t_1^2 & \cdots & t_1^n \\ 1 & t_2 & t_2^2 & \cdots & t_2^n \\ \vdots & \vdots & \vdots & \cdots & \vdots \\ 1 & t_m & t_m^2 & \cdots & t_m^n \end{bmatrix}\begin{bmatrix} a_{x_0} \\ a_{x_1} \\ \vdots \\ a_{x_m} \end{bmatrix}-\begin{bmatrix} x_1 \\ x_2 \\ \vdots \\ x_m \end{bmatrix} \tag{7-4}$$

由于 $m\geqslant n$，则上式为矛盾方程组，利用最小二乘法即可解出 $a_{x_i}(i=0,1,2,\cdots,n)$。

将多项式系数 a_{ji}（$j=x,y,z;i=0,1,\cdots,n$）记入标准化星历文件，然后就可以用它们按式（7-1）计算任一时刻的卫星位置。多项式的阶数 n 一般取 8～10，以保证米级或厘米级轨道拟合的精度。采用多项式拟合的卫星位置占用内存少、计算速度快。

在实际拟合计算时，应考虑 t 的单位问题，如果以 s 为单位，则可能会导致计算溢出，因而需要时间单位规格化。取观测时段开始和结束的规格化时间为 -1 和 $+1$，对应的实际时间为 t_1 和 t_m，则对应于 t_i 的规格化时间 T_i 为

$$T_i=\frac{2t_i-(t_1+t_m)}{t_m-t_1} \tag{7-5}$$

如果在拟合时采用了规格化时间，则在实际轨道计算时亦应利用规格化时间。另外，不应将标准化轨道方程用于外推卫星位置。

2. 卫星钟差的标准化

当星钟改正数来自广播星历时，若观测时段跨整点，则也会有两组或多组星钟改正数，这就需要建立整个观测时段内连续、惟一且平滑的钟差改正多项式。

建立钟差改正多项式，主要是为了确定真正的信号发射时刻，以便计算该时刻的卫星轨道位置。另外，还可以统一各站对卫星的时间基准，以便估算它们之间的相对钟差。当多项式拟合的精度优于±0.2ns 时，可精确探测整周跳变，估算整周未知数。

（1）钟差改正多项式　设 t_{sv} 为电文发射时的时间，其对应的 GPS 系统标准时间为 t，则

$$t=t_{sv}-\Delta t_{sv} \tag{7-6}$$

$$\Delta t_{sv}=a_0+a_1(t-t_{0c})+a_2(t-t_{0c})^2 \tag{7-7}$$

式中　Δt_{sv}——星钟改正数；

a_0——星钟的钟偏；

a_1——星钟的钟速；

a_2——星钟的钟漂参数；

t_{0c}——星钟参数的参考历元。

计算 Δt_{sv}时可用 t_{sv}代替 t。

(2) 相对论改正　广播的时钟参数中已包括了全部相对论效应的影响，其周期部分已被拟合成二次三项式的一部分，定义域为 1h（长期部分中较大的漂移用人工降低卫星振荡器的频率进行补偿）。为了用一个时间多项式拟合整个观测时段。则在拟合前应消去改正数中的相对论影响值，再加上应予顾及的相对论改正项。则 Δt_{sv}应为

$$\Delta t_{sv}=(a_0+a_{0r})+(a_1-a_{1r})(t-t_{0c})+(a_2-a_{2r})(t-t_{0c})^2+\Delta t_r(t) \tag{7-8}$$

$$\Delta t_r(t)=k\sin E(t)$$

$$a_{0r}=\Delta t_r(t_{0c})=k\sin(t_{0c})$$

$$a_{1r}=[\Delta t_r(t)]'|_{t=t_{0c}}=kn\cos E(t_{0c})/L$$

$$a_{2r}=[\Delta t_r(t)]''|_{t=t_{0c}}=-\frac{1}{2}kn^2\sin E(t_{0c})/L^2$$

$$k=(-4.443\times10^{-10})e\sqrt{A}$$

$$L=[1-e\cos E(t_{0c})]$$

式中　n——卫星的平均运动速度；

E——平近点角。

(3) 星钟多项式拟合　设拟合后覆盖整个观测时段的星钟多项式仍为二次三项式，其系数用 A_0、A_1、A_2 表示，参考历元取时段中点 T_{0c}，则有

$$\Delta t_{sv}=A_0+A_1(t-T_{0c})+A_2(t-T_{0c})^2 \tag{7-9}$$

为保证其截断误差不大于±1ns，时段长度应不大于 3h。当时段内取 n 个等距节点，依式（7-8）分别计算了这 n 个节点上的（Δt_{sv}）$_k$（$k=1$，2，…，n），则可组成如下误差方程。

$$\begin{bmatrix}v_1\\v_2\\\vdots\\v_n\end{bmatrix}=\begin{bmatrix}1&T_1&T_1^2\\1&T_2&T_2^2\\\vdots&\vdots&\vdots\\1&T_n&T_n^2\end{bmatrix}\begin{bmatrix}A_0\\A_1\\A_2\end{bmatrix}-\begin{bmatrix}(\Delta t_{sv})_1\\(\Delta t_{sv})_2\\\vdots\\(\Delta t_{sv})_n\end{bmatrix} \tag{7-10}$$

式中
$$T_i=t_i-T_{0c}$$

于是，只要 $n\geqslant3$ 便可用最小二乘法解算出系数 A_0、A_1 和 A_2，然后用式（7-9）计算观测时段任一时刻的钟差改正数。

3. 观测值文件的标准化

由于接收机不同，其数据记录格式也不相同，在轨道方程标准化后，仍需对观测值文件标准化，才能同时输入主处理程序进行平差计算。

观测值文件标准化主要有以下内容。

(1) 记录格式标准化　经数据解码分流等处理后，提供的观测值文件应是与接收机类型无关的记录格式标准化的数据文件，即各种 GPS 接收机输出的数据文件应在存取方式，记录类型，记录长度都采用同一记录格式。

(2) 记录格式与项目标准化　标准化文件中的记录类型数量、类型代码、每一种类型的记录及数据项个数都应采用同一记录格式。

(3) 采样密度标准化　由于各接收机的数据记录采样间隔可能不同，因此，标准化后应将数据采样间隔统一成一标准长度。为此，应满足以下两个条件：一是标准长度应大于或等于外业采样间隔最长的标准值；二是标准长度是任一测站任一接收机采样间隔的整数倍。采样密度标准化后，数据量将成倍减少，故也称数据压缩。

数据压缩工作应在整周跳变修复完成后进行。数据压缩后应等价于被压缩区间内的全部数据，在 GPS 观测数据压缩中常用多项式拟合法，并保持各压缩数据间的误差独立。

(4) 数据单位标准化　在进行观测值文件标准化时，用户一定要遵循所用处理软件的有关数据文件的技术标准，才能进行正常处理并获得可靠的结果。

为了不损害观测值的原始性，对观测值施加的各种模型改正，不应并入观测值内，如大气折射改正等应独立计算，并在最后处理中将改正后的观测值用于计算误差方程的自由项，以便分析模型误差。

第二节　GPS 基线向量的解算

GPS 相对定位的结果确定测站点间的相对位置关系。这种相对位置关系通常用空间直角坐标差(Δx_{ij},Δy_{ij},Δz_{ij})或大地坐标差(ΔB_{ij},ΔL_{ij},ΔH_{ij})表示。称这种点位间的相对位置量为基线向量，对应于两点间的长度称为基线长度。

本节将讨论利用载波相位观测值解算基线向量的平差模型以及基线向量观测值的粗差检测及有关问题。

为了通过平差计算求解观测站之间的基线向量，一般均取相位观测值的线性组合，即差分模型。这里以双差观测值作为平差解算时的观测量，以测站间的基线向量坐标 $\boldsymbol{b}=(\Delta x,\Delta y,\Delta z)^{\mathrm{T}}$ 为主要未知量，建立误差方程式、法方程求解基线向量。

一、误差方程的列立

设在基线两端测站 i，j 同步观测的卫星为 k_1 和 k_2，并以 k_1 为参考卫星，则可得到站星二次差分的观测方程式为

$$\Delta\Phi_{ij}^{k_1k_2}(t_i)=-\frac{f_s^{k_1}}{c}\Delta\rho^{k_1}+\frac{f_s^{k_2}}{c}\Delta\rho^{k_2}+\frac{f_s^{k_1}}{c}(\Delta_i^{k_1}-\Delta_j^{k_1})-\frac{f_s^{k_2}}{c}(\Delta_i^{k_2}-\Delta_j^{k_2})+N_{ij}^{k_1k_2}+\varepsilon_{ij}^{k_1k_2} \tag{7-11}$$

式中　ρ——站星距。

$$\left.\begin{aligned}\Delta\rho^{k_1}&=\rho_i^{k_1}-\rho_j^{k_1}\\ \Delta\rho^{k_2}&=\rho_i^{k_2}-\rho_j^{k_2}\\ N_{ij}^{k_1k_2}&=N_i^{k_1}-N_j^{k_1}-N_i^{k_2}+N_j^{k_2}\\ \varepsilon_{ij}^{k_1k_2}&=\varepsilon_i^{k_1}-\varepsilon_j^{k_1}-\varepsilon_i^{k_2}+\varepsilon_j^{k_2}\end{aligned}\right\} \tag{7-12}$$

为了解算基线向量坐标(Δx_{ij},Δy_{ij},Δz_{ij})，假设 i 点为已知点。如图 7-2 所示，设接收机至卫星方向的单位向量为 $\boldsymbol{u}$，则有 $u_i^{k_1}$，$u_i^{k_2}$，$u_j^{k_1}$，$u_j^{k_2}$。

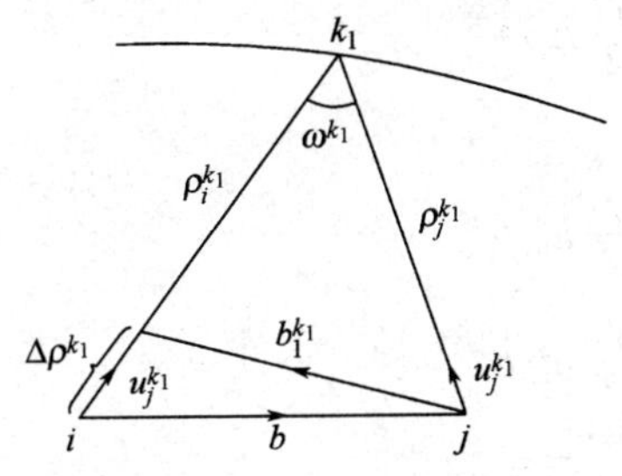

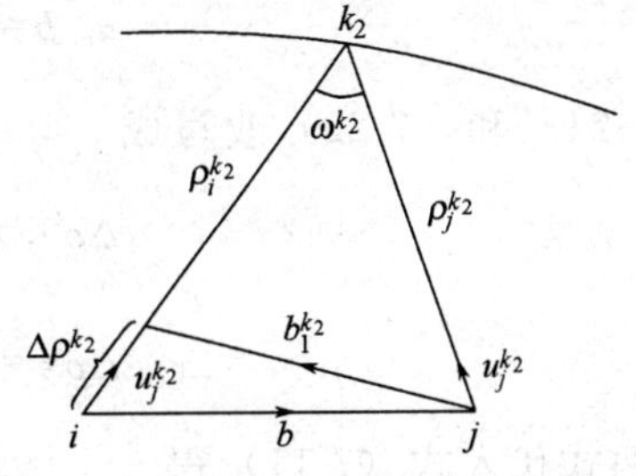

图 7-2 基线向量 $\boldsymbol{b}$ 与站星距 ρ 的关系

令

$$\left.\begin{aligned}\Delta u_1^{k_1}&=u_i^{k_1}-u_j^{k_1}\\ \Delta u_2^{k_2}&=u_i^{k_2}-u_j^{k_2}\\ u_{\mathrm{m}}^{k_1}&=\frac{1}{2}(u_i^{k_1}+u_j^{k_1})\\ u_{\mathrm{m}}^{k_2}&=\frac{1}{2}(u_i^{k_2}+u_j^{k_2})\end{aligned}\right\}\tag{7-13}$$

则可得

$$\left.\begin{aligned}b_1^{k_1}&=-\rho_j^{k_1}\ \Delta u^{k_1}\\ b_1^{k_2}&=-\rho_j^{k_2}\ \Delta u^{k_2}\end{aligned}\right\}\tag{7-14}$$

于是有

$$b+b^{k_1}=\Delta\rho^{k_1}u_i^{k_1}\tag{7-15}$$

即

$$b-\rho_j^{k_1}\ \Delta u^{k_1}=\Delta\rho^{k_1}u_i^{k_1}\tag{7-16}$$

同样，对卫星 k_2 有

$$b-\rho_j^{k_2}\Delta u^{k_2}=\Delta\rho^{k_2}u_i^{k_2}\tag{7-17}$$

将式（7-16）两边同乘 $u_{\mathrm{m}}^{k_1}$ 取点积，即

$$u_{\mathrm{m}}^{k_1}b-\rho_j^{k_1}(u_{\mathrm{m}}^{k_1}\Delta u^{k_1})=\Delta\rho^{k_1}(u_{\mathrm{m}}^{k_1}u_i^{k_1})\tag{7-18}$$

因为

$$\begin{aligned}\Delta u_{\mathrm{m}}^{k_1}\Delta u^{k_1}&=\frac{1}{2}(u_i^{k_1}+u_j^{k_1})(u_i^{k_1}-u_j^{k_1})\\ &=\frac{1}{2}(u_i^{k_1}u_i^{k_1}+u_j^{k_1}u_i^{k_1}-u_i^{k_1}u_j^{k_1}-u_j^{k_1}u_j^{k_1})\\ &=\frac{1}{2}(1-1)=0\end{aligned}$$

又因

$$\cos\omega^{k_1}=u_i^{k_1}u_j^{k_1}=u_j^{k_1}u_i^{k_1}\tag{7-19}$$

$$\begin{aligned}u_{\mathrm{m}}^{k_1}u_i^{k_1}&=\frac{1}{2}(u_i^{k_1}+u_j^{k_1})u_i^{k_1}=\frac{1}{2}(u_i^{k_1}u_i^{k_1}+u_j^{k_1}u_i^{k_1})\\ &=\frac{1}{2}(1+\cos\omega^{k_1})=-\cos^2\frac{\omega^{k_1}}{2}\end{aligned}\tag{7-20}$$

于是式（7-18）变为

$$u_{\mathrm{m}}^{k_1}b=-\cos^2\frac{\omega^{k_1}}{2}\Delta\rho^{k_1}\tag{7-21}$$

同理，对卫星 k_2 也有

$$u_{\mathrm{m}}^{k_2} b = -\cos^2 \frac{\omega^{k_2}}{2} \Delta\rho^{k_2} \tag{7-22}$$

将式（7-21）和（7-22）改写成

$$\Delta\rho^{k_1} = -\sec^2 \frac{\omega^{k_1}}{2} u_{\mathrm{m}}^{k_1} b \tag{7-23}$$

$$\Delta\rho^{k_2} = -\sec^2 \frac{\omega^{k_2}}{2} u_{\mathrm{m}}^{k_2} b \tag{7-24}$$

将上面两式代入式（7-11）得

$$\Delta\Phi_{ij}^{k_1k_2}(t_i) = \left(\frac{f_{\mathrm{s}}^{k_1}}{c}\sec^2 \frac{\omega^{k_1}}{2} u_{\mathrm{m}}^{k_1} - \frac{f_{\mathrm{s}}^{k_2}}{c}\sec^2 \frac{\omega^{k_2}}{2} u_{\mathrm{m}}^{k_2}\right) b + \frac{f_{\mathrm{s}}^{k_1}}{c}(\Delta_i^{k_1} - \Delta_j^{k_1}) - \frac{f_{\mathrm{s}}^{k_2}}{c}(\Delta_i^{k_2} - \Delta_j^{k_2}) + N_{ij}^{k_1k_2} + \varepsilon_{ij}^{k_1k_2} \tag{7-25}$$

令 $-\varepsilon_{ij}^{k_1k_2} = V_{ij}^{k_1k_2}$ （t_i），则可得到误差方程为

$$V_{ij}^{k_1k_2}(t_i) = \left(\frac{f_{\mathrm{s}}^{k_1}}{c}\sec^2 \frac{\omega^{k_1}}{2} u_{\mathrm{m}}^{k_1} - \frac{f_{\mathrm{s}}^{k_2}}{c}\sec^2 \frac{\omega^{k_2}}{2} u_{\mathrm{m}}^{k_2}\right) b + \frac{f_{\mathrm{s}}^{k_1}}{c}(\Delta_i^{k_1} - \Delta_j^{k_1}) - \frac{f_{\mathrm{s}}^{k_2}}{c}(\Delta_i^{k_2} - \Delta_j^{k_2}) + N_{ij}^{k_1k_2} - \Delta\Phi_{ij}^{k_1k_2}(t_i) \tag{7-26}$$

当基线长度小于 40km 时，$\sec^2 \frac{\omega^k}{2}$ 与 1 之差小于 1×10^{-6}，因此取 $\sec^2 \frac{\omega^k}{2} = 1$，另外，$f_{\mathrm{s}}^{k_1}$ 与 $f_{\mathrm{s}}^{k_2}$ 之差也小于 1×10^{-6}，故可用标称频率 f_{s} 代替。

设基线向量 **b** 的近似值和初始整周未知数 $N_{ij}^{k_1k_2}$ 的近似值分别为

$$(\Delta x_{ij}^0 \quad \Delta y_{ij}^0 \quad \Delta z_{ij}^0)^{\mathrm{T}} \text{ 和 } N_{ij}^{k_1k_2}$$

其改正数分别为

$$(\delta x_{ij} \quad \delta y_{ij} \quad \delta z_{ij})^{\mathrm{T}} \text{ 和 } \delta N_{ij}^{k_1k_2}$$

并且顾及

$$u_p^q = \frac{1}{\rho_p^q}(\Delta x_p^q \quad \Delta y_p^q \quad \Delta z_p^q)^{\mathrm{T}} \qquad (p=i,j;q=k_1,k_2) \tag{7-27}$$

代入式（7-26）即可得到纯量形式的误差方程

$$v_{ij}^{k_1k_2} = a_{ij}^{k_1k_2}\,\delta x_{ij} + b_{ij}^{k_1k_2}\,\delta y_{ij} + c_{ij}^{k_1k_2}\,\delta z_{ij} + \delta N_{ij}^{k_1k_2} + W_{ij}^{k_1k_2} \tag{7-28}$$

$$\left.\begin{aligned}
a_{ij}^{k_1k_2} &= \frac{1}{2}\times\frac{f_{\mathrm{s}}}{c}\left(\frac{\Delta x_i^{k_1}}{\rho_i^{k_1}} + \frac{\Delta x_i^{k_1}}{\rho_j^{k_1}} - \frac{\Delta x_i^{k_2}}{\rho_j^{k_2}} - \frac{\Delta x_j^{k_2}}{\rho_j^{k_2}}\right)\\
b_{ij}^{k_1k_2} &= \frac{1}{2}\times\frac{f_{\mathrm{s}}}{c}\left(\frac{\Delta y_i^{k_1}}{\rho_i^{k_1}} + \frac{\Delta y_i^{k_1}}{\rho_j^{k_1}} - \frac{\Delta y_i^{k_2}}{\rho_j^{k_2}} - \frac{\Delta y_i^{k_2}}{\rho_j^{k_2}}\right)\\
c_{ij}^{k_1k_2} &= \frac{1}{2}\times\frac{f_{\mathrm{s}}}{c}\left(\frac{\Delta z_i^{k_1}}{\rho_i^{k_1}} + \frac{\Delta z_i^{k_1}}{\rho_j^{k_1}} - \frac{\Delta z_i^{k_2}}{\rho_j^{k_2}} - \frac{\Delta z_j^{k_2}}{\rho_j^{k_2}}\right)\\
W_{ij}^{k_1k_2} &= a_{ij}^{k_1k_2}\,\Delta x_{ij}^0 + b_{ij}^{k_1k_2}\,\Delta y_{ij}^0 + c_{ij}^{k_1k_2}\,\Delta z_{ij}^0 + (N_{ij}^{k_1k_2})_0 - \Delta\Phi_{ij}^{k_1k_2}
\end{aligned}\right\} \tag{7-29}$$

二、法方程的组成与解算

式（7-28）为任一历元 t_i 测站 i、j 和卫星 k_1、k_2 的双差观测值误差方程。当 t_i 历元两观测站同步观测的卫星为 sv，则可得到 sv−1 个误差方程，相应要引入 sv−1 个初始整周未知数，即 t_i 历元共有（sv−1）+3 个未知数。如果两观测站对所有 sv 个卫星进行了连续观测，其历元数为 n，则总共有 $m=n$(sv−1) 个误差方程，写成矩阵形式有

$$V=AX+L \tag{7-30}$$

式中 $V=(v_1\ v_2 \cdots v_m)^{\mathrm{T}}$

$X=(\delta x\ \delta y\ \delta z\ \delta N_1\ \delta N_2 \cdots \delta N_{sv-1})^{\mathrm{T}}$

$L=(W_1\ W_2 \cdots W_m)^{\mathrm{T}}$

$$A=\begin{bmatrix} a_{11} & a_{12} & a_{13} & 1 & 0 & \cdots & 0 \\ a_{21} & a_{22} & a_{23} & 1 & 0 & \cdots & 0 \\ \vdots & \vdots & \vdots & \vdots & \vdots & \cdots & \vdots \\ a_{j1} & a_{j2} & a_{j3} & 1 & 0 & \cdots & 0 \\ a_{j+1,1} & a_{j+1,2} & a_{j+1,3} & 0 & 1 & \cdots & 0 \\ a_{j+2,1} & a_{j+2,2} & a_{j+2,3} & 0 & 1 & \cdots & 0 \\ \vdots & \vdots & \vdots & \vdots & \vdots & \cdots & \vdots \\ a_{2j,1} & a_{2j,2} & a_{2j,3} & 0 & 1 & \cdots & 0 \\ \vdots & \vdots & \vdots & \vdots & \vdots & \cdots & \vdots \\ a_{m-j,1} & a_{m-j,2} & a_{m-j,3} & 0 & 0 & \cdots & 1 \\ \vdots & \vdots & \vdots & \vdots & \vdots & \cdots & \vdots \\ a_{m-1,1} & a_{m-1,2} & a_{m-1,3} & 0 & 0 & \cdots & 1 \\ a_{m,1} & a_{m,2} & a_{m,3} & 0 & 0 & \cdots & 1 \end{bmatrix} \begin{matrix} \left.\begin{matrix} \\ \\ \\ \\ \end{matrix}\right\} \text{第 1 对卫星} \\ \left.\begin{matrix} \\ \\ \\ \\ \end{matrix}\right\} \text{第 2 对卫星} \\ \\ \left.\begin{matrix} \\ \\ \\ \\ \end{matrix}\right\} \text{第 sv}-1\text{ 对卫星} \end{matrix}$$

设各类双差观测值等权且彼此独立，即权阵 **P** 为单位阵，则可组成法方程

$$NX+B=0 \tag{7-31}$$

式中

$$N=A^{\mathrm{T}}A$$

$$B=A^{\mathrm{T}}L$$

于是可解得 **X** 为

$$X=-N^{-1}B=-(A^{\mathrm{T}}A)^{-1}(A^{\mathrm{T}}L) \tag{7-32}$$

基线向量平差值为

$$\left.\begin{aligned} \Delta x_{ij} &= \Delta x_{ij}^{0}+\delta x_{ij} \\ \Delta y_{ij} &= \Delta y_{ij}^{0}+\delta y_{ij} \\ \Delta z_{ij} &= \Delta z_{ij}^{0}+\delta z_{ij} \end{aligned}\right\} \tag{7-33}$$

基线长度平差值为

$$b=\sqrt{\Delta x_{ij}^{2}+\Delta y_{ij}^{2}+\Delta z_{ij}^{2}} \tag{7-34}$$

整周未知数平差值为

$$N_i=N_i^0+\delta N_i \quad (i=1,2,\cdots,sv-1) \tag{7-35}$$

三、精度评定

1. 单位权中误差估值

单位权中误差估值 m_0 可由下式计算，即

$$m_0=\sqrt{\frac{V^{\mathrm{T}}PV}{m-sv-2}}=\sqrt{\frac{V^{\mathrm{T}}V}{m-sv-2}} \tag{7-36}$$

式中

$$\begin{aligned} V^{\mathrm{T}}V &= (AX+L)^{\mathrm{T}}(AX+L) \\ &= L^{\mathrm{T}}L+B^{\mathrm{T}}X \end{aligned} \tag{7-37}$$

2. 平差值的精度估值

未知数向量 $\boldsymbol{X}$ 中任一分量的中误差估值为

$$m_{x_i}=m_0\sqrt{\frac{1}{\boldsymbol{P}_{x_i}}}=m_0\sqrt{\boldsymbol{Q}_{x_ix_i}}\qquad (i=1,2\cdots,\mathrm{sv}+2) \tag{7-38}$$

式中，$\boldsymbol{P}_{x_i}$ 为未知数 x_i 的权，可直接由法方程系数阵逆阵 $\boldsymbol{N}^{-1}$ 的对角元素求得。

3. 基线长度 b 的精度估算

将基线长度式（7-34）线性化得

$$b=b_0+\frac{\Delta x_{ij}^0}{b_0}\delta x_{ij}+\frac{\Delta y_{ij}^0}{b_0}\delta y_{ij}+\frac{\Delta z_{ij}^0}{b_0}\delta z_{ij} \tag{7-39}$$

式中
$$b_0=\sqrt{(\Delta x_{ij}^0)^2+(\Delta y_{ij}^0)^2+(\Delta z_{ij}^0)^2}$$

则可得到基线长度的权函数式

$$\boldsymbol{\delta b}=\boldsymbol{f}^{\mathrm{T}}\boldsymbol{\Delta X} \tag{7-40}$$

式中
$$\boldsymbol{f}=\begin{pmatrix}\frac{\Delta x_{ij}^0}{b_0} & \frac{\Delta y_{ij}^0}{b_0} & \frac{\Delta z_{ij}^0}{b_0}\end{pmatrix}^{\mathrm{T}}$$
$$\boldsymbol{\Delta X}=(\delta x_{ij}\quad \delta y_{ij}\quad \delta z_{ij})^{\mathrm{T}}$$

由协因数传播率即可得到

$$\boldsymbol{Q}_{\delta b}=\boldsymbol{f}^{\mathrm{T}}\boldsymbol{Q}_{\Delta X}\boldsymbol{f} \tag{7-41}$$

式中，基线向量坐标未知数 Δx 的协因数阵 $\boldsymbol{Q}_{\Delta X}$ 可由 $\boldsymbol{N}^{-1}$ 中取出，即

$$\boldsymbol{Q}_{\Delta X}=\begin{bmatrix}Q_{\delta x_{ij}} & Q_{\delta x_{ij}\delta y_{ij}} & Q_{\delta x_{ij}\delta z_{ij}}\\ Q_{\delta y_{ij}\delta x_{ij}} & Q_{\delta y_{ij}} & Q_{\delta y_{ij}\delta z_{ij}}\\ Q_{\delta z_{ij}\delta x_{ij}} & Q_{\delta z_{ij}\delta y_{ij}} & Q_{\delta z_{ij}}\end{bmatrix}$$

则基线长度 b 的中误差估值为

$$m_b=m_0\sqrt{\boldsymbol{Q}_{\delta b}} \tag{7-42}$$

基线长度相对中误差估值为

$$m_{\mathrm{r}}=\frac{m_b}{b} \tag{7-43}$$

四、解算结果分析

GPS 观测值由于受到 GPS 卫星信号的发射、传播和接收的误差影响，其中包含有各种误差。这些误差一般可以采用适当的作业模式或通过附加模型改正等方法加以消除或减弱，经过基线解算后，在基线向量观测值中仍可能存在某些系统误差或粗差。故在基线处理完成后应对其结果进行下列分析。

1. 残差分析

平差处理时，若存在系统误差和粗差，其结果将有偏差。理论上，载波相位观测精度为1%周，即对 L_1 波段信号观测误差只有 2mm。因而当偶然误差达 1cm 时，应认为观测值质量存在较严重的问题；当系统误差达分米级时，应认为所用数学模型有误；当残差分布中出现突然的跳跃或尖峰时，则表明整周跳变处理失败。

观测残差分布合理与否主要体现在平差后的单位权中误差估值上，根据基线长度一般要求在 0.05 周以下，否则表明观测值中存在某些系统误差或粗差。

2. 处理基线结果的精度

（1）验后单位权方差检验　采用 χ^2 检验法对验后单位权方差进行检验，观察是否与理论值相近。

（2）基线长度的精度　要求处理后基线长度中误差应符合标称精度。目前，大多数商用软件的基线长度标称精度公式为 $5\sim10\text{mm}+(1\sim2)\times10^{-6}s$。

（3）双差固定解与双差实数解之间的差值　理论上整周未知数 N 为一整数，但其平差值为一实数，称为双差实数解。将实数确定为整数，在进一步平差时不作为未知数求解，这样的结果称为双差固定解。通常要求两者之间的基线向量坐标差小于 5cm。当双差固定解与实数解的向量坐标差达到分米级时，则处理结果可能有误。基线长度较长时，以双差实数解为最佳。

3. 粗差检测

对 GPS 基线向量观测值的粗差检验和模型误差辨识，一般是利用由基线向量构成的多边形闭合差进行。

4. 粗差定位

当经过检验，认为 GPS 网中还存在粗差时，往往还需要确定粗差源来自哪些观测（组），该过程称为粗差定位。每个基线向量观测值 L_1 都是由三维坐标差构成的相关观测值，而各基线向量之间一般认为是独立的。因此，从模式识别技术的观点看，粗差定位实质上是分析粗差向量落在哪些基线向量 L_1 的系数矩阵 $\boldsymbol{A}_1$ 所形成的特征子空间内的概率问题。

第三节　GPS 基线网独立平差

一、概述

GPS 基线网平差的目的就是为了消除基线网中各类图形闭合条件的不符值，并建立网的基准，即网的位置、方向和尺度基准。基线向量本身已经确定了方向和尺度基准，与网的平差方法无关，而网的位置基准则与平差的方法密切相关。

目前广泛采用的平差方法，主要有经典自由网平差和亏秩自由网平差。经典自由网平差是仅具有必要起始数据的平差方法，例如，取 GPS 网中任一点的伪距定位坐标，作为 GPS 网点坐标的起算数据。亏秩自由网平差是一种不需必要起始数据的平差方法，有自由网伪逆和拟稳平差两种。它是在最小范数条件下，基线网的位置基准由网点坐标近似值的平均值（称为重心坐标）所规定。经典自由网平差广泛应用于城市与矿山等区域性控制网的平差，而亏秩自由网主要应用于工程变形和地壳运动等监测网的数据处理。

二、基线网按经典自由网平差

1. 误差方程

设网中的固定点点号为 1，网内测站点数为 n，以待定测站点坐标改正数

$$\boldsymbol{\delta x}_i=(\delta x_i \quad \delta y_i \quad \delta z_i)^{\mathrm{T}}(i=2,3\cdots n) \tag{7-44}$$

为平差未知数，以基线向量坐标 $\boldsymbol{\Delta x}_{ij}$ 及其方差 $\boldsymbol{D}_{ij}$ 的逆阵 $\boldsymbol{D}_{ij}^{-1}$

$$\boldsymbol{\Delta x}_{ij}=(\Delta x_{ij} \quad \Delta y_{ij} \quad \Delta z_{ij})^{\mathrm{T}}$$

$$\boldsymbol{P}_{ij}=\boldsymbol{D}_{ij}^{-1}=\begin{bmatrix} \sigma_{\Delta x_{ij}} & \sigma_{\Delta x_{ij}\Delta y_{ij}} & \sigma_{\Delta x_{ij}\Delta z_{ij}} \\ \sigma_{\Delta y_{ij}\Delta x_{ij}} & \sigma_{\Delta y_{ij}} & \sigma_{\Delta y_{ij}\Delta z_{ij}} \\ \sigma_{\Delta z_{ij}\Delta x_{ij}} & \sigma_{\Delta z_{ij}\Delta y_{ij}} & \sigma_{\Delta z_{ij}} \end{bmatrix}^{-1} \tag{7-45}$$

$$(i, \ j=1, \ 2, \ \cdots, \ n)$$

为观测值和权阵，并设固定点坐标和待定点近似坐标为

$$\boldsymbol{x}_1=(x_1 \quad y_1 \quad z_1)^{\mathrm{T}}$$

$$\boldsymbol{x}_i^0=(x_i^0 \quad y_i^0 \quad z_i^0)^{\mathrm{T}} \quad (i=2,3,\cdots,n) \tag{7-46}$$

则对于任意 i、j 两点有以下关系

$$\hat{\boldsymbol{x}}_j=\hat{\boldsymbol{x}}_i+\boldsymbol{\Delta}\hat{\boldsymbol{x}}_{ij}=\boldsymbol{x}_j^0+\boldsymbol{\delta x}_j \tag{7-47}$$

或

$$\boldsymbol{\Delta}\hat{\boldsymbol{x}}_{ij}=(\boldsymbol{x}_j^0-\boldsymbol{x}_i^0)+(\boldsymbol{\delta x}_j-\boldsymbol{\delta x}_i) \tag{7-48}$$

据此可写出基线向量观测值的误差方程。

含固定点的基线向量观测值 $\boldsymbol{\Delta x}_{1i}$ 的误差方程为

$$\begin{bmatrix} V_{\Delta x_{ij}} \\ V_{\Delta y_{ij}} \\ V_{\Delta z_{ij}} \end{bmatrix}=\begin{bmatrix} 1 & 0 & 0 \\ 0 & 1 & 0 \\ 0 & 0 & 1 \end{bmatrix}\begin{bmatrix} \delta_{x_j} \\ \delta_{y_j} \\ \delta_{z_j} \end{bmatrix}-\begin{bmatrix} \Delta x_{ij}+x_i-x_j^0 \\ \Delta y_{ij}+y_i-y_j^0 \\ \Delta z_{ij}+z_i-z_j^0 \end{bmatrix} \tag{7-49}$$

写成矩阵形式为

$$\boldsymbol{V}_{1i}=\boldsymbol{\delta x}_i-\boldsymbol{L}_{1i} \tag{7-50}$$

对应的权阵为 $\boldsymbol{P}_{i1}$。

不含固定点的基线向量观测值 $\boldsymbol{\Delta x}_{ij}$ 的误差方程为

$$\begin{bmatrix} V_{\Delta x_{ij}} \\ V_{\Delta y_{ij}} \\ V_{\Delta z_{ij}} \end{bmatrix}=-\begin{bmatrix} 1 & 0 & 0 \\ 0 & 1 & 0 \\ 0 & 0 & 1 \end{bmatrix}\begin{bmatrix} \delta_{x_i} \\ \delta_{y_i} \\ \delta_{z_i} \end{bmatrix}+\begin{bmatrix} 1 & 0 & 0 \\ 0 & 1 & 0 \\ 0 & 0 & 1 \end{bmatrix}\begin{bmatrix} \delta_{x_i} \\ \delta_{y_i} \\ \delta_{z_i} \end{bmatrix}-\begin{bmatrix} \Delta x_{ij}+x_i^0-x_j^0 \\ \Delta y_{ij}+y_i^0-y_j^0 \\ \Delta z_{ij}+z_i^0-z_j^0 \end{bmatrix} \tag{7-51}$$

写成矩阵形式

$$\boldsymbol{V}_{ij}=-\boldsymbol{\delta x}_i+\boldsymbol{\delta x}_j-\boldsymbol{L}_{ij} \tag{7-52}$$

对应的权阵为 $\boldsymbol{P}_{ij}$。

2. 法方程的组成及解算

由于各基线向量观测值之间认为是互相独立的，因而可根据最小二乘准则 $\boldsymbol{V}^{\mathrm{T}}\boldsymbol{PV}=\min$，分别对每个基线向量观测值的误差方程式组成法方程，然后合并这些法方程组成总法方程。

对应于式（7-50）的法方程为

$$\boldsymbol{P}_{1i}\boldsymbol{\delta x}_i-\boldsymbol{P}_{1i}\boldsymbol{L}_{1i}=0 \tag{7-53}$$

对应于式（7-52）的法方程为

$$\begin{bmatrix} \boldsymbol{P}_{ij} & -\boldsymbol{P}_{ij} \\ -\boldsymbol{P}_{ij} & \boldsymbol{P}_{ij} \end{bmatrix}\begin{bmatrix} \boldsymbol{\delta x}_i \\ \boldsymbol{\delta x}_j \end{bmatrix}-\begin{bmatrix} -\boldsymbol{P}_{ij} & \boldsymbol{L}_{ij} \\ \boldsymbol{P}_{ij} & \boldsymbol{L}_{ij} \end{bmatrix}=0 \tag{7-54}$$

设总法方程为

$$\boldsymbol{N\delta x}-\boldsymbol{U}=0 \tag{7-55}$$

式中　$\boldsymbol{\delta x}=(\boldsymbol{\delta x}_2^{\mathrm{T}} \quad \boldsymbol{\delta x}_3^{\mathrm{T}} \quad \cdots \quad \boldsymbol{\delta x}_n^{\mathrm{T}})^{\mathrm{T}}$

设 m 为独立的基线向量数，则法方程系数阵 $\boldsymbol{N}$ 的阶数为（$3m \times 3m$）阶。

于是可解得平差未知数 $\boldsymbol{\delta x}$ 为

$$\boldsymbol{\delta x}=\boldsymbol{N}^{-1}\boldsymbol{U} \tag{7-56}$$

各待定点坐标平差值 $\hat{x}_i$ 为

$$\hat{\boldsymbol{x}}_i=\boldsymbol{x}_i^0+\boldsymbol{\delta x}_i(i=2,3,\cdots,n) \tag{7-57}$$

3. 精度评定

单位权中误差估值为

$$m_0=\sqrt{\frac{V^{\mathrm{T}}PV}{3m-3(n-1)}} \tag{7-58}$$

式中，$V^{\mathrm{T}}PV$ 中基线向量观测值的改正数 V 可将各待定点坐标改正数 δx_i 代入式（7-50）和（7-52）中求得。

各待定点坐标未知数平差值 δx 的方差估值为

$$D_{\hat{x}}=m_0^2N^{-1} \tag{7-59}$$

三、基线网按亏秩自由网平差

亏秩自由网平差分为自由网伪逆平差和自由网拟稳平差两种方法，这里仅介绍自由网伪逆平差法。

自由网伪逆平差的基本思想是不提供必要的起始数据，基线网的位置由网点坐标近似值的平均值确定，在满足最小二乘准则的同时，引入附加的最小范数条件，使测站点坐标改正数的平方和为最小。

设 n 为网中测站点数，m 为独立的基线向量数，由于没有固定点，则由式（7-52）可得误差方程组

$$V=A\delta x+L \tag{7-60}$$

其中 $\underset{(3m\times1)}{V}=(v_1\quad v_2\cdots\cdots v_m)^{\mathrm{T}}$

$\underset{(3n\times1)}{\delta x}=(\delta x_1\quad \delta x_2\cdots\cdots \delta x_n)^{\mathrm{T}}$

$\underset{(3m\times1)}{L}=(l_1\quad l_2\cdots\cdots l_m)^{\mathrm{T}}$

式中 $\underset{(3n\times3n)}{A}$ ——误差方程系数阵，其元素由＋1，－1 和 0 组成。

根据最小二乘准则

$$V^{\mathrm{T}}PV=\min \tag{7-61}$$

由式（7-60）可得相应的法方程为

$$N\delta x+U=0 \tag{7-62}$$

式中

$$\underset{(3n\times3n)}{N}=A^{\mathrm{T}}PA$$

$$\underset{(3n\times1)}{U}=A^{\mathrm{T}}PA$$

$$\underset{(3n\times3n)}{P}=m_0^2D_{\Delta x}^{-1}$$

由于没有固定点，因此缺少位置基准，导致误差方程系数阵 A 不是列满秩阵，所以由其所组成的法方程系数阵 N 为奇异阵或亏秩阵，亏秩数 $d=3$，逆阵 N^{-1} 不存在，因而法方程没有惟一解。为了使法方程能有惟一解，需要引入附加的最小范数条件，即使网的平差在满足最小二乘准则的同时，亦满足坐标改正数的平方和为最小的条件，即

$$\delta x^{\mathrm{T}}\delta x=\min \tag{7-63}$$

于是由式（7-62）可解得

$$\delta x=-N_{\mathrm{m}}^{-}A^{\mathrm{T}}PL \tag{7-64}$$

式中，N_{m}^{-} 为 N 的最小范数逆，可按下式计算，即

$$N_{\mathrm{m}}^{-}=N(NN)^{-} \tag{7-65}$$

平差未知数的协因数阵为

$$\underset{(3n\times 3n)}{\boldsymbol{Q}_{xx}}=\boldsymbol{N}_{\mathrm{m}}^{-}\boldsymbol{N}(\boldsymbol{N}_{\mathrm{m}}^{-})^{\mathrm{T}}=\boldsymbol{N}^{+} \tag{7-66}$$

第四节　坐标系统的转换

GPS定位系统采用的是WGS—84大地坐标系，属于协议地心坐标系，而实用的测量成果是属于某一国家坐标系或地方坐标系，为参心坐标系。由于两者的原点位置与坐标轴的指向不同，存在着平移和旋转的关系，因此必须解决GPS定位成果的坐标转换问题。

一、空间直角坐标与大地坐标的转换

地球上某一点的三维空间位置可用空间直角坐标（x，y，z）表示，也可用大地坐标（B，L，H）表示。在同一坐标系中，两者之间的转换公式如下。

1. 由大地坐标（B，L，H）转变为空间直角坐标（x，y，z）

$$\left.\begin{aligned}x&=(N+H)\cos B\cos L\\y&=(N+H)\cos B\sin L\\z&=[N(1-e^2)+H]\sin B\end{aligned}\right\} \tag{7-67}$$

式中　N——该点的卯酉圈曲率半径，其大小为

$$N=\frac{a}{\sqrt{1-e^2\sin^2 B}} \tag{7-68}$$

式中　a——椭圆长半轴；

e——第一偏心率，其大小为　$e=\sqrt{\dfrac{a^2-b^2}{a^2}}$；

b——椭圆短半轴。

2. 由空间直角坐标（x，y，z）转换为大地坐标（B，L，H）

$$\left.\begin{aligned}B&=\arctan\left[\frac{1}{\sqrt{x^2+y^2}}\left(z+\frac{ce^2\tan B}{\sqrt{1+e'^2+\tan B}}\right)\right]\\L&=\arctan(y/x)\\H&=\frac{\sqrt{x^2+y^2}}{\cos B}-N\end{aligned}\right\} \tag{7-69}$$

式中

$$c=\frac{a^2}{b}$$

$$e'^2=\frac{e^2}{1-e^2}$$

显然，求B时应用迭代法较好，为减少迭代次数，按下述方法求得B的初值B_0，则只需迭代两次即可满足精度要求。

$$\left.\begin{aligned}B_0&=\varphi+\Delta B\\\varphi&=\arcsin(z/R)\\R&=\sqrt{x^2+y^2+z^2}\\\Delta B&=A\sin 2\varphi(1+2A\cos 2\varphi)\\A&=ae^2/(2R\sqrt{1-e^2\sin^2\varphi})\end{aligned}\right\} \tag{7-70}$$

二、不同空间直角坐标系之间的坐标转换

1. 两空间直角坐标系之间的几何关系

设同一点在两坐标系中的坐标分别为（x_{T_i}，y_{T_i}，z_{T_i}）和（x_{S_i}，y_{S_i}，z_{S_i}），如图 7-3 所示。研究并确定它们之间的关系称为基准转换。下面对常用的布尔沙-沃尔夫（Bursa-wolf）基准转换模型进行说明。

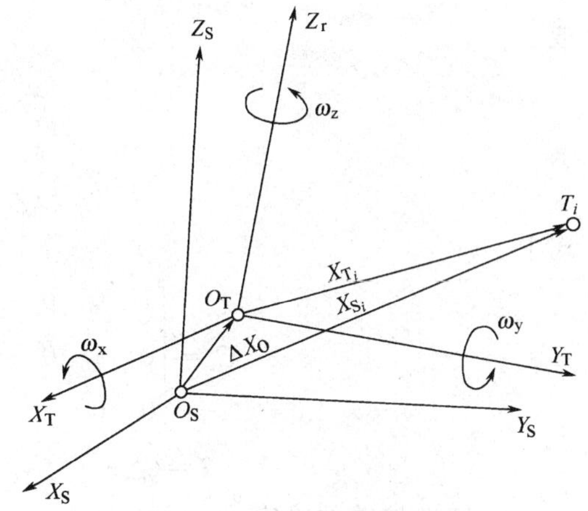

图 7-3　两空间直角坐标系的几何关系

已知两空间直角坐标系的基准转换关系为

$$\boldsymbol{x}_{S_i}=\boldsymbol{\Delta x}_0+\boldsymbol{R}(\omega_z)\boldsymbol{R}(\omega_y)\boldsymbol{R}(\omega_x)\boldsymbol{x}_{T_i} \tag{7-71}$$

当考虑两坐标系间的尺度差 k 时，上式应为

$$\boldsymbol{x}_{S_i}=\boldsymbol{\Delta x}_0+(1+k)\boldsymbol{R}(\omega_z)\boldsymbol{R}(\omega_y)\boldsymbol{R}(\omega_x)\boldsymbol{x}_{T_i} \tag{7-72}$$

式中，$\boldsymbol{\Delta x}_0=(\Delta x_0 \quad \Delta y_0 \quad \Delta z_0)^{\mathrm{T}}$，为坐标系的平移参数；

$\boldsymbol{x}_S=(x_{S_i} \quad y_{S_i} \quad z_{S_i})^{\mathrm{T}}$；

$\boldsymbol{x}_T=(x_{T_i} \quad y_{T_i} \quad z_{T_i})^{\mathrm{T}}$；

k——尺度因子；

$\boldsymbol{R}(\omega_x),\boldsymbol{R}(\omega_y),\boldsymbol{R}(\omega_z)$——分别为坐标平面绕 x、y、z 轴旋转的旋转变换矩阵；

ω_x，ω_y，ω_z——旋转参数。

$$\boldsymbol{R}(\omega_x)=\begin{bmatrix}1 & 0 & 0\\ 0 & \cos\omega_x & \sin\omega_x\\ 0 & -\sin\omega_x & \cos\omega_x\end{bmatrix} \tag{7-73}$$

$$\boldsymbol{R}(\omega_y)=\begin{bmatrix}\cos\omega_y & 0 & -\sin\omega_y\\ 0 & 1 & 0\\ \sin\omega_y & 0 & \cos\omega_y\end{bmatrix} \tag{7-74}$$

$$\boldsymbol{R}(\omega_z)=\begin{bmatrix}\cos\omega_z & \sin\omega_z & 0\\ -\sin\omega_z & \cos\omega_z & 0\\ 0 & 0 & 1\end{bmatrix} \tag{7-75}$$

将 Δx_0、Δy_0、Δz_0、k、ω_x、ω_y、ω_z 统称为坐标系间的转换参数。由式（7-72）所表示的转换关系也称为相似变换。

令　$\boldsymbol{R}(\omega)=R(\omega_z)R(\omega_y)R(\omega_x)$

$$=\begin{bmatrix}\cos\omega_y\cos\omega_z & \cos\omega_x\sin\omega_z+\sin\omega_x\sin\omega_y\cos\omega_z & \sin\omega_x\sin\omega_z-\cos\omega_x\sin\omega_y\cos\omega_z\\ -\cos\omega_y\sin\omega_z & \cos\omega_x\cos\omega_z-\sin\omega_x\sin\omega_y\sin\omega_z & \sin\omega_x\cos\omega+\cos\omega_x\sin\omega_y\sin\omega_z\\ \sin\omega_y & -\sin\omega_x\cos\omega_y & \cos\omega_x\cos\omega_y\end{bmatrix} \tag{7-76}$$

考虑到坐标轴定向的差别一般都很小，即 ω_x、ω_y、ω_z 为微小量，这时在略去二次微小量的情况下，式（7-76）可简化为

$$\boldsymbol{R}(\omega)=\begin{bmatrix}1 & \omega_z & -\omega_y\\ -\omega_z & 1 & \omega_x\\ \omega_y & -\omega_x & 1\end{bmatrix} \tag{7-77}$$

则式（7-72）可简化为

$$\begin{bmatrix} \boldsymbol{x}_{S_i} \\ \boldsymbol{y}_{S_i} \\ \boldsymbol{z}_{S_i} \end{bmatrix} = \begin{bmatrix} \Delta x_0 \\ \Delta y_0 \\ \Delta z_0 \end{bmatrix} + (1+k)\boldsymbol{R}(\omega) \begin{bmatrix} x_{T_i} \\ y_{T_i} \\ z_{T_i} \end{bmatrix} \tag{7-78}$$

或

$$\begin{bmatrix} \boldsymbol{x}_{S_i} \\ \boldsymbol{y}_{S_i} \\ \boldsymbol{z}_{S_i} \end{bmatrix} = \begin{bmatrix} x_{T_i} \\ y_{T_i} \\ z_{T_i} \end{bmatrix} + \boldsymbol{C}_i\boldsymbol{T} \tag{7-79}$$

式中

$$C_i = \begin{bmatrix} 1 & 0 & 0 & x_{T_i} & 0 & -z_{T_i} & x_{T_i} \\ 0 & 1 & 0 & y_{T_i} & z_{T_i} & 0 & -x_{T_i} \\ 0 & 0 & 1 & z_{T_i} & -y_{T_i} & x_{T_i} & 0 \end{bmatrix}$$

$$\boldsymbol{T} = (\Delta x_0 \quad \Delta y_0 \quad \Delta z_0 \quad k \quad \omega_x \quad \omega_y \quad \omega_z)^{\mathrm{T}}$$

2. 转换参数的确定

实用中，转换参数是根据两坐标系的公共点来确定的，坐标系由点的坐标来体现。要确定式（7-79）中 $\boldsymbol{T}$ 向量的七个参数，至少需要三个既具有 O_S——$X_SY_ST_S$ 坐标系中坐标又具有 O_T——$X_TY_TZ_T$ 坐标系中坐标的公共点，利用最小二乘法求解 $\boldsymbol{T}$。当两坐标系分别为卫星网所属的地心坐标系（设为 S）和地面所属的参心坐标系（设为 T）时，该项工作称为卫星网和地面网的联合平差。

联合平差实施的具体步骤如下。

（1）建立误差方程　以七个转换参数和公共点的地面网坐标为未知数，以公共点坐标为观测值，则有如下误差方程。

$$\left.\begin{aligned} \boldsymbol{V}_{T_i} &= \boldsymbol{\delta x}_{T_i}\text{，权 } \boldsymbol{P}_{T_i} \\ \boldsymbol{V}_{S_i} &= \boldsymbol{\delta x}_{T_i} + \boldsymbol{C}_i\boldsymbol{\delta T} + \boldsymbol{L}_i\text{，权 } P_{S_i} \end{aligned}\right\} \quad (i=1,2,\cdots,n) \tag{7-80}$$

式中，n 为公共点个数。取 T 的近似值 $\boldsymbol{T}^0$ 和地面网点坐标未知数的近似值 $\boldsymbol{x}^0_{T_i}$ 分别为

$$\left.\begin{aligned} \boldsymbol{T}^0 &= 0 \\ \boldsymbol{x}^0_{T_i} &= (x^0_{T_i} \quad y^0_{T_i} \quad z^0_{T_i})^{\mathrm{T}} \end{aligned}\right\} \tag{7-81}$$

以 $x^0_{T_i}$ 和 $x^0_{S_i}$ 分别表示公共点 I 的地面网和卫星网的坐标观测值，则有

$$\boldsymbol{C}_i = \begin{bmatrix} 1 & 0 & 0 & x^0_{T_i} & 0 & -z^0_{T_i} & y^0_{T_i} \\ 0 & 1 & 0 & y^0_{T_i} & z^0_{T_i} & 0 & -x^0_{T_i} \\ 0 & 0 & 1 & z^0_{T_i} & -y^0_{T_i} & x^0_{T_i} & 0 \end{bmatrix} \tag{7-82}$$

$$\boldsymbol{L}_i = \begin{bmatrix} x^0_{T_i} - x^0_{S_i} \\ y^0_{T_i} - y^0_{S_i} \\ z^0_{T_i} - z^0_{S_i} \end{bmatrix} \tag{7-83}$$

（2）法方程组成及解算　根据式（7-82）可组成法方程

$$\begin{bmatrix} \boldsymbol{P}_S + \boldsymbol{P}_T & \boldsymbol{P}_S\boldsymbol{C} \\ \boldsymbol{C}^{\mathrm{T}}\boldsymbol{P}_S & \boldsymbol{C}^{\mathrm{T}}\boldsymbol{P}_S\boldsymbol{C} \end{bmatrix} \begin{bmatrix} \boldsymbol{\delta x}_T \\ \boldsymbol{\delta T} \end{bmatrix} + \begin{bmatrix} \boldsymbol{P}_S\boldsymbol{L} \\ \boldsymbol{C}^{\mathrm{T}}\boldsymbol{P}_S\boldsymbol{L} \end{bmatrix} = 0 \tag{7-84}$$

式中 $\boldsymbol{P}_S=\begin{bmatrix}\boldsymbol{P}_{S_1} & & & \\ & \boldsymbol{P}_{S_2} & & \\ & & \ddots & \\ & & & \boldsymbol{P}_{S_n}\end{bmatrix}$，$P_T=\begin{bmatrix}\boldsymbol{P}_{T_1} & & & \\ & \boldsymbol{P}_{T_2} & & \\ & & \ddots & \\ & & & \boldsymbol{P}_{T_n}\end{bmatrix}$

$$\boldsymbol{C}=\begin{bmatrix}C_1\\C_2\\\vdots\\C_n\end{bmatrix},\boldsymbol{L}=\begin{bmatrix}L_1\\L_2\\\vdots\\L_n\end{bmatrix}$$

$$\boldsymbol{\delta x}_T=\begin{bmatrix}\delta x_{T_1}\\\delta x_{T_2}\\\vdots\\\delta x_{T_3}\end{bmatrix}$$

解式（7-84）得

$$\boldsymbol{\delta T}=[\boldsymbol{C}^T(\boldsymbol{P}_S^{-1}+\boldsymbol{P}_T^{-1})^{-1}+\boldsymbol{C}]^{-1}\boldsymbol{C}^T(\boldsymbol{P}_S^{-1}+\boldsymbol{P}_T^{-1})^{-1}\boldsymbol{L} \tag{7-85}$$

则转换参数平差值 $\hat{\boldsymbol{T}}$ 为

$$\hat{\boldsymbol{T}}=\boldsymbol{T}^0+\boldsymbol{\delta T} \tag{7-86}$$

(3) 精度评定　单位权中误差估值为

$$m_0=\sqrt{\frac{\boldsymbol{V}^T\boldsymbol{PV}}{3n-m}} \tag{7-87}$$

式中，m 为转换参数个数。

$$\boldsymbol{V}^T\boldsymbol{PV}=\sum_{i=1}^{n}(\boldsymbol{V}_{T_i}^T\boldsymbol{P}_{T_i}\boldsymbol{V}_{T_i}+\boldsymbol{V}_{S_i}^T\boldsymbol{P}_{S_i}\boldsymbol{V}_{S_i}) \tag{7-88}$$

转换参数协因数 Q_T 为

$$\boldsymbol{Q}_T=[\boldsymbol{C}^T(\boldsymbol{P}_S^{-1}+\boldsymbol{P}_T^{-1})^{-1}\boldsymbol{C}]^{-1} \tag{7-89}$$

转换参数的方差阵 $\boldsymbol{D}_T$ 为

$$\boldsymbol{D}_T=m_0^2Q_T \tag{7-90}$$

取 $\boldsymbol{D}_T$ 对角线元素的方根即可得到转换参数平差值的中误差估值。

3. 转换参数的精度

当确定了两空间直角坐标系之间的转换参数后，就可将任一点的坐标在两个空间直角坐标系中转换。转换后的坐标精度既与被转换坐标精度有关，也与转换参数的精度有关。

影响转换参数求定精度的主要因素如下。

① 地面网观测的权与 GPS 网观测值的权不匹配。

② 地面网坐标精度和 GPS 网坐标精度。

③ 公共点的个数及分布。要求出七个转换参数至少需要三个公共点，显然，当公共点个数增加时，联合平差解算出的参数的可信度也会相应提高。

④ 联合平差模型的适宜性。当应用布尔沙-沃尔夫模型求解转换参数时，某些不显著的转换参数应予剔除，以免影响其他参数的求定精度。

总之，转换参数用于坐标转换时，不仅需要注意其精度水平，还应该注意参数的区域性和时间性。

三、不同大地坐标系之间的坐标转换

假设两大地坐标系的椭球参数 a、f^{-1} 是一致的，或已化为一致时，则有以下转换模型，即

$$\begin{bmatrix} B \\ L \\ H \end{bmatrix}_S = \boldsymbol{F} \begin{bmatrix} \Delta x_0 \\ \Delta y_0 \\ \Delta z_0 \end{bmatrix} + \boldsymbol{G} \begin{bmatrix} \omega_x \\ \omega_y \\ \omega_z \\ k \end{bmatrix} \tag{7-91}$$

式中　$(B\quad L\quad H)_S^T$——新大地坐标系的大地坐标；

$(B\quad L\quad H)$——原大地坐标系的大地坐标；

$(\omega_x\quad \omega_y\quad \omega_z)^T$——旋转参数；

k——尺度因子。

$$\boldsymbol{F} = \begin{bmatrix} -\frac{1}{M}\sin B\cos L & -\frac{1}{M}\sin B\sin L & \frac{1}{M}\cos B \\ -\frac{1}{N\cos B}\sin L & \frac{1}{N\cos B}\cos L & 0 \\ \cos B\cos L & \cos B\sin L & \sin B \end{bmatrix}$$

$$\boldsymbol{G} = \begin{bmatrix} -(1+e^2\cos 2B)\sin L & (1+e^2\cos 2B)\cos L & 0 & -e^2\sin B\cos B \\ (1-e^2)\tan B\cos L & (1-e^2)\tan B\sin L & -1 & 0 \\ -\frac{1}{2}Ne^2\sin 2B\sin L & \frac{1}{2}Ne^2\sin 2B\cos L & 0 & N(1-e^2\sin^2 B) \end{bmatrix}$$

式中　M——原大地坐标系子午圈曲率半径；

N——原大地坐标系卯酉圈曲率半径；

e——第一偏心率。

如果两坐标系的椭球参数 a、f^{-1} 不一致时，则应考虑其间椭球参数不同的影响。

四、在高斯平面坐标系统中的坐标转换模型

为了简化计算程序和避免地面网缺乏高程异常资料而导致求解空间直角坐标的较大误差，学者周忠谟等人提出了 GPS 网与地面网在高斯平面坐标系统中的坐标转换模型，其推导过程如下。

已知的高斯坐标正算公式可以改写为另一形式，即

$$\left.\begin{aligned} x &= x_0 + x_{02}l^2 + x_{04}l^4 + \cdots \\ y &= y_{01}l + y_{03}l^3 + \cdots \end{aligned}\right\} \tag{7-92}$$

式中

$$x_{02} = \frac{1}{2}N\sin B\cos B$$

$$x_{04} = \frac{1}{24}N(5-6\sin^2 B)\sin B\cos B$$

$$y_{01} = N\cos B$$

$$y_{03} = \frac{1}{6}N(1-2\sin^2 B)\cos B$$

x_0 为赤道至纬度 B 的子午线弧长，N、L、B 的意义同前。

假设网点的大地坐标产生了微变量（δB，δL），则由此引起高斯平面坐标的变化，在略去二次及其以上微小量的情况下，由式（7-92）可得

$$\left.\begin{aligned}\delta x&=\left(\frac{\partial x_0}{\partial B}+\frac{\partial x_{02}}{\partial B}l^2\right)\delta B+(2x_{02}l+4x_{04}l^3)\delta l\\ \delta y&=\left(\frac{\partial y_{01}}{\partial B}l+\frac{\partial y_{03}}{\partial B}l^3\right)\delta B+(y_{01}+3y_{03}l^2)\delta l\end{aligned}\right\}\tag{7-93}$$

顾及关系式

$$\left.\begin{aligned}&\frac{\partial x_0}{\partial B}=N\left(\frac{1-e^2}{W^2}\right)\\ &\frac{\partial x_{02}}{\partial B}=\frac{1}{2}N(1-2\sin^2B+e^2\sin^2B\cos^2B)\\ &\frac{\partial y_{01}}{\partial B}=-N\left(\frac{1-e^2}{W^2}\right)\sin B\\ &\frac{\partial y_{03}}{\partial B}=-\frac{1}{6}N(1-6\sin^2B)\sin B\\ &W=\sqrt{1-e^2\sin^2B}\end{aligned}\right\}\tag{7-94}$$

于是式（7-93）可写为

$$\begin{bmatrix}\delta x\\ \delta y\end{bmatrix}=\begin{bmatrix}x_b & x_1\\ y_b & y_1\end{bmatrix}\begin{bmatrix}\delta B\\ \delta l\end{bmatrix}\tag{7-95}$$

式中

$$x_b=N\left[\frac{1-e^2}{W^2}+\frac{1}{2}(1-2\sin^2B+e^2\sin^2B\cos^2B)l^2\right]$$

$$x_1=N\left[l+\frac{1}{6}(5-6\sin^2B)l^3\right]\sin B\cos B$$

$$y_b=-N\left[\frac{1-e^2}{W^2}l+\frac{1}{6}(5-6\sin^2B)l^3\right]\sin B$$

$$y_1=N\left[1+\frac{1}{2}(1-2\sin^2B+e^2\cos^4B)l^2\right]\cos B$$

如果网点的大地坐标的变化是由于坐标系统定位、定向和尺度的改变而引起的，则已知关系式

$$\begin{bmatrix}\delta B\\ \delta l\end{bmatrix}=(\boldsymbol{T}\quad\boldsymbol{R}\quad\boldsymbol{M})\begin{bmatrix}\boldsymbol{\Delta x}_0\\ \boldsymbol{\omega}\\ k\end{bmatrix}\tag{7-96}$$

式中 $\boldsymbol{\Delta x}_0=(\Delta x_0\quad\Delta y_0\quad\Delta z_0)^{\mathrm{T}}$——平移参数向量；

$\omega=(\omega_x\quad\omega_y\quad\omega_z)^{\mathrm{T}}$——旋转参数向量；

k——尺度因子；

T，R，M——分别为系数矩阵，其形式如下。

$$\boldsymbol{T}=\begin{bmatrix}-\frac{1}{M}\sin B\cos B & -\frac{1}{M}\sin B\sin L & \frac{1}{M}\cos B\\ -\frac{1}{N\cos B}\sin L & \frac{1}{N\cos B}\cos L & 0\end{bmatrix}$$

$$\boldsymbol{R}=\begin{bmatrix}-(1+e^2\cos 2B)\sin L & (1+e^2\cos 2B)\cos L & 0\\ (1-e^2)\tan B\cos L & (1-e^2)\tan B\sin L & 1\end{bmatrix}$$

$$\boldsymbol{M}=\begin{bmatrix}-e^2\sin B\cos B\\0\end{bmatrix}$$

将式（7-96）代入式（7-95），得在高斯平面坐标系中两网的坐标转换模型，即

$$\begin{bmatrix}\delta x\\\delta y\end{bmatrix}=\begin{bmatrix}x_b & x_1\\y_b & y_1\end{bmatrix}(\boldsymbol{T}\quad\boldsymbol{R}\quad\boldsymbol{M})\begin{bmatrix}\boldsymbol{\Delta x}_0\\\boldsymbol{\omega}\\k\end{bmatrix}$$

经整理得

$$\begin{bmatrix}\delta x\\\delta y\end{bmatrix}=\begin{bmatrix}x_{\Delta x} & x_{\Delta y} & x_{\Delta z} & x_{\omega_x} & x_{\omega_y} & x_{\omega_z} & x_k\\y_{\Delta x} & y_{\Delta y} & y_{\Delta z} & y_{\omega_x} & y_{\omega_y} & y_{\omega_z} & y_k\end{bmatrix}\begin{bmatrix}\boldsymbol{\Delta x}_0\\\boldsymbol{\omega}\\k\end{bmatrix}\tag{7-97}$$

式中

$$x_{\Delta x}=-(k_1\cos L+k_2\sin L)\sin B$$

$$x_{\Delta y}=-(k_1\sin L-k_2\cos L)\sin B$$

$$x_{\Delta z}=k_1\cos B$$

$$x_{\omega_x}=-Nk_3\sin L+N(1-e^2)k_2\sin^2 B\cos L$$

$$x_{\omega_y}=Nk_3\cos L+N(1-e^2)k_2\sin^2 B\sin L$$

$$x_{\omega_z}=-Nk_2\sin B\cos B$$

$$x_k=-Ne^2k_1\sin B\cos B$$

$$y_{\Delta x}=k_2\sin^2 B\cos L-k_1\sin L$$

$$y_{\Delta y}=k_2\sin^2 B\cos L+k_1\cos L$$

$$y_{\Delta z}=-k_2\sin B\cos B$$

$$y_{\omega_x}=Nk_4\sin B\sin L+N(1-e^2)k_1\sin B\cos L$$

$$y_{\omega_y}=-Nk_4\sin B\cos L+N(1-e^2)k_1\sin B\sin L$$

$$y_{\omega_z}=-Nk_1\cos B$$

$$y_k=Ne^2k_2\sin^2 B\cos B$$

$$k_1=\left[1+\frac{1}{2}(1-2(\sin^2 B+e^2\cos^4 B)l^2)\right]$$

$$k_2=\left[1+\frac{1}{6}(5-6\sin^2 B)l^3\right]$$

$$k_3=\left\{1-e^2\sin^2 B-e^4\cos^4 B+\frac{1}{2}[1-2\sin^2 B+e^2(1-3\sin^2 B\cos^2 B)]l^2\right\}$$

$$k_4=\left[(1-e^2\sin^2 B-e^4\cos^4 B)l+\frac{1}{6}(5-6\sin^2 B)l^3\right]$$

若以（x、y）$_{\mathrm{T}}^{\mathrm{T}}$ 和（x、y）$_{\mathrm{S}}^{\mathrm{T}}$ 分别表示地面点在地面网和 GPS 网中的高斯平面坐标，则

$$\begin{bmatrix}x\\y\end{bmatrix}_{\mathrm{S}}=\begin{bmatrix}x\\y\end{bmatrix}_{\mathrm{T}}+\begin{bmatrix}\delta x\\\delta y\end{bmatrix}\tag{7-98}$$

由上式，对公共点可列出误差方程为

$$\begin{bmatrix}x\\y\end{bmatrix}_{\mathrm{S}}-\begin{bmatrix}x\\y\end{bmatrix}_{\mathrm{T}}=\boldsymbol{A}\begin{bmatrix}\boldsymbol{\Delta x}_0\\\boldsymbol{\omega}\\k\end{bmatrix}\tag{7-99}$$

式中，**A** 即为式（7-97）中系数阵。这样，根据最小二乘原理组成法方程就可以解算出

坐标转换参数。

第五节　GPS网与地面网的三维平差

一、概述

目前，在中国建立的GPS定位网大致有以下几种形式。

① 将已有的国家控制点作为固定点，应用GPS技术加密控制网。

② 考虑与已有的测量成果的衔接，应用GPS技术建立新的定位网。

③ 对原有的地面控制网进行改造和扩充。

上述GPS网均需要与地面测量数据联合起来，因此，GPS定位数据与地面测量数据的三维平差是GPS技术应用中的一个关键问题。

GPS网与地面网的三维平差，一般来说，可依两网的原始观测量为根据，也可依两网单独平差的结果为根据。考虑到以两网原始观测量为根据的联合平差数据处理量比较庞大，处理过程较为复杂，同时，也考虑到现有地面网都已完成了平差计算。所以，为了简化计算和充分利用原有成果，三维平差通常可在地面网和GPS网单独平差的基础上进行。这时，地面测量数据仅提供定位、定向和尺度基准，如固定点坐标、固定方向和固定边长，这种平差形式称为GPS网在地面坐标系中的三维约束平差。反之，地面测量数据除了提供定位、定向和尺度基准外，还包含有常规观测量时，这种平差形式称为GPS网与地面网的三维联合平差。

三维约束平差和三维联合平差，原则上可以在空间直角坐标系统中进行，也可以在三维大地坐标系统中进行。以GPS网的空间直角坐标作为未知参数时，其误差方程简单，且便于进行进一步的分析讨论，但是不利于将GPS网的平面与高程部分进行分别处理。以大地坐标作为未知参数时，虽然在大地坐标系中两网的基准转换模型比较复杂，但是便于将GPS网的平面与高程部分分开处理。下面分别讨论在空间直角坐标系和大地坐标系中的三维平差问题。

二、在空间直角坐标系中的三维约束平差

设 $\boldsymbol{x}=(\boldsymbol{x}_{\mathrm{T}}\quad \boldsymbol{x}_{\mathrm{S}})^{\mathrm{T}}$ 为两网单独平差后的坐标向量；$\boldsymbol{x}_{\mathrm{S}}=(x\ y\ z)_{\mathrm{S}}^{\mathrm{T}}$ 为GPS网三维平差后的坐标向量；$\boldsymbol{x}_{\mathrm{T}}=(x\ y\ z)^{\mathrm{T}}$ 为地面网单独平差后的坐标向量；$\boldsymbol{D}_{\mathrm{x}}$ 为单独平差后网点坐标的方差与协方差阵；$\hat{\boldsymbol{X}}$ 为三维平差后网点的坐标向量；$\boldsymbol{\delta x}$ 为三维平差后网点坐标的改正数向量。

1. 以网点坐标作为相关观测量的三维约束平差

当以两网单独平差后的公共网点坐标作为相关观测量时，可写出误差方程为

$$\left.\begin{aligned}\boldsymbol{V}_{\mathrm{T}}&=\boldsymbol{\delta}\hat{\boldsymbol{x}}_{\mathrm{T}}\\ \boldsymbol{V}_{\mathrm{S}}&=\boldsymbol{\delta}\hat{\boldsymbol{x}}_{\mathrm{S}}\end{aligned}\right\}\tag{7-100}$$

由上节所述坐标转换模型，可建立公共网点处的坐标关系式，作为三维平差时的约束条件。

$$\boldsymbol{\delta}\hat{\boldsymbol{x}}_{\mathrm{S}}=\boldsymbol{\delta}\hat{\boldsymbol{x}}_{\mathrm{T}}+\boldsymbol{BZ}+\boldsymbol{L}\tag{7-101}$$

式中 $\underset{(3n\times 7)}{\boldsymbol{B}}=(b_1\quad b_2\quad \cdots\quad b_n)^{\mathrm{T}}$

$$\underset{(3\times7)}{\boldsymbol{b}_i}=\begin{bmatrix}1&0&0&0&-z&y&z\\0&1&0&z&0&-x&y\\0&0&1&-y&x&0&z\end{bmatrix}$$

$\underset{7\times1}{\boldsymbol{Z}}=(\boldsymbol{\Delta x}_0\quad\boldsymbol{\omega}\quad k)^{\mathrm{T}}$——坐标转换参数向量；

$\boldsymbol{\Delta x}_0=(\Delta x_0\quad\Delta y_0\quad\Delta z_0)^{\mathrm{T}}$——平移参数向量；

$\boldsymbol{\omega}=(\omega_x\quad\omega_y\quad\omega_z)^{\mathrm{T}}$——旋转参数向量。

$\underset{(3n\times1)}{\boldsymbol{L}}=\boldsymbol{x}_{\mathrm{T}}-\boldsymbol{x}_{\mathrm{S}}$

将式（7-101）代入式（7-100），即可组成法方程为

$$\begin{bmatrix}(\boldsymbol{P}_{x_{\mathrm{S}}}+\boldsymbol{P}_{x_{\mathrm{T}}})\boldsymbol{P}_{x_{\mathrm{S}}}&\boldsymbol{B}\\\boldsymbol{B}^{\mathrm{T}}\boldsymbol{P}_{x_{\mathrm{S}}}&\boldsymbol{B}^{\mathrm{T}}\boldsymbol{P}_{x_{\mathrm{S}}}\boldsymbol{B}\end{bmatrix}\begin{bmatrix}\boldsymbol{\delta}_{x_{\mathrm{T}}}\\\boldsymbol{z}\end{bmatrix}+\begin{bmatrix}\boldsymbol{P}_{x_{\mathrm{S}}}\boldsymbol{L}\\\boldsymbol{B}^{\mathrm{T}}\boldsymbol{P}_{x_{\mathrm{S}}}\boldsymbol{L}\end{bmatrix}=0 \tag{7-102}$$

式中　$\boldsymbol{P}_{x_{\mathrm{T}}}=m_{0\mathrm{T}}^2\ \boldsymbol{D}_{x_{\mathrm{T}}}^{-1}$——地面网坐标的权阵；

$\boldsymbol{P}_{x_{\mathrm{S}}}=m_{0\mathrm{S}}^2\ \boldsymbol{D}_{x_{\mathrm{S}}}^{-1}$——GPS 网坐标的权阵。

网点坐标的协方差阵 $\boldsymbol{D}_{x_{\mathrm{T}}}$ 和 $\boldsymbol{D}_{x_{\mathrm{S}}}$ 分别由两网单独平差时求得，如果地面网是在大地坐标系中平差的，其网点坐标协方差阵为 $\boldsymbol{D}_{\mathrm{BT}}$，则有

$$\boldsymbol{D}_{x_{\mathrm{T}}}=\boldsymbol{F}\boldsymbol{D}_{\mathrm{BT}}\boldsymbol{F}^{\mathrm{T}} \tag{7-103}$$

式中　$$\underset{(3n\times3n)}{\boldsymbol{F}}=\begin{bmatrix}\boldsymbol{f}_1&0&\cdots&0\\0&\boldsymbol{f}_2&\cdots&0\\\cdots&\cdots&\cdots&\cdots\\0&0&\cdots&\boldsymbol{f}_n\end{bmatrix}$$

$$\underset{(3\times3)}{\boldsymbol{f}_i}=\begin{bmatrix}-M\sin B\cos L&-N\cos B\sin L&\cos B\cos L\\-M\sin B\sin L&N\cos B\cos L&\cos B\sin L\\M\cos B&0&\sin B\end{bmatrix}$$

由式（7-102）可解得

$$\begin{bmatrix}\boldsymbol{\delta}\hat{\boldsymbol{x}}_{\mathrm{T}}\\\boldsymbol{z}\end{bmatrix}=-\begin{bmatrix}(\boldsymbol{P}_{x_{\mathrm{T}}}+\boldsymbol{P}_{x_{\mathrm{S}}})&\boldsymbol{P}_{x_{\mathrm{S}}}\boldsymbol{B}\\\boldsymbol{B}^{\mathrm{T}}\boldsymbol{P}_{x_{\mathrm{S}}}&\boldsymbol{B}^{\mathrm{T}}\boldsymbol{P}_{x_{\mathrm{S}}}\boldsymbol{B}\end{bmatrix}^{-1}\begin{bmatrix}\boldsymbol{P}_{x_{\mathrm{S}}}\boldsymbol{L}\\\boldsymbol{B}^{\mathrm{T}}\boldsymbol{P}_{x_{\mathrm{S}}}\boldsymbol{L}\end{bmatrix} \tag{7-104}$$

单位权中误差估值可按下式计算，即

$$m_0=\sqrt{\frac{\boldsymbol{V}^{\mathrm{T}}\boldsymbol{P}\boldsymbol{V}}{3n-7}} \tag{7-105}$$

式中，n 为两网公共点个数。

平差后未知参数的协因数阵为

$$\boldsymbol{Q}_{\hat{x}}=\begin{bmatrix}(\boldsymbol{P}_{x_{\mathrm{T}}}+\boldsymbol{P}_{x_{\mathrm{S}}})&\boldsymbol{P}_{x_{\mathrm{S}}}\boldsymbol{B}\\\boldsymbol{B}^{\mathrm{T}}\boldsymbol{P}_{x_{\mathrm{S}}}&\boldsymbol{B}^{\mathrm{T}}\boldsymbol{P}_{x_{\mathrm{S}}}\boldsymbol{B}\end{bmatrix}^{-1} \tag{7-106}$$

平差后网点坐标的中误差估值为

$$m_{\hat{x}}=m_0\sqrt{q_{xx}} \tag{7-107}$$

式中，q_{xx} 为平差后未知参数协因数阵 $\boldsymbol{Q}_{\hat{x}}$ 的主对角线的相应元素。

上述各式即为在空间直角坐标系中，以两网单独平差后的坐标值为相关观测量的三维约束平差模型。

2. 以基线向量作为相关观测量的三维约束平差

因为GPS相对定位的结果，通常是观测站之间的基线向量，并由此构成基线向量网。所以，两网平差时以网的空间基线向量作为相关观测量，有时更为适宜。

由于观测方程必须顾及不同坐标系统间的转换参数，WGS—84坐标系与地面测量坐标系统的转换模型有多种形式，但对于以三维坐标差表示的GPS基线向量来说，其转换关系与平移参数无关。

设网中任意 i、j 两点的基线向量为

$$\left.\begin{aligned}\boldsymbol{\Delta x}_{S_{ij}}&=x_{S_i}-x_{S_j}\\ \boldsymbol{\Delta x}_{T_{ij}}&=x_{T_i}-x_{T_j}\end{aligned}\right\}\tag{7-108}$$

顾及转换参数可得

$$\boldsymbol{\Delta x}_{S_{ij}}=\boldsymbol{x}_{T_{ij}}+\boldsymbol{R}_{ij}\boldsymbol{y}\tag{7-109}$$

式中 $\boldsymbol{R}_{ij}=\boldsymbol{R}_j-\boldsymbol{R}_i=\begin{bmatrix}0 & -\Delta z_{ij} & \Delta y_{ij} & \Delta x_{ij}\\ \Delta z_{ij} & 0 & -\Delta x_{ij} & \Delta y_{ij}\\ -\Delta y_{ij} & \Delta x_{ij} & 0 & \Delta z_{ij}\end{bmatrix}$

$\boldsymbol{y}=(\omega_x \quad \omega_y \quad \omega_z \quad k)^{\mathrm{T}}$

由于在空间直角坐标系中，网的基线向量与网的位置基准无关，由此可得以基线向量为相关观测量的误差方程

$$\left.\begin{aligned}\underset{(3n_1\times1)}{V_{\Delta T}}&=\underset{(3n_1\times3n)}{\boldsymbol{C}}\ \underset{(3n\times1)}{\boldsymbol{\delta\hat{x}}_{T}}\\ \underset{(3n_1\times1)}{V_{\Delta S}}&=\underset{(3n_1\times3n)}{\boldsymbol{C}}\ \underset{(3n\times1)}{\boldsymbol{\delta\hat{x}}_{S}}\end{aligned}\right\}\tag{7-110}$$

由式（7-109）可得约束条件为

$$\boldsymbol{C\delta\hat{x}}_{S}=\boldsymbol{C\delta\hat{x}}_{T}+\boldsymbol{cry}+\boldsymbol{L}_{\Delta}\tag{7-111}$$

式中 $\underset{(3\times4)}{\boldsymbol{R}_i}=\begin{bmatrix}0 & -z & y & x\\ z & 0 & -x & y\\ -y & x & 0 & z\end{bmatrix}$

$\underset{(4\times1)}{\boldsymbol{y}}=(\omega_x \quad \omega_y \quad \omega_z \quad k)^{\mathrm{T}}$

$\underset{(3n_1\times1)}{\boldsymbol{L}_{\Delta}}=\boldsymbol{\Delta x}_{T}-\boldsymbol{\Delta x}_{S}$

其中，n_1 为网中基线向量个数；$\boldsymbol{C}$ 为组成基线向量的系数矩阵，其元素由+1、−1和0组成。

由此可组成法方程为

$$\begin{bmatrix}\boldsymbol{C}^{\mathrm{T}}(\boldsymbol{P}_{\Delta T}+\boldsymbol{P}_{\Delta S})\boldsymbol{C} & \boldsymbol{C}^{\mathrm{T}}\boldsymbol{P}_{\Delta S}\boldsymbol{CR}\\ \boldsymbol{R}^{\mathrm{T}}\boldsymbol{C}^{\mathrm{T}}\boldsymbol{P}_{\Delta S}\boldsymbol{C} & \boldsymbol{R}^{\mathrm{T}}\boldsymbol{C}^{\mathrm{T}}\boldsymbol{P}_{\Delta S}\boldsymbol{CR}\end{bmatrix}\begin{bmatrix}\boldsymbol{\delta\hat{x}}_{T}\\ \boldsymbol{y}\end{bmatrix}+\begin{bmatrix}\boldsymbol{C}^{\mathrm{T}}\boldsymbol{P}_{\Delta S}\boldsymbol{L}_{\Delta}\\ \boldsymbol{R}^{\mathrm{T}}\boldsymbol{C}^{\mathrm{T}}\boldsymbol{P}_{\Delta S}\boldsymbol{L}_{\Delta}\end{bmatrix}=0\tag{7-112}$$

式中 $\boldsymbol{P}_{\Delta T}^{-1}=\boldsymbol{CD}_{xT}\boldsymbol{C}^{\mathrm{T}}$

$\boldsymbol{P}_{\Delta S}^{-1}=\boldsymbol{CD}_{xs}\boldsymbol{C}^{\mathrm{T}}$

由（7-109）式可解得地面网点坐标改正数及转换参数。

$$\begin{bmatrix}\boldsymbol{\delta\hat{x}}_{T}\\ \boldsymbol{y}\end{bmatrix}=-\boldsymbol{Q}_{\Delta x}\begin{bmatrix}\boldsymbol{CP}_{\Delta S}\boldsymbol{L}_{\Delta}\\ \boldsymbol{R}^{\mathrm{T}}\boldsymbol{C}^{\mathrm{T}}\boldsymbol{P}_{\Delta S}\boldsymbol{L}_{\Delta}\end{bmatrix}\tag{7-113}$$

式中，$\boldsymbol{Q}_{\Delta x}=\begin{bmatrix}\boldsymbol{C}^{\mathrm{T}}(\boldsymbol{P}_{\Delta T}+\boldsymbol{P}_{\Delta S})\boldsymbol{C} & \boldsymbol{C}^{\mathrm{T}}\boldsymbol{P}_{\Delta S}\boldsymbol{CR}\\ \boldsymbol{R}^{\mathrm{T}}\boldsymbol{C}^{\mathrm{T}}\boldsymbol{P}_{\Delta S}\boldsymbol{C} & \boldsymbol{R}^{\mathrm{T}}\boldsymbol{C}^{\mathrm{T}}\boldsymbol{P}_{\Delta S}\boldsymbol{CR}\end{bmatrix}^{-1}$ 为未知数平面值的协因数阵。

则基线向量平差值的中误差估值为

$$m_{\Delta\hat{x}}=m_0\sqrt{q_{\Delta x\Delta x}}\tag{7-114}$$

式中　m_0——单位权总误差估值，可按式（7-105）计算；

$q_{\Delta x \Delta x}$——协因数阵 $\boldsymbol{Q}_{\Delta x}$ 主对角线的相应元素。

三、在大地坐标系统中的三维约束平差

当 GPS 基线向量网的三维约束平差在大地坐标系中进行时，约束条件是属于大地坐标系中的地面网点坐标，固定大地方位角和固定边长。因此，为将 GPS 网观测值与约束条件联系起来，同样应考虑 WGS—84 坐标系与大地坐标系之间的坐标转换问题。当以 GPS 基线向量作为相关观测量时，则无需考虑三个平移参数。

1. 误差方程

在地面网所属参考坐标系中，可列出三维 GPS 基线向量 观测值的误差方程为

$$\begin{bmatrix} V_{\Delta x_{ij}} \\ V_{\Delta y_{ij}} \\ V_{\Delta z_{ij}} \end{bmatrix} = -\begin{bmatrix} \delta\hat{x}_i \\ \delta\hat{y}_i \\ \delta\hat{z}_i \end{bmatrix} + \begin{bmatrix} \delta\hat{x}_j \\ \delta\hat{y}_j \\ \delta\hat{z}_j \end{bmatrix} + \begin{bmatrix} 0 & -\Delta z_{ij} & -\Delta y_{ij} & \Delta x_{ij} \\ \Delta z_{ij} & 0 & -\Delta x_{ij} & \Delta y_{ij} \\ -\Delta y_{ij} & \Delta x_{ij} & 0 & \Delta z_{ij} \end{bmatrix} \begin{bmatrix} \omega_x \\ \omega_y \\ \omega_z \\ k \end{bmatrix} - \begin{bmatrix} \Delta x_{ij} - \Delta x_{ij}^0 \\ \Delta y_{ij} - \Delta y_{ij}^0 \\ \Delta z_{ij} - \Delta z_{ij}^0 \end{bmatrix} \tag{7-115}$$

式中　$\Delta x_{ij}^0 = x_j^0 - x_i^0$，$\Delta y_{ij}^0 = y_j^0 - y_i^0$，$\Delta z_{ij}^0 = z_j^0 - z_i^0$

设以待定点的大地坐标改正数 δB_i 为平差未知数，则

$$\boldsymbol{\delta\hat{S}}_i = \begin{bmatrix} \delta\hat{B}_i \\ \delta\hat{L}_i \\ \delta\hat{H}_i \end{bmatrix} \tag{7-116}$$

由于空间直角坐标 $(x_i \quad y_i \quad z_i)^{\mathrm{T}}$ 与大地坐标 $(B_i \quad L_i \quad H_i)^{\mathrm{T}}$ 之间有如下微分关系。

$$\begin{bmatrix} \delta x_i \\ \delta y_i \\ \delta z_i \end{bmatrix} = \boldsymbol{A}_i \begin{bmatrix} \delta B_i \\ \delta L_i \\ \delta H_i \end{bmatrix} \tag{7-117}$$

式中

$$\boldsymbol{A}_i = \begin{bmatrix} -\frac{1}{\rho}(M_i + H_i)\sin B_i \cos L_i & -\frac{1}{\rho}(N_i + H_i)\cos B_i \sin L_i & \cos B_i \cos L_i \\ -\frac{1}{\rho}(M_i + H_i)\sin B_i \sin L_i & \frac{1}{\rho}(N_i + H_i)\cos B_i \cos L_i & \cos B_i \sin L_i \\ \frac{1}{\rho}(M_i + H_i)\cos B_i & 0 & \sin B_i \end{bmatrix}$$

则式（7-115）可写成

$$\begin{bmatrix} V_{\Delta x_{ij}} \\ V_{\Delta y_{ij}} \\ V_{\Delta z_{ij}} \end{bmatrix} = -\boldsymbol{A}_i \begin{bmatrix} \delta\hat{B}_i \\ \delta\hat{L}_i \\ \delta\hat{H}_i \end{bmatrix} + \boldsymbol{A}_j \begin{bmatrix} \delta\hat{B}_j \\ \delta\hat{L}_j \\ \delta\hat{H}_j \end{bmatrix} + \begin{bmatrix} 0 & -\Delta z_{ij} & \Delta y_{ij} & \Delta x_{ij} \\ \Delta z_{ij} & 0 & -\Delta x_{ij} & \Delta y_{ij} \\ -\Delta y_{ij} & \Delta x_{ij} & 0 & \Delta z_{ij} \end{bmatrix} \begin{bmatrix} \omega_x \\ \omega_y \\ \omega_z \\ k \end{bmatrix} - \begin{bmatrix} \Delta x_{ij} - \Delta x_{ij}^0 \\ \Delta y_{ij} - \Delta y_{ij}^0 \\ \Delta z_{ij} - \Delta z_{ij}^0 \end{bmatrix} \tag{7-118}$$

写成矩阵形式有

$$\boldsymbol{V}_{ij} = -\boldsymbol{A}_i \boldsymbol{\delta\hat{B}}_i + \boldsymbol{A}_j \boldsymbol{\delta\hat{B}}_j + \boldsymbol{R}_{ij}\boldsymbol{Y} - \boldsymbol{L}_{ij} \tag{7-119}$$

式中

$$\boldsymbol{L}_{ij} = \begin{bmatrix} \Delta x_{ij} - \Delta x_{ij}^0 \\ \Delta y_{ij} - \Delta y_{ij}^0 \\ \Delta z_{ij} - \Delta z_{ij}^0 \end{bmatrix}$$

2. 约束条件方程

（1）固定点坐标约束条件方程　设第 k 点为固定点（已知点），则有坐标约束条件

$$\begin{bmatrix} \delta\hat{B}_k \\ \delta L_k \\ \delta H_k \end{bmatrix} = \begin{bmatrix} 0 \\ 0 \\ 0 \end{bmatrix} \tag{7-120}$$

实际处理时，该点的近似坐标应换成固定坐标。当式（7-119）中的某一基线端点为固定点时，应消去该点坐标改正数项。

（2）固定空间弦长的约束条件方程　设 D_{ik} 为地面网中高精度空间弦长值，平差时当作已知值以作为 GPS 基线向量网的尺度基准，则有约束条件

$$-\boldsymbol{C}_{ik}\boldsymbol{A}_i\boldsymbol{\delta\hat{B}}_i+\boldsymbol{C}_{ik}\boldsymbol{A}_k\boldsymbol{\delta\hat{B}}_k+\boldsymbol{W}_{D_{ik}}=0 \tag{7-121}$$

式中

$$\boldsymbol{C}_{ik}=\left(\frac{\Delta x_{ik}}{D_{ik}} \quad \frac{\Delta y_{ik}}{D_{ik}} \quad \frac{\Delta z_{ik}}{D_{ik}}\right)^{\mathrm{T}}$$

$$\boldsymbol{W}_{D_{ik}}=\sqrt{(\Delta x_{ik}^2+\Delta y_{ik}^2+\Delta z_{ik}^2)}-D_{ik}$$

（3）固定大地方位角的约束条件方程　设 α_{kj} 为地面网中已知的大地方位角，以此作为 GPS 基线向量平差时的定向基准，则有条件方程

$$-\boldsymbol{F}_{kj}\boldsymbol{A}_k\boldsymbol{\delta\hat{B}}_k+\boldsymbol{F}_{kj}\boldsymbol{A}_j\boldsymbol{\delta\hat{B}}_j+W_{\alpha_{kj}}=0 \tag{7-122}$$

式中

$$\boldsymbol{F}_{kj}=\begin{bmatrix} \dfrac{\sin\alpha_{kj}\sin B_k^0\sin L_k^0-\cos\alpha_{kj}\cos L_k^0}{D_{kj}^0\sin z_{kj}^0} \\ \dfrac{\sin\alpha_{kj}\sin B_k^0\sin L_k^0+\cos\alpha_{kj}\cos L_k^0}{D_{kj}^0\sin z_{kj}^0} \\ \dfrac{-\sin\alpha_{kj}\cos B_k^0}{D_{kj}^0\sin z_{kj}^0} \end{bmatrix}$$

$$\boldsymbol{W}_{\alpha_{kj}}=\arctan\left[\frac{(N_j^0+H_j^0)\cos B_j^0\sin(L_j^0-L_k^0)}{x_{kj}^0}\right]-\alpha_{kj}^0$$

而 $x_{kj}^0=[\cos B_k^0\sin B_j^0-\sin B_k^0\cos B_j^0\cos(L_j^0-L_k^0)](N_j^0+H_j^0)+(N_k^0\sin B_k^0-N_j^0\sin B_j^0)$ $e^2\cos B_k^0$，α_{kj} 为观测值，z_{kj}^0 为 k 点至 j 点的天顶距近似值。

3. 法方程的组成及解算

约束平差实际上就是附有条件的相关间接平差。若将误差方程写为

$$\boldsymbol{V}=\boldsymbol{B}_{\mathrm{B}}\boldsymbol{dB}-\boldsymbol{L} \tag{7-123}$$

约束条件方程写为

$$\boldsymbol{CdB}+\boldsymbol{W}=0 \tag{7-124}$$

则可组成法方程

$$\begin{bmatrix} \boldsymbol{N} & \boldsymbol{C}^{\mathrm{T}} \\ \boldsymbol{C} & 0 \end{bmatrix}\begin{bmatrix} \boldsymbol{dB} \\ \boldsymbol{k} \end{bmatrix}+\begin{bmatrix} -\boldsymbol{U} \\ \boldsymbol{W} \end{bmatrix}=0 \tag{7-125}$$

式中　$\boldsymbol{N}=\boldsymbol{B}_{\mathrm{B}}^{\mathrm{T}}\boldsymbol{P}\boldsymbol{B}_{\mathrm{B}}$，$\boldsymbol{U}=\boldsymbol{B}_{\mathrm{B}}^{\mathrm{T}}\boldsymbol{PL}$

$\boldsymbol{dB}=(\boldsymbol{\delta\hat{B}}_1^{\mathrm{T}} \quad \boldsymbol{\delta\hat{B}}_2^{\mathrm{T}} \quad \cdots \quad \boldsymbol{\delta\hat{B}}_n^{\mathrm{T}} \quad \boldsymbol{\omega}_x \quad \boldsymbol{\omega}_y \quad \boldsymbol{\omega}_z \quad \boldsymbol{k})^{\mathrm{T}}$；$\boldsymbol{k}$ 为联系数。

由式（7-125）可解得

$$\left.\begin{aligned} \boldsymbol{k}&=(\boldsymbol{CN}^{-1}\boldsymbol{C}^{\mathrm{T}})^{-1}(\boldsymbol{W}+\boldsymbol{CN}^{-1}\boldsymbol{U}) \\ \boldsymbol{dB}&=\boldsymbol{N}^{-1}(\boldsymbol{U}-\boldsymbol{C}^{\mathrm{T}}\boldsymbol{k}) \end{aligned}\right\} \tag{7-126}$$

平差后未知数的协因数阵为

$$\left.\begin{aligned}Q\hat{B}&=N^{-1}+N^{-1}C^{T}Q_{kk}CN^{-1}\\Q_{kk}&=-(CN^{-1}C^{T})^{-1}\end{aligned}\right\}\tag{7-127}$$

单位权中误差估值为

$$m_0=\sqrt{\frac{V^{T}PV}{3m-t+r}}\tag{7-128}$$

式中 m——GPS 基线向量个数；

t——未知数个数；

r——条件方程个数。

于是平差后未知数中误差估值为

$$m_{\hat{B}}=m_0\sqrt{q_{BB}}\tag{7-129}$$

式中，q_{BB} 为协因数阵 $Q_{\hat{B}}$ 中主对角线的相应元素。

四、三维联合平差

当同时顾及约束平差中的各类数据和地面网中的常规观测值如方向、边长时，其平差就是三维联合平差。

对于三维联合平差，除了前述 GPS 基线向量观测值的误差方程和作为基准的各种约束条件外，还需列出地面网观测值的误差方程。

1．方向观测值的误差方程

$$V_{\beta_{ij}}=-dz_i-F_{ij}A_i\begin{bmatrix}\delta\hat{B}_i\\\delta\hat{L}_i\\\delta\hat{H}_i\end{bmatrix}+F_{ij}A_j\begin{bmatrix}\delta\hat{B}_j\\\delta\hat{L}_j\\\delta\hat{H}_j\end{bmatrix}-L_{\beta_{ij}}\tag{7-130}$$

$$L_{\beta_{ij}}=\beta_{ij}+z_i^0-\alpha_{ij}^0$$

式中 z_i^0——i 点定向角未知数近似值；

dz_i——i 点定向角未知数的改正数；

β_{ij}——方向观测值；

α_{ij}^0——大地方位角近似值。

2．方位观测值的误差方程

$$V_{\alpha_{kj}}=-F_{kj}A_k\begin{bmatrix}\delta\hat{B}_k\\\delta\hat{L}_k\\\delta\hat{H}_k\end{bmatrix}+F_{kj}A_j\begin{bmatrix}\delta\hat{B}_j\\\delta\hat{L}_j\\\delta\hat{H}_j\end{bmatrix}-L_{\alpha_{kj}}\tag{7-131}$$

式中

$$L_{\alpha_{kj}}=\alpha_{kj}-\alpha_{ki}^0$$

3．距离观测值的误差方程

$$V_{D_{ij}}=-C_{ij}A_i\begin{bmatrix}\delta\hat{B}_i\\\delta\hat{L}_i\\\delta\hat{H}_i\end{bmatrix}+C_{ij}A_j\begin{bmatrix}\delta\hat{B}_j\\\delta\hat{L}_j\\\delta\hat{H}_j\end{bmatrix}-L_{D_{ij}}\tag{7-132}$$

式中

$$L_{D_{ij}}=D_{ij}-D_{ij}^0$$

4．水准测量高差观测值的误差方程

$$V_{h_{ij}}=-\delta\hat{H}_i+\delta\hat{H}_i-\Delta N_{ij}-L_{h_{ij}}\tag{7-133}$$

$$L_{h_{ij}}=h_{ij}-h_{ij}^0$$

式中　ΔN_{ij}——i，j 两点的大地水准面的差距之差。

三维联合平差时，法方程的组成与解算以及精度评定公式与三维约束平差时相同，只是求单位权中误差估值时自由度计算中应加上地面网观测值的个数。

五、GPS 网三维平差的若干问题

1. GPS 网三维平差的适用性

由于地面网通常都是在大地坐标或高斯平面坐标系中表示的，为了计算网点的大地高程，必须以相应的精度确定点的高程异常。目前，在我国地势平缓的东南沿海地区，高程异常的精度一般为±1m，而在西北高山地区，只能保持数米的精度。当高程异常的精度较差时，其误差将直接影响所求地面网点大地高的精度，从而影响据此计算的空间直角坐标的精度。这样便会对两网的联合平差造成不利的影响。

2. 三维平差的转换参数的检验与选取

在 GPS 网的约束平差和联合平差中，转换参数实际上是作为附加参数引入平差的。因此，必须经过统计假设检验，以确定其是否在一定的置信水平下显著存在。如果不显著，则应予剔除，以免破坏平差方程的性状。检验一般按 t 检验进行。

3. 验后单位权方差估值 m_0^2 的检验

假定验前单位权方差 $\sigma_0^2=1$，则有如下 χ^2 检验量。

$$\chi^2=\boldsymbol{V}^{\mathrm{T}}\boldsymbol{P}\boldsymbol{V}\sim\chi^2(f) \tag{7-134}$$

零假设 H_0：$m_0^2=1$

备选假设 H_1：$m_0^2\neq1$

选择置信水平 $1-\alpha$，如果

$$\chi^2_{1-\frac{\alpha}{2}}\leqslant\boldsymbol{V}^{\mathrm{T}}\boldsymbol{P}\boldsymbol{V}\leqslant\chi^2_{\frac{\alpha}{2}}\text{或}\frac{\boldsymbol{V}^{\mathrm{T}}\boldsymbol{P}\boldsymbol{V}}{x^2_{1-\frac{\alpha}{2}}}\leqslant m_0^2\ \frac{\boldsymbol{V}^{\mathrm{T}}\boldsymbol{P}\boldsymbol{V}}{\chi^2_{1-\frac{\alpha}{2}}} \tag{7-135}$$

式中，$\chi^2_{1-\frac{\alpha}{2}}$、$x^2_{\frac{\alpha}{2}}$ 可由 χ^2 分布表查得。通常拒绝零假设是由以下原因引起的。

① 函数模型的误差。即包括 GPS 基线向量观测值或地面网观测值中有个别粗差或某些未被模型化（参数化）的系统误差。

② 起算数据的误差。当作为平差基准的坐标、边长和方位的误差过大时，也会造成 m_0^2 与理论值相差甚远。这时应检查哪些起算数据可能有较大误差而不予采用。

③ 随机模型的误差。即 GPS 基线向量的先验方差因子与地面网观测值的先验方差因子比例不恰当。这一问题可通过方差分量估计来改善随机模型。

4. 多个固定位置基准相互兼容性的检验与固定位置基准的选取

在约束平差中，多个位置基准之间的兼容性是必须保证的。否则由于起算数据本身的误差太大互不兼容而导致平差后的 GPS 网严重变形。当经过 GPS 网无约束平差各种检验证明 GPS 基线向量观测值本身不含粗差和协方差估值也是合理的前提下，约束平差中 m_0^2 的 χ^2 检验和基线向量改正数分布检验，可以发现多个位置基准之间是否保证兼容一致。这时应淘汰不相兼容的起始点重新进行平差。

第六节　GPS 网与地面网的二维平差

GPS 基线向量网的二维平差可以在二维大地坐标系中进行，也可以在高斯平面坐标系

中进行。本节仅讨论在高斯平面坐标系中的二维平差。

一、二维无约束平差

1. 误差方程

设网中的固定点点号为 1，以待定点坐标改正数

$$\boldsymbol{\delta x}_i=\begin{bmatrix}\delta\hat{x}_i\\ \delta\hat{y}_i\end{bmatrix}\quad(i=2,3,\cdots,n)\tag{7-136}$$

为平差未知数，以基线向量 $\boldsymbol{\Delta X}_{ij}$ 及其协方差阵 $\boldsymbol{D}_{ij}^{-1}$ 的逆阵 $\boldsymbol{D}_{ij}^{-1}$ 为观测值和权阵。

$$\boldsymbol{\Delta X}_{ij}=\begin{bmatrix}\Delta x_{ij}\\ \Delta y_{ij}\end{bmatrix},\boldsymbol{P}_{ij}=\boldsymbol{D}_{ij}^{-1}=\begin{bmatrix}\delta_{\Delta x_{ij}} & \delta_{\Delta x_{ij}\Delta y_{ij}}\\ \delta_{\Delta x_{ij}\Delta y_{ij}} & \delta_{\Delta y_{ij}}\end{bmatrix}^{-1}\quad(i,j=1,2,\cdots,n)$$

设固定点坐标和待定点近似坐标为

$$\boldsymbol{X}_1=\begin{bmatrix}x_1\\ y_1\end{bmatrix},\boldsymbol{X}_i^0=\begin{bmatrix}x_i^0\\ y_i^0\end{bmatrix}\quad(i=2,3,\cdots,n)$$

以上各式中 n 为网点个数。

这样就可组成误差方程。

含固定点的基线向量观测值 Δx_{1i} 的误差方程为

$$\begin{bmatrix}V_{\Delta X_{1i}}\\ V_{\Delta Y_{1i}}\end{bmatrix}=\begin{bmatrix}\delta\hat{x}_i\\ \delta\hat{y}_i\end{bmatrix}-\begin{bmatrix}\Delta x_{1i}+x_1-x_i^0\\ \Delta y_{1i}+y_1-y_i^0\end{bmatrix}\tag{7-137}$$

不含固定点的基线向量观测值 Δx_{1i} 的误差方程：

$$\begin{bmatrix}V_{\Delta X_{1i}}\\ V_{\Delta Y_{1i}}\end{bmatrix}=-\begin{bmatrix}\delta\hat{x}_i\\ \delta\hat{y}_i\end{bmatrix}+\begin{bmatrix}\delta\hat{x}_j\\ \delta\hat{y}_j\end{bmatrix}-\begin{bmatrix}\Delta x_{ij}+x_i^0-x_j^0\\ \Delta y_{ij}+y_i^0-y_j^0\end{bmatrix}\tag{7-138}$$

合并式（7-137）和（7-138），写成统一的矩阵形式，得误差方程为

$$\boldsymbol{V}=\boldsymbol{B}\boldsymbol{\delta}\hat{\boldsymbol{x}}-\boldsymbol{i}\tag{7-139}$$

2. 法方程组成及解算

由式（7-139）组成法方程

$$\boldsymbol{N}\boldsymbol{\delta}\hat{\boldsymbol{x}}-\boldsymbol{U}=0\tag{7-140}$$

式中 $\boldsymbol{N}=\boldsymbol{B}^{\mathrm{T}}\boldsymbol{PB}$，$\boldsymbol{U}=\boldsymbol{B}^{\mathrm{T}}\boldsymbol{PL}$，$\boldsymbol{\delta}\hat{\boldsymbol{x}}=(\boldsymbol{\delta}\hat{\boldsymbol{x}}_2^{\mathrm{T}}\quad\boldsymbol{\delta}\hat{\boldsymbol{x}}_3^{\mathrm{T}}\quad\cdots\quad\boldsymbol{\delta}\hat{\boldsymbol{x}}_n^{\mathrm{T}})^{\mathrm{T}}$

于是可解得平差未知数 $\boldsymbol{\delta}\hat{\boldsymbol{x}}$ 为

$$\boldsymbol{\delta}\hat{\boldsymbol{x}}=\boldsymbol{N}^{-1}\boldsymbol{U}\tag{7-141}$$

各待定点坐标平差值为

$$\hat{x}_i=\hat{x}_i+\delta\hat{x}_i\quad(i=2,3,\cdots,n)\tag{7-142}$$

3. 精度评定

单位权中误差估值为

$$m_0=\sqrt{\frac{\boldsymbol{V}^{\mathrm{T}}\boldsymbol{PV}}{2m-2(n-1)}}\tag{7-143}$$

式中，m 为基线向量个数。

平差未知数的方差估值为

$$\boldsymbol{D}_{\hat{x}}=m_0^2\boldsymbol{N}^{-1}\tag{7-144}$$

二、二维约束平差

1. 以两网单独平差后的坐标值为相关观测量

以转换参数 T 和公共点的地面网坐标 x_T 为未知数，以公共点坐标作为相关观测量，则可列出误差方程

$$\left.\begin{aligned}\boldsymbol{V}_T=\boldsymbol{\delta}\hat{\boldsymbol{x}}_T,\text{权为 }\boldsymbol{P}_T\\ \boldsymbol{V}_S=\boldsymbol{\delta}\hat{\boldsymbol{x}}_S,\text{权为 }\boldsymbol{P}_S\end{aligned}\right\}\tag{7-145}$$

应用相似变换，可得两网的转换模型

$$\begin{bmatrix}x\\y\end{bmatrix}_S=\begin{bmatrix}x\\y\end{bmatrix}_T+\begin{bmatrix}1&0&x_T&-y_T\\0&1&y_T&x_T\end{bmatrix}\begin{bmatrix}\Delta x_0\\\Delta y_0\\k\\\omega\end{bmatrix}\tag{7-146}$$

式中，Δx_0，Δy_0 为平移参数；k 为尺度因子；ω 为旋转参数。

写成矩阵形式为

$$\boldsymbol{x}_S=\boldsymbol{x}_T+\boldsymbol{CT}\tag{7-147}$$

由上式可得

$$\boldsymbol{\delta x}_S=\boldsymbol{\delta}\hat{\boldsymbol{x}}_T+\boldsymbol{C\delta T}+\boldsymbol{L}\tag{7-148}$$

式中 $\boldsymbol{C}=(\boldsymbol{C}_1\boldsymbol{C}_2\cdots\boldsymbol{C}_n)^T$

$$\boldsymbol{C}_i=\begin{bmatrix}1&0&x_{iT}^0&-y_{iT}^0\\0&1&y_{iT}^0&-x_{iT}^0\end{bmatrix}$$

$$\boldsymbol{L}=\boldsymbol{x}_T^0-\boldsymbol{x}_S^0$$

将式（7-148）代入（7-145），即可得到相应的法方程为

$$\begin{bmatrix}\boldsymbol{P}_S+\boldsymbol{P}_T&\boldsymbol{P}_S\boldsymbol{C}\\\boldsymbol{C}^T\boldsymbol{P}_S&\boldsymbol{C}^T\boldsymbol{P}_S\boldsymbol{C}\end{bmatrix}\begin{bmatrix}\boldsymbol{\delta}\hat{\boldsymbol{x}}_T\\\boldsymbol{\delta}\mathbf{T}\end{bmatrix}+\begin{bmatrix}\boldsymbol{P}_S\boldsymbol{L}\\\boldsymbol{C}^T\boldsymbol{P}_S\boldsymbol{L}\end{bmatrix}=0\tag{7-149}$$

式中，$\boldsymbol{P}_T=m_{0T}^2\boldsymbol{D}_{x_T}^{-1}$ 为地面网坐标的权阵；$\boldsymbol{P}_S=m_{0S}^2\ \boldsymbol{D}_{x_S}^{-1}$ 为 GPS 网坐标的权阵。

由式（7-149）可解得

$$\begin{bmatrix}\delta\hat{x}_T\\\delta_T\end{bmatrix}=-\begin{bmatrix}\boldsymbol{P}_S+\boldsymbol{P}_T&\boldsymbol{P}_S\boldsymbol{C}\\\boldsymbol{C}^T\boldsymbol{P}_S&\boldsymbol{C}^T\boldsymbol{P}_S\boldsymbol{C}\end{bmatrix}^{-1}\begin{bmatrix}\boldsymbol{P}_S\boldsymbol{L}\\\boldsymbol{C}^T\boldsymbol{P}_S\boldsymbol{L}\end{bmatrix}\tag{7-150}$$

单位权中误差估值为

$$m_0=\sqrt{\frac{\boldsymbol{V}^T\boldsymbol{PV}}{2n-m}}\tag{7-151}$$

式中 m——转换参数个数；

n——公共点个数；

$\boldsymbol{V}^T\boldsymbol{PV}=\sum(\boldsymbol{V}_{iT}^T\boldsymbol{P}_{iT}\boldsymbol{V}_{iT}+\boldsymbol{V}_{iS}^T\boldsymbol{P}_{iS}\boldsymbol{V}_{iS})$。

未知参数平差值的中误差估值为

$$m_{xx}=m_0\ \sqrt{q_{xx}}\tag{7-152}$$

式中，q_{xx} 为协因数 $\boldsymbol{Q}_{xx}$ 主对角线的相应元素，而

$$\boldsymbol{Q}_{xx}=\begin{bmatrix}\boldsymbol{P}_S+\boldsymbol{P}_T&\boldsymbol{P}_S\boldsymbol{C}\\\boldsymbol{C}^T\boldsymbol{P}_S&\boldsymbol{C}^T\boldsymbol{P}_S\boldsymbol{C}\end{bmatrix}^{-1}$$

2. 以 GPS 基线向量作为相关观测量

设有二维基线向量观测值 $\boldsymbol{\Delta x}_{ij}=(\Delta x_{ij} \quad \Delta y_{ij})^{\mathrm{T}}$，以待定点的坐标改正数 $\boldsymbol{\delta\hat{x}}_i=(\delta\hat{x}_i \quad \delta\hat{y}_i)^{\mathrm{T}}$ 和尺度因子 k 以及旋转参数 ω 作为未知参数。

对于网中任意 i、j 两点有

$$\Delta x_{\mathrm{S}_{ij}}=x_{\mathrm{S}_j}-x_{\mathrm{S}_i}$$

$$\Delta x_{\mathrm{T}_{ij}}=\Delta x_{\mathrm{T}_j}-x_{\mathrm{T}_i}$$

将式（7-147）代入上式即得

$$\boldsymbol{\Delta x}_{\mathrm{S}_{ij}}=\boldsymbol{\Delta x}_{\mathrm{T}_{ij}}+(\boldsymbol{C}_j-\boldsymbol{C}_i)^{\mathrm{T}} \tag{7-153}$$

式中 $\boldsymbol{C}_j-\boldsymbol{C}_i=\begin{bmatrix}0 & 0 & \boldsymbol{\Delta x}_{\mathrm{T}_{ij}} & \boldsymbol{\Delta y}_{\mathrm{T}_{ij}}\\ 0 & 0 & \boldsymbol{\Delta y}_{\mathrm{T}_{ij}} & \boldsymbol{\Delta x}_{\mathrm{T}_{ij}}\end{bmatrix}$

由此可见，在高斯平面坐标中，网的基线向量与网的位置基准没有关系。由此可得基线向量的误差方程为

$$\left.\begin{aligned}\boldsymbol{V}_{\Delta\mathrm{T}}&=\boldsymbol{B\delta}x_{\mathrm{T}}\\ \boldsymbol{V}_{\Delta\mathrm{S}}&=\boldsymbol{B\delta}x_{\mathrm{S}}\end{aligned}\right\} \tag{7-154}$$

其约束条件为

$$\boldsymbol{B\delta\hat{x}}_{\mathrm{S}}=\boldsymbol{B\delta\hat{x}}_{\mathrm{T}}+\boldsymbol{BC\delta T}+\boldsymbol{L}_{\Delta} \tag{7-155}$$

而

$$\boldsymbol{C}=(\boldsymbol{C}_1^{\mathrm{T}} \quad \boldsymbol{C}_2^{\mathrm{T}} \quad \cdots \quad \boldsymbol{C}_n)^{\mathrm{T}}$$

$$\boldsymbol{C}_i=\begin{bmatrix}x_{\mathrm{T}} & -y_{\mathrm{T}}\\ y_{\mathrm{T}} & x_{\mathrm{T}}\end{bmatrix}_i$$

$$\boldsymbol{T}=(k \ \omega)^{\mathrm{T}}$$

$$\boldsymbol{L}_{\Delta}=\boldsymbol{\Delta x}_{\mathrm{T}}-\boldsymbol{\Delta x}_{\mathrm{S}}$$

由此可得相应的法方程为

$$\begin{bmatrix}\boldsymbol{B}^{\mathrm{T}}(\boldsymbol{P}_{\Delta\mathrm{T}}+\boldsymbol{P}_{\Delta\mathrm{S}})\boldsymbol{B} & \boldsymbol{B}^{\mathrm{T}}\boldsymbol{P}_{\Delta\mathrm{S}}\boldsymbol{BC}\\ \boldsymbol{C}^{\mathrm{T}}\boldsymbol{B}^{\mathrm{T}}\boldsymbol{P}_{\Delta\mathrm{S}}\boldsymbol{B} & \boldsymbol{C}^{\mathrm{T}}\boldsymbol{B}^{\mathrm{T}}\boldsymbol{P}_{\Delta\mathrm{S}}\boldsymbol{BC}\end{bmatrix}\begin{bmatrix}\boldsymbol{\delta\hat{x}}^{\mathrm{T}}\\ \boldsymbol{\delta T}\end{bmatrix}+\begin{bmatrix}\boldsymbol{B}^{\Delta}\boldsymbol{P}_{\Delta\mathrm{S}}\boldsymbol{L}_{\Delta}\\ \boldsymbol{C}^{\mathrm{T}}\boldsymbol{B}^{\mathrm{T}}\boldsymbol{P}_{\Delta\mathrm{S}}\boldsymbol{L}_{\Delta}\end{bmatrix}=0 \tag{7-156}$$

式中

$$\boldsymbol{P}_{\Delta\mathrm{T}}^{-1}=\boldsymbol{BD}_{x\mathrm{T}}\boldsymbol{B}_{\mathrm{T}}$$

$$\boldsymbol{P}_{\Delta\mathrm{S}}^{-1}=\boldsymbol{BD}_{x\mathrm{S}}\boldsymbol{B}^{\mathrm{T}}$$

由式（7-156）式即可解得地面网点坐标改正数及转换参数。

$$\begin{bmatrix}\boldsymbol{\delta\hat{x}}_{\mathrm{r}}\\ \boldsymbol{\delta t}\end{bmatrix}=-\boldsymbol{Q}_{\Delta X}\begin{bmatrix}\boldsymbol{B}^{\mathrm{T}}\boldsymbol{P}_{\Delta\mathrm{S}}\boldsymbol{L}_0\\ \boldsymbol{C}^{\mathrm{T}}\boldsymbol{B}^{\mathrm{T}}\boldsymbol{P}_{\Delta\mathrm{S}}\boldsymbol{L}_{\Delta}\end{bmatrix} \tag{7-157}$$

式中 $\boldsymbol{Q}_{\Delta x}=\begin{bmatrix}\boldsymbol{B}^{\mathrm{T}}(\boldsymbol{P}_{\Delta\mathrm{T}}+\boldsymbol{P}_{\Delta\mathrm{S}}\boldsymbol{B} & \boldsymbol{B}^{\mathrm{T}}\boldsymbol{P}_{\Delta\mathrm{S}}\boldsymbol{BC})\\ \boldsymbol{C}^{\mathrm{T}}\boldsymbol{B}^{\mathrm{T}}\boldsymbol{P}_{\Delta\mathrm{S}}\boldsymbol{B} & \boldsymbol{C}^{\mathrm{T}}\boldsymbol{B}^{\mathrm{T}}\boldsymbol{P}_{\Delta\mathrm{S}}\boldsymbol{BC}\end{bmatrix}^{-1}$

则基线向量平差值的中误差估值为

$$m_{\Delta x}m_0\sqrt{q_{\Delta x\Delta x}} \tag{7-158}$$

式中 m_0——单位权中误差估值；

$q_{\Delta x\Delta x}$——协因数阵 $\boldsymbol{Q}_{\Delta x}$ 主对角线的相应元素。

三、二维联合平差

1. GPS 基线向量观测值的误差方程

基线向量观测值的误差方程的矩阵形式

$$\boldsymbol{V}_{ij}=-\boldsymbol{\delta\hat{x}}_i+\boldsymbol{\delta\hat{x}}_j+\boldsymbol{CT}-\boldsymbol{L}_{ij} \tag{7-159}$$

记为

$$\boldsymbol{V}_{G}=\boldsymbol{B}_{G}\boldsymbol{\delta\hat{x}}+\boldsymbol{CT}-\boldsymbol{L}_{G}\text{，权为 }\boldsymbol{P}_{G} \tag{7-160}$$

根据厂家提供的标称精度可以确定基线向量观测值的权 $\boldsymbol{P}_{G}$。

GPS 网测边误差可表示为

$$m_{S}^{2}=a^{2}+(bS)^{2} \tag{7-161}$$

水平方向观测误差表示为

$$m_{d}^{2}=C^{2}+d^{2}/S^{2} \tag{7-162}$$

因为

$$\Delta x=S\cos\alpha$$

$$\Delta y=S\sin\alpha$$

则有微分关系式

$$\begin{bmatrix}\mathrm{d}\Delta x\\ \mathrm{d}\Delta y\end{bmatrix}=\begin{bmatrix}\cos\alpha & -S\sin\alpha\\ \sin\alpha & S\cos\alpha\end{bmatrix}\begin{bmatrix}\mathrm{d}S\\ \mathrm{d}\alpha\end{bmatrix} \tag{7-163}$$

根据协方差传播率，可求出基线向量观测值的协方差阵

$$\boldsymbol{D}_{\Delta\Delta}=\begin{bmatrix}\cos^{2}\alpha\cdot m_{S}^{2}+S^{2}\sin^{2}\alpha m_{\alpha}^{2} & \sin\alpha\cos\alpha m_{S}^{2}-S^{2}\cos\alpha\sin\alpha m_{\alpha}^{2}\\ \sin\alpha\cos\alpha m_{S}^{2}-S^{2}\cos\alpha\sin\alpha m_{\alpha}^{2} & \sin^{2}\alpha m_{S}^{2}+S^{2}\cos^{2}\alpha m_{\alpha}^{0}\end{bmatrix} \tag{7-164}$$

则

$$\boldsymbol{P}_{G}=m_{0}^{2}\boldsymbol{D}_{\Delta\Delta}^{-1}$$

2. 地面网观测值的误差方程

将地面网常规观测值化算至高斯平面上，组成误差方程。

（1）方向观测值误差方程

$$V_{\alpha_{ij}}=-dz_i+a_{ij}\delta\hat{x}_i+b_{ij}\delta\hat{y}_i-a_{ij}\delta\hat{x}_j-b_{ij}\delta\hat{y}_j-L_{ij} \tag{7-165}$$

式中

$$a_{ij}=\frac{\rho''\sin\alpha_{ij}^{0}}{S_{ij}^{0}},b_{ij}=\frac{\rho\cos\alpha_{ij}^{0}}{S_{ij}^{0}}$$

$$L_{ij}=z_{i}^{0}+l_{ij}-\alpha_{ij}^{0},\alpha_{ij}^{0}=\arctan\frac{y_{j}^{0}-y_{i}^{0}}{x_{j}^{0}-x_{i}^{0}}$$

其中 dz_i 为 i 点上的定向角未知数改正数，其近似值为 z_i^0，l_{ij} 为方向观测值，α_{ij}^0 为近似方位角。

写成矩阵形式为

$$\boldsymbol{V}_{\alpha}=\boldsymbol{B}_{\alpha}\boldsymbol{\delta}\hat{x}-L_{\alpha}\text{，权为 }P_{\alpha} \tag{7-166}$$

（2）边长观测值误差方程

$$V_{S_{ij}}=-\cos\alpha_{ij}^{0}\delta\hat{x}_i-\sin\alpha_{ij}\delta\hat{y}_i+\cos\alpha_{ij}\delta\hat{x}_j+\sin\alpha_{ij}\delta\hat{y}_i-L_{S_{ij}} \tag{7-167}$$

式中

$$L_{S_{ij}}=S_{ij}^{0}-S_{ij},S_{ij}^{0}=\sqrt{(x_{j}^{0}-x_{i}^{0})^{2}+(y_{j}^{0}-y_{i}^{0})^{2}}$$

写成矩阵形式为

$$\boldsymbol{V}_{S}=\boldsymbol{B}_{S}\boldsymbol{\delta}\hat{x}-\boldsymbol{L}_{S}\text{，权为 }\boldsymbol{P}_{S} \tag{7-168}$$

3. 约束条件方程

（1）坐标约束条件　设 i 点为固定点，则约束条件为

$$\delta\hat{x}=0,\delta\hat{y}_i=0 \tag{7-169}$$

（2）边长约束条件　设 S_{ij} 为固定边，则其约束条件方程为

$$-\cos\alpha_{ij}^{0}\delta\hat{x}_i-\sin\alpha_{ij}^{0}\delta\hat{y}_i+\cos\alpha_{ij}^{0}\delta\hat{x}_j+\sin\alpha_{ij}\delta\hat{y}_i+W_{S_{ij}}=0 \tag{7-170}$$

式中 $$W_{S_{ij}}=S_{ij}^0-S_{ij}$$

写成矩阵形式为

$$\boldsymbol{A}_S\boldsymbol{\delta x}+\boldsymbol{W}=0 \tag{7-171}$$

（3）坐标方位角约束条件　设有固定坐标方位角 α_{ij}，则其约束条件方程为

$$a_{ij}\delta\hat{x}+b_{ij}\delta\hat{y}_i-a_{ij}\delta\hat{x}_j+b_{ij}\delta\hat{y}_j+W_{\alpha_{ij}}=0 \tag{7-172}$$

式中 $$W_{\alpha_{ij}}=\alpha_{ij}^0-\alpha_{ij}$$

写成矩阵形式为

$$\boldsymbol{A}_\alpha\boldsymbol{\delta\hat{x}}+\boldsymbol{W}_\alpha=0 \tag{7-173}$$

4. 基础方程及其解

将式（7-164）、（7-166）、（7-168）综合，可组成总误差方程为

$$\begin{bmatrix}V_G\\V_\alpha\\V_S\end{bmatrix}=\begin{bmatrix}B_G & C\\B_\alpha & 0\\B_S & 0\end{bmatrix}\begin{bmatrix}\delta\hat{x}\\T\end{bmatrix}-\begin{bmatrix}L_G\\L_\alpha\\L_S\end{bmatrix} \tag{7-174}$$

权阵为

$$\boldsymbol{P}=\begin{bmatrix}P_G & & \\ & P_\alpha & \\ & & P_S\end{bmatrix}$$

记为

$$\boldsymbol{V}=\boldsymbol{BX}-\boldsymbol{L} \tag{7-175}$$

总条件方程为

$$\begin{bmatrix}A_S\\A_\alpha\end{bmatrix}\delta\hat{x}+\begin{bmatrix}W_S\\W_\alpha\end{bmatrix}=0 \tag{7-176}$$

记为

$$\boldsymbol{A\hat{x}}+\boldsymbol{W}=0 \tag{7-177}$$

则可得法方程为

$$\begin{bmatrix}\boldsymbol{N} & \boldsymbol{A}^T\\\boldsymbol{A} & 0\end{bmatrix}\begin{bmatrix}\boldsymbol{\hat{x}}\\k\end{bmatrix}+\begin{bmatrix}-\boldsymbol{U}\\\boldsymbol{W}\end{bmatrix}=0 \tag{7-178}$$

$$\boldsymbol{N}=\boldsymbol{B}^T\boldsymbol{PB},\ \boldsymbol{U}=\boldsymbol{B}^T\boldsymbol{PL}$$

$$\boldsymbol{\hat{x}}=(\delta\hat{x}_1\delta\hat{y}_1\quad \delta\hat{x}_2\delta\hat{y}_2\quad \cdots\quad \delta\hat{x}_n\delta\hat{y}_n\quad k\quad \omega)^T$$

式中　k——联系数。

由式（7-178）可解得联系数和未知数为

$$\left.\begin{aligned}\boldsymbol{k}&=(\boldsymbol{AN}^{-1}\boldsymbol{A}^T)^{-1}(\boldsymbol{W}+\boldsymbol{AN}^{-1}\boldsymbol{U})\\\boldsymbol{\hat{x}}&=\boldsymbol{N}^{-1}(\boldsymbol{U}-\boldsymbol{A}^T\boldsymbol{k})\end{aligned}\right\} \tag{7-179}$$

单位权中误差估值为

$$m_0=\sqrt{\frac{\boldsymbol{V}^T\boldsymbol{PV}}{2n-t+r+d}} \tag{7-180}$$

式中，m 为基线个数，t 为未知数个数，r 为条件方程个数，d 为地面网观测值个数。

平差后未知数的协因数阵为

$$\boldsymbol{Q}_{\hat{x}}=\boldsymbol{N}^{-1}+\boldsymbol{N}^{-1}\boldsymbol{A}^T\boldsymbol{Q}_{kk}\boldsymbol{AN}^{-1}$$

$$\boldsymbol{Q}_{kk}=-(\boldsymbol{AN}^{-1}\boldsymbol{A}^T)^{-1}$$

平差后未知数的方差估值为

$$D_{\hat{x}} = m_0^2 Q_{\hat{x}} \tag{7-181}$$

第七节　GPS 的高程计算

一、概述

由 GPS 测得 P 点的大地高 H 是以椭球面（WGS—84）起算的，其相对定位得到的基线向量，通过 GPS 网平差，可以得到高精度的大地高差 H。但在实际应用中，由于大地水准面起算的正高无法精确算出，故地面点的高程常采用正常高系统。其正常高 H_r 是以似大地水准面起算的，如图 7-4 所示。似大地水准面与大地水准面十分接近，其中 ξ 表示似大地水准面至椭球面的高差，叫高程异常。N 表示大地水准面差距。二者在海平面处重合，在平原地区相差甚微，在高山、深海地区最大相差也不超过 4m。

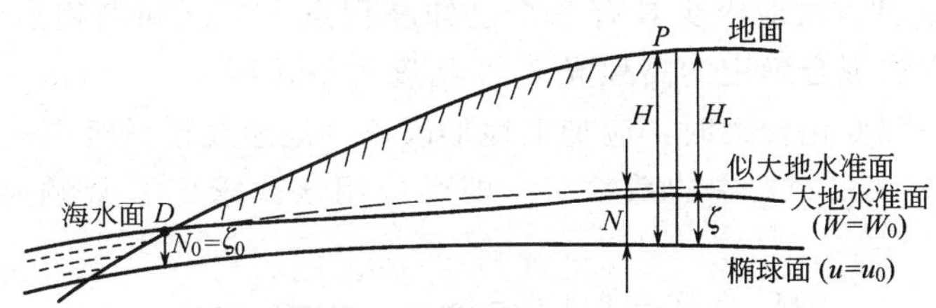

图 7-4　大地高与正常高的关系

由图 7-4 可知，地面点 P 处的大地高 H，正常高 H_r 和高程异常 ζ 间有如下关系式。

$$H = H_r + \zeta \tag{7-182}$$

当测区中有一部分点已用 GPS 定位技术和常规高程测量方法求得其大地高和正常高，可按式（7-182）计算出该点处的高程异常，若测区内测量点的数量足够多，且分布较为均匀，则可拟合测区的似大地水准面形状，进而推算测区中其余未进行水准联测的 GPS 点的高程异常和求定未测点的正常高，这种方法可称为“几何法”GPS 水准，可见，GPS 水准有两个作用：一是精确解算 GPS 点的正常高；另一是求定高精度的似大地水准面。

目前，可用于 GPS 水准计算的方法主要有以下几种。

① 解析内插：直线内插，曲线内插，样条函数，Akima……

② 曲面拟合：平面拟合，多项式曲面拟合，多面函数拟合……

③ 绘等值线图。

上述方法大部分已在 GPS 水准计算中得到应用。当测区地形变化较大时，计算中还应顾及估计量与高程间的相关性。

下面介绍根据测区内的部分 GPS 点，利用多项式拟合确定各求定点的高程异常值，进而推算各求定点正常高程的方法。

二、拟合法确定正常高程

设 GPS 基线向量网经三维无约束平差后，求得各点的大地高平差值为 H_i，已知网中有 m 个点（网内总点数为 n）为 GPS 点，即具有正常高程 H_{ri}。为便于讨论，设该点的点号 $i \leqslant m$，则可确定这些点的高程异常 ζ_i 为

$$\zeta_i = H_i - H_{\gamma i} \quad (i=1,2,\cdots,m) \tag{7-183}$$

设测区内的高程异常值 ζ_i 可用一多项式来拟合，即

$$\zeta_i = a_0 + a_1 \Delta B_i + a_2 \Delta L_i + a_3 \Delta B_i^2 + a_4 \Delta L_i^2 + a_5 \Delta B \Delta L \tag{7-184}$$

式中 B——大地纬度；

L——大地经度。

$$\left.\begin{aligned} \Delta B_i &= B_i - \overline{B}_i \\ \Delta L_i &= L_i - \overline{L}_i \end{aligned}\right\} \tag{7-185}$$

$$\left.\begin{aligned} \overline{B}_i &= \sum_{i=1}^{n} B_i / n \\ \overline{L}_i &= \sum_{i=1}^{n} L_i / n \end{aligned}\right\} \tag{7-186}$$

则根据 m 个 GPS 点的 ζ_i 值可拟合确定多项式（7-184）中的系数。当 $m \geqslant 6$ 时，可确定所有系数；当 $m \geqslant 3$ 且 $m < 6$ 时，可拟合确定 a_0、a_1 和 a_2 三个系数；当 $m < 3$ 时，只能确定 a_0 一个系数。所以这种方法应至少具有 3 个已知高程点。当已知高程点分布均匀且测区内地形平坦时，这种方法拟合确定的高程异常 ζ_i 精度可望达到 10～20cm，甚至优于 5cm。当测区内地形复杂或高程变化较大时，应加上地形改正（地形改正量级可达数十厘米）。

在确定了多项式（7-184）中的系数后，即可应用该式求定其余测站点的高程异常值，然后由

$$H_{\gamma j} = H_j - \zeta_i \quad (j = m+1, m+2, \cdots, n) \tag{7-187}$$

计算出各测站点的正常高程值。

这种多项式拟合法确定 GPS 点的正常高程值是近似的、粗略的，其精度在比较理想的情况下可达到或优于三角高程的精度。目前，GPS 大地高程转换的方法还有待于进一步研究分析。

三、GPS 水准应用

随着 GPS 相对定位技术的不断发展和定位精度的不断提高，GPS 精密测高对传统的水准测高提出了挑战。GPS 测高与水准测高相比，最大的优点表现在一个测站跨越距离上。目前，GPS 高差的精度在 5～10km 以上的距离上已达到三等水准测量的精度，在大范围内可接近二等水准的精度。GPS 相对定位具有速度快、精度高、全天候、全自动化的特点，使 GPS 水准将得到愈来愈多的应用。预计今后 GPS 水准可望在以下几个方面得到广泛应用。

1. GPS 作为三四等水准加密

在山区或丘陵地区进行水准测量，工作量大，因此可利用 GPS 测量进行三四等水准加密。

2. GPS 过河水准测量

近年来，在跨越宽水域的水准测量时，人们常用三角高程测量的方法。其实，三角高程测量受到折光、垂线偏差或大地水准面起伏的误差影响。

利用 GPS 相对定位，跨越距离大、精度高，如果利用一岸已有的国家水准点，选取合理的图形构成 GPS 水准网（一般 3～5 点），这样，利用曲线或曲面拟合方法，即可把 GPS 大地高差转化为正常高差，其精度是完全可以保证的，而三角高程则难以实现。

3. GPS用于变形监测

经典变形监测网，通常是分开测设水平形变和高程变化，因受到各种因素的限制，未能建立高精度三维监测网。考虑误差传播和通视条件等原因，监测网布设范围不可能很大，常设在变形区内。这就使得在形变分析时难以找到稳定的基准，影响形变分析的质量。

GPS技术以其速度快、精度高和不受通视条件、边长限制等优点，将会广泛地应用于地壳变形、海洋面变化等监测，它可以直接测定三维形变，布设范围可扩大至相对稳定区域，以便建立可靠的形变分析稳定基准。

本章小结

本章主要介绍了GPS测量数据处理的基本过程：数据采集，数据传输，预处理，基线解算，网平差计算，坐标系统转换，与原有地面网的联合平差等基本步骤，GPS定位数据处理与常规测量数据处理的显著特点。

目前，在中国建立的GPS定位网大致有以下几种形式。

① 将已有的国家控制点作为固定点，应用GPS技术加密控制网。

② 考虑与已有的测量成果的衔接，应用GPS技术建立新的定位网。

③ 对原有的地面控制网进行改造和扩充。

由GPS测得P点的大地高H是以椭球面（WGS—84）起算的，其相对定位得到的基线向量，通过GPS网平差，可以得到高精度的大地高差H。但在实际应用中，由于大地水准面起算的正高无法精确算出，故地面点的高程常采用正常高系统。其正常高H_r是以似大地水准面起算的。

思考题与习题

1. GPS控制网数据处理的目的是什么？
2. GPS测量数据处理的基本过程是什么？
3. 按每15s采集一组野外观测数据计算，一台接收机连续观测2h将有多少组数据？
4. 测站信息文件包含哪几种？
5. 在进行数据传输的同时，利用数据处理软件将原始记录中的各项观测数据进行分类整理，剔除无效观测值和冗余信息，自动生成哪几个数据文件？
6. 怎样才能使观测时段的卫星轨道标准化？
7. 为什么需要进行时间单位规格化？
8. 建立钟差改正多项式的目的是什么？
9. GPS基线网平差的目的是什么？
10. 什么叫GPS水准？其作用是什么？
11. 什么叫大地高？什么叫正常高？
12. 怎样将GPS大地高转换成正常高？
13. 可用于GPS水准计算的方法主要有哪几种？

第八章

GPS实时动态定位

学习目标

- 了解 RTK 的作业速度和作业效率，观测数据的实时处理过程。GPS 网络 RTK 技术的出现，弥补了 GPS 实时差分定位 RTK 技术的缺点，它代表了未来 GPS 发展的方向。目前，应用于 GPS 网络 RTK 数据处理的虚拟参考站法（Virtual Reference Station——VRS）技术最为成熟。
- 理解 RTK 的工作原理，RTK 的初始化过程；实时动态定位的基本思想，相对于静态定位增加的仪器设备及应用。
- 掌握 RTK 系统基准站和流动站的组成和 RTK 定位测量的实施。

第一节　RTK 概述

RTK（Real Time Kinematic）技术是 GPS 实时载波相位差分的简称。这是一种将 GPS 与数传技术相结合，实时解算进行数据处理，在 1～2s 的时间里得到高精度位置信息的技术。自 20 世纪 90 年代初这项技术一经问世，就极大地拓展了 GPS 的使用空间，使 GPS 从只能从控制测量的局面中摆脱出来，而开始广泛运用于工程测量。直到今天，如果没有 VRS 的出现，RTK 技术仍代表着高精度 GPS 的最高水平。

一、RTK 的工作原理

RTK 的工作原理是将一台接收机置于基准站上，另一台或几台接收机置于载体（称为流动站）上，基准站和流动站同时接收同一时间相同GPS卫星发射的信号，基准站所获得的观测值与已知位置信息进行比较，得到GPS差分改正值。然后将这个改正值及时地通过无线电数据链电台传递给共视卫星的流动站，以精化其GPS观测值，得到经差分改正后流动站较准确的实时位置。

精密GPS定位都采用相对技术。无论是在几点间进行同步观测的后处理（RTK），还是从基准站将改正值及时地传输给流动站（DGPS）都称为相对技术。以采用值的类型为依据可分为以下4类。

① 实时差分GPS，精度为1～3m；

② 广域实时差分GPS，精度为1～2m；

③ 精密差分GPS，精度为1～5cm；

④ 实时精密差分GPS，精度为1～3cm。

差分的数据类型有伪距差分、坐标差分和相位差分三类，前两类定位误差的相关性随基准站与流动站的空间距离的增加其定位精度迅速降低。故RTK采用第三种方法。

RTK的观测模型为

$$\Phi=\rho+c(d_T-d_t)+\lambda N+d_{trop}-d_{ion}+d_{\rho ral}+\varepsilon(\Phi) \tag{8-1}$$

式中 Φ——相位测量值，m；

ρ——星站间的几何距离；

c——光速；

d_T——接收机钟差；

d_t——卫星钟差；

λ——载波相位波长；

N——整周未知数；

d_{trop}——对流层折射影响；

d_{ion}——电离层折射影响；

$d_{\rho ral}$——相对论效应；

$\varepsilon(\Phi)$——观测噪声。

因轨道误差、钟差、电离层折射及对流层折射影响难以精确模型化，所以实际的数据处理中常用双差观测值方程来解算，在定位前需先确定整周未知数，这一过程称为动态定位的“初始化”(On The Fly 即 OTF)。实现OTF的方法有很多种，美国天宝导航有限公司的做法是：采用伪距和相位相结合的方法。首先用伪距求出整周未知数的搜索范围，再用L_1和L_2相位组合和后继观测历元解算和精化。利用伪距估计初始位置和搜索空间，快速定出精确的初始位置。

二、RTK的系统组成

下面以美国天宝导航有限公司生产的4800 GPS双频接收机为例，说明RTK的系统组成，天宝RTK系统由下列两部分组成：

RTK系统的组成
- 基准站
  - 基准站GPS接收机及接收天线
  - 无线电数据链电台及发射天线
  - 12V，60A直流电源
- 流动站
  - 流动站GPS接收机及接收天线
  - 无线电数据链接收机及天线
  - TSC1控制器及软件

第二节　RTK 系统基准站的组成和作用

如图 8-1 所示，RTK 系统基准站由基准站 GPS 接收机及卫星接收天线、无线电数据链电台及发射天线、直流电源等组成。其作用是求出 GPS 实时相位差分改正值。然后将改正值及时地通过数传电台传递给流动站，以精化其 GPS 观测值，得到经差分改正后流动站较准确的实时位置。

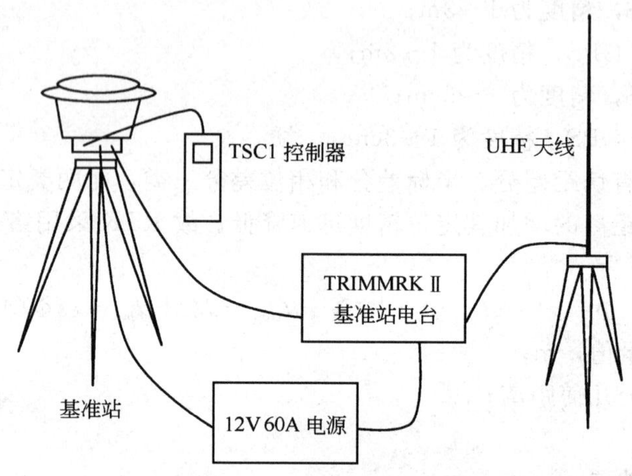

图 8-1　Trimble4800 GPS-RTK 基准站配置图

GPS-RTK 作业能否顺利进行，关键的问题是无线电数据链的稳定性和作用距离是否满足要求。它和无线电数据链电台本身的性能、发射天线的类型、参考站的选址、设备的架设、环境无线电的干扰情况等有直接的关系。

由于数据链电台采用 400～480MHz 高频载波发送数据，而高频无线电信号是沿直线传播的，这就要求参考站发射天线和流动站接收天线之间无遮挡信号的障碍物，这些障碍物在陆地上主要是地形、建筑物、无线电信号发射台等；在海上则主要是地球曲率的影响。

为了尽量避免参考站设备之间相互干扰，在作业时，大于 25W 的数据链电台发射天线距离 GPS 接收天线至少 2m，最好 6m 以上；发射天线与电台的连接电缆必须展开，以免形成新的干扰源。

采用的电台频率和电台功率都必须经过国家和当地无线电管理委员会批准，使用时可能会受到某些限制。

RTK 数据链无线电发射机（TRIMMRKⅡ）的工作频率为 UHF 频段（400～480MHz），当功率一定时，发射距离随天线高度增加而增加，如下式所示。

$$\text{发射距离(半径)} = 4.24(\sqrt{H_1} + \sqrt{H_2}) \tag{8-2}$$

式中　4.24——天宝经验值；

H_1——电台的天线高；

H_2——流动站的天线高。

【例】 天宝4800 GPS 接收机使用的 TRIMMRKⅡ无线电数据链电台发射功率为 25W，电台天线高为 9m，流动站的天线高为 2m，试计算流动站工作的最远距离。

解：已知 $H_1=9\text{m}$，$H_2=2\text{m}$，根据公式可计算出流动站在开阔地带工作的最远距离为

$$发射距离(半径)=4.24\times(\sqrt{9}+\sqrt{2})=18.71\ (\text{km})$$

注意：该距离是在无任何遮挡物的空旷地带的理论值，实际上要根据实地情况来确定，要留有余量。根据经验，在城市要将电台天线架设在高楼顶上，才可能达到10km左右的距离。

由于无线电数据链电台发射功率为25W，耗电量大，故直流电源的电流选择应大一些，一般选择12V，60A或12V，120A为宜，这样可保证一定的工作时间。

第三节　RTK流动站的组成和作用

如图8-2所示，从基准站接收到的信号由流动站的UHF电台接收，流动站同时也接收相同的卫星信号，用配备的TSC1控制器进行实时解算。

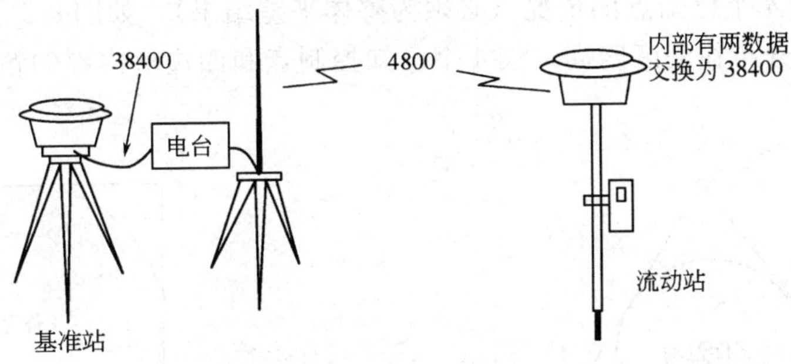

图8-2　数据链传输的波特率关系

流动站数据链电台的功率为2W，其电源和卫星接收机共用，不需另配电池。

基准站GPS接收机与TRIMMRKⅡ电台之间的数据传输波特率为38400，TRIMMRKⅡ电台与流动站GPS接收机之间的数据传输波特率为4800，流动站中的UHF数据链电台与流动站GPS接收机之间的数据传输波特率为38400。

为了保证流动站的测量精度和可靠性，应在整个测区选择高精度的控制点进行检测校对，选择的控制点应有代表性，均匀地分布在整个测区。天宝4800流动站配置如图8-3所示。

① 基准站可以安置在已知点上，也可以不安置在已知点上。若安置在已知点上，则输入已知点的坐标，进行坐标的转换（WGS—84转换成BJ 54或其他坐标系）。

② 基准站若安置在未知点上（在城市测量中，有时为了控制更远和更大的范围，根据RTK的特点，可将基准站架设在没有控制点的高楼顶上），在启动基准站时，则需输入该点的WGS—84坐标，进行坐标的转换（WGS—84转换成BJ 54或其他坐标系）。求得WGS—84坐标的方法是：开机后，在TSC1控制器上经过初始化操作后，显示一软键 here（译成汉语为“这里”），直接按该键即可求得该点的WGS—84坐标。

图8-3　天宝4800流动站配置

③ 虽然RTK定位测量的基准站可以不放在已知点上，但测区内还必须有已知控制点，而且定位测量的精度和已知控制点的等级

和个数有关，在安置好基准站并启动流动站后，必须用流动站分别到已知点上进行定位测量，以求得该点坐标，然后与该点的原有坐标相比，求出其差值。若差值很小（根据工程性质定），则不需改正；否则，必须将该点的原有坐标输入到 TSC1 控制器中进行改正。

a. 测区内仅有一个已知控制点的情况。定位测量时，仅已知点上的精度最高，以本点为圆心，离此点越远，精度越低，理论上讲，在半径为 10km 的范围内，可达到 2～5cm 左右精度。其坐标转换的方法是 WGS—84 和 BJ 54 的坐标相减而得 ΔX、ΔY、ΔZ。

b. 测区附近有 2 个已知控制点的情况（必须为整体平差结果）。定位测量时，仅两已知控制点和两点的连线上的精度最高，远离此直线则精度越低。

c. 测区附近有 3 个已知控制点的情况（必须为整体平差结果）。如图 8-4 所示，定位测量时，仅 3 个已知控制点和三角形内部的精度最高，远离此三角形则精度越低。

d. 测区附近有 4 个已知点的情况（必须为整体平差结果）。如图 8-5 所示，定位测量时，若 4 个已知点均匀分布在测区四周，仅 4 个已知控制点和四边形内部的精度最高，远离四边形则精度越低。

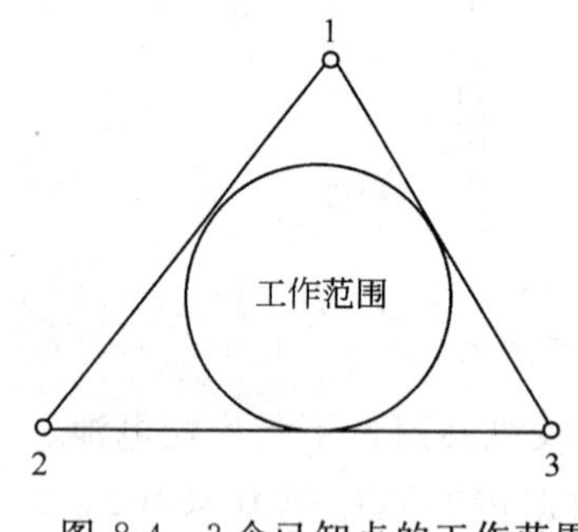

图 8-4 3 个已知点的工作范围

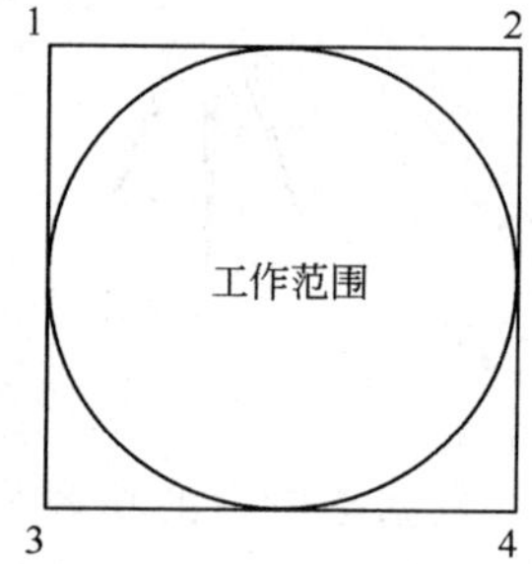

图 8-5 4 个已知点的工作范围

e. 当然还有多于 4 个已知控制点的情况，可根据以上内容进行分析。

第四节 RTK 定位测量的外业准备工作

RTK 定位测量外业准备的过程如下。

① 外业踏勘。

② 收集资料。

③ 制定观测计划。

④ 星历预报。

⑤ 器材准备：经检定合格的 GPS 接收机［基准站＋流动站（含 TSC1)］一套，12V，60A 电源（含充电器)，数据链电台一套，手机或对讲机（每台 GPS 接收机上配一个)，每台 GPS 接收机配观测记录手簿一本。

⑥ 运输工具：自备汽车或租车。

第五节 RTK 的作业方法

RTK 定位测量实施的具体方法如下。

一、架设基准站

将基准站 GPS 接收机安置在开阔的地方，电台和天线架设好，连上电缆后开机，先启动基准站，在 TSC1 控制器中进行。

按 on/off 键，打开 TSC1 控制器，则自动调用主菜单，选择 Files（文件）来建立新工程如下。

① 建立新工程：给工程起一个文件名，如当地的地名或工程名。

② 选择工程管理（Job management）并确认：若测量手簿中已有的工程则显示其名称，若测量手簿中没有工程名，就选中 New（F1）输入工程名后确认。

③ 在选择坐标系统窗口中选用手工键入参数（Key in parameter）。

④ 在键入参数窗口中选设置投影参数（Projection）。

⑤ 在输入椭球参数窗口中选择以下项目。

a. 投影方式：Transverce Mercator（横轴墨卡托投影）。

b. False northing（北偏）：0.000m（北偏为 0）。

c. False easting（东偏）：500000.000m（东偏 500km）。

d. origin lat（纬度）：0°00′00.0000N。

e. central meridian：114°00′00.0000E（当地中央子午线经度）。

f. scale（尺度比）：1.000000。

g. semi-major axis：6378245.000m（BJ 54 椭球长半轴）。

h. Flattening（扁率分母）：298.300000。

若在某一测区，椭球参数只需输入一次即可，如再进入其他测区，则需重新输入其他测区的椭球参数（主要是当地中央子午线的经度）。

⑥ 在键入参数窗口中再选输入转换参数，有三种情况。

a. No transformation（没有转换参数）：若基准站没有 WGS－84 或 BJ 54 坐标，则选此项。

b. Three parameter（三参数）：若基准站有 BJ 54 坐标，则选此项，此时将测区的参数输入即可，也可输入 0。

c. Seven parameter（七参数）：一般不考虑。

到此，建立一个新工程项目的工作就完成了，需要说明的是，建立新工程项目也可单独在内业进行。

二、启动基准站

在 TSC1 控制器中点击 Survey（测量）图标，进入测量方式菜单。

① 在（Survey Styles）测量工作方式菜单中选 Trimble RTK（实时动态）。

② 在（Survey）测量菜单中选 Start base receiver（启动基准站）。

③ 显示连接接收机后，输入基准站的点名，输入天线高，若控制器中有该点的点名（也即隐含有该点的坐标）可直接按软键 Start（F1 键）后，显示：

Disconnect controller from receiver（控制器可以离开接收机）

若控制器中不存在该点或该点是未知点，则按 here（F3 键）求得该点的 WGS－84 坐标

（伪距），显示后，一直按回车键，直到高程变化趋于稳定为止。再按软键 Start （F1 键）。

当显示控制器可以离开接收机时，即启动了基准站，可以将基准站接收机上的电缆插头拔下（可带电插拔）。但此时，控制器的显示器上并不显示电台的标志，只有启动流动站后，电台的标志才在控制器上显出。

三、启动流动站

将 TSC1 控制器上的电缆插头插入流动站 GPS 接收机的插口，在（Survey）测量菜单中选 Start Survey（开始测量）也称启动流动站。此时在 TSC1 控制器的窗口下部即显示图 8-6所示画面。

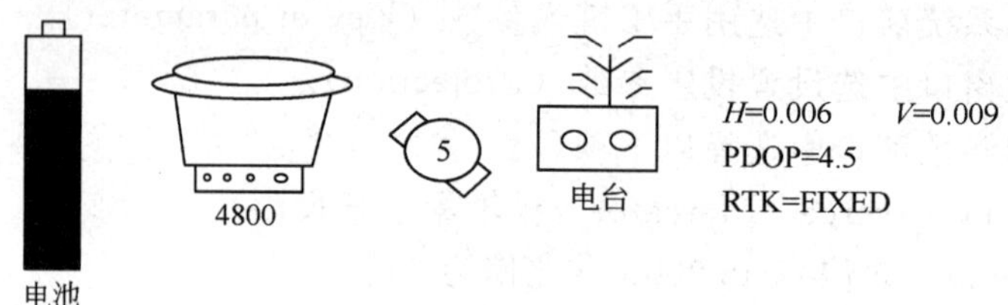

图 8-6 TSC1 控制器显示的有关图形

电池中的黑色部分是告之电量的多少；4800 是告之与 TSC1 控制器所连接的 GPS 接收机的型号；卫星图标中的 5 是搜索到的卫星颗数，RTK 测量时不能少于 5 颗；电台图标中若两个小灯交替闪亮，则证明无线电数据链已连接；*H* 和 *V* 分别代表水平和高程精度；PDOP 代表空间位置精度因子值，越小越好；当 RTK＝fixed（固定解）时，初始化完毕，可以开始测量［当 RTK＝float（浮点解）初始化不成功，不能测量，必须再等待，直到 RTK＝fixed 时为止］。

四、开始测量

可以分为几种形式。

① 测量点（Measure points）；

② 连续的碎部点的采集（Continuous topo）；

③ 输入方位、距离、计算不可到达的点位（Offsets）；

④ 放样（Stakeout）；

⑤ 测量结束后，在（Survey）测量菜单中选 End Survey（结束测量）；

⑥ 收工。

第六节 GPS 网络 RTK 技术

一、概述

GPS 实时差分定位 RTK 技术是目前广泛使用的测量技术之一，但它的应用受到电离层延迟和对流层延迟的影响，使原始数据产生了系统误差并导致以下缺点。

① 用户需要架设本地参考站；

② 误差随距离的增加而增大；

③ 误差增长使流动站和参考站的距离受到限制，一般小于 15km；

④ 精度为 1cm+1×10^{-6}，可靠性随距离增大而降低。

GPS 网络 RTK 技术的出现，弥补了 GPS 实时差分定位 RTK 技术的缺点，它代表了未来 GPS 发展的方向，由此可带来巨大的社会效益和经济效益。目前，应用于 GPS 网络 RTK 数据处理的方法有：虚拟参考站法（Virtual Reference Station——VRS）、偏导数法、线性内插法和条件平差法，其中虚拟参考站法 VRS 技术最为成熟。

虚拟参考站法 VRS 的实施将使一个地区的测绘工作成为一个有机的整体，改变了以往 GPS 作业单打独斗的局面。同时，它使 GPS 技术的应用更为广泛，精度和可靠性得到进一步的提高，使许多从前难以完成的任务成为可能，最重要的是建立 GPS 网络的成本反而降低了很多。由于 VRS 技术的种种先进性，一经问世就受到世界各国的广泛关注，并得到积极的实施，德国、瑞士等一些国家的 VRS 网络已经建成或正在建成。深圳市第一个建成了 VRS 技术卫星定位服务系统，为深圳市的经济发展、城市信息化和数字化发挥了重要的作用。

二、VRS 的系统构成及工作原理

VRS 系统集 GPS、Internet、无线通讯和计算机网络管理技术于一身。整个系统是由若干个（3 个以上）连续运行的 GPS 基准站和一个 GPS 网络控制中心构成。

（1）VRS 的系统构成　VRS 的系统构成由 GPS 固定基准站系统、数据传输系统、GPS 网络控制中心系统、数据广播系统和用户系统五部分组成。

（2）VRS 的工作原理　一个 VRS 网络由 3 个以上的固定基准站组成，站与站之间的距离可达 70km，固定基准站负责实时采集 GPS 卫星观测数据并传送给 GPS 网络控制中心，由于这些固定基准站有长时间的观测数据，故点位坐标精度很高（传统高精度 GPS 网络，站间距离不超过 10～20km）。固定基准站与控制中心之间可通过光缆、ISDN 或普通电话线相连，将数据实时地传送到控制中心。

图 8-7 所示，为 VRS 网络数据流程。

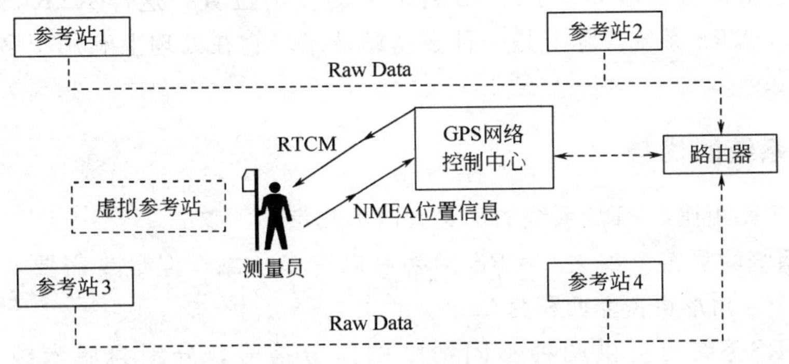

图 8-7　VRS 网络数据流程

控制中心是整个系统的核心，它既是通讯控制中心，也是数据处理中心。它通过通讯线（光缆、ISDN、电话线）与所有的固定参考站通讯，接收固定参考站发来的所有数据，也接收从流动站发来的概略坐标。然后根据用户位置，自动选择最佳的一组固定站数据，整体改正 GPS 轨道误差、电离层、对流层和大气折射引起的误差，将经过改正后的高精度的 RTCM 差分信号通过无线网络（GSM，CDMA，GPRS 等）发送给用户，与移动用户通讯。这个差分信号的效果相当于在移动站旁边，生成一个虚拟的参考基站，从而解决了 RTK 作业距离上的限制问题，并保证了用户的精度。图 8-8 示出了 VRS 参考站网络的硬件构成。

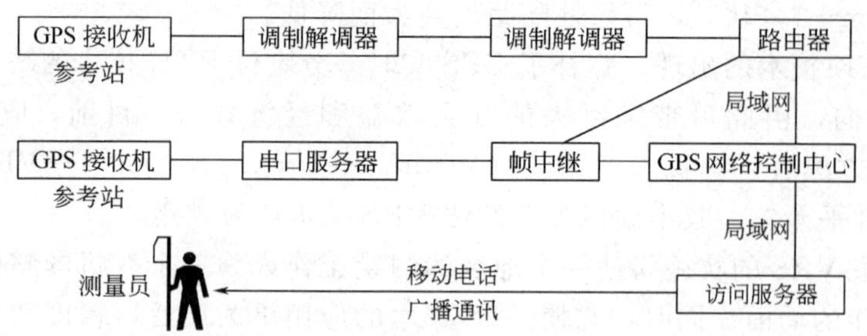

图 8-8 VRS 参考站网络的硬件构成

用户部分就是用户的 GPS 接收机，加上无线通讯的调制解调器。根据自己的不同需求，放置在不同的载体上。接收机通过无线网络将自己初始位置发给控制中心，并接收中心的差分信号，生成厘米级的位置信息。

所以，控制中心的软件 GPS-NET 既是数据处理软件，也是系统管理软件。由计算机实时系统控制整个系统的正常运行，它执行下列任务。

① 导入并检查原始数据的质量；

② 存储并压缩 RINEX 数据；

③ 改正天线的相位中心；

④ 区域系统误差模型化及估算；

⑤ 为流动站接收机创建虚拟参考站位置；

⑥ 产生流动站所在位置上的 RTK 改正数据流；

⑦ RTK 数据以 RTCM 或 Trimble CMR 格式传播。

GPS 流动站先向控制中心发送标准的 NMEA 位置信息，告之其概略位置。控制中心收到信息后重新计算所有 GPS 数据，内插到与流动站相匹配的位置，再向流动站发送改正过的 RTCM 信息。流动站可位于 VRS 网络中的任何位置，这样 RTK 的系统误差就被消减。可以看出，VRS 系统实际上是一种多基站技术。它在处理上利用了多个参考站的联合数据。

三、VRS 系统的优势

与传统的 RTK 相比，VRS 系统的优势有以下几点。

(1) VRS 系统的覆盖范围大　VRS 网络可以有多个站，但最少需要 3 个。若按边长 70km 计算，一个三角形可覆盖面积为 2200km^2。

实际上，VRS 系统可提供两种不同精度的差分信号，分别为厘米级和亚米级。所论述的是 1～2cm 的高精度，而若是用低精度，则站与站之间的距离可以拓展到几百公里。

(2) 相对传统 RTK，提高了精度　传统的 RTK 随着测量距离的增加，误差会随之增大，而在 VRS 系统的网络控制范围内，精度始终可以保持在 1～2cm。

(3) 可靠性也随之提高　采用了多个参考站的联合数据，大大提高了可靠性。

(4) 更广的应用范围　可适用于城市规划，市政建设，交通管理，机械控制，气象，环保，农业以及所有在室外进行的勘测工作。

VRS 技术的出现，标志着高精度 GPS 的发展进入了一个新的阶段。这种网络 RTK 技术，集最新兴的计算机网络管理技术、Internet技术、无线通讯技术和Trimble优秀的GPS定位技术于一身，应用了最先进的多基站RTK算法，是GPS技术的突破。它将使GPS的应用领域极大地扩展，代表着GPS发展的方向。

本章小结

本章主要介绍了自20世纪90年代初问世的RTK（Real Time Kinematic）技术，它是GPS实时载波相位差分的简称，是一种将GPS与数传技术相结合，实时解算进行数据处理，在1～2s的时间里得到高精度位置信息的技术。

RTK的工作原理是将一台接收机置于基准站上，另一台或几台接收机置于流动站上，基准站和流动站同时接收同一时间相同GPS卫星发射的信号，基准站所获得的观测值与已知位置信息进行比较，得到GPS差分改正值。然后将这个改正值及时地通过无线电数据链电台传递给共视卫星的流动站，以精化其GPS观测值，得到经差分改正后流动站较准确的实时位置。

因轨道误差、钟差、电离层折射及对流层折射影响难以精确模型化，所以实际的数据处理中常用双差观测值方程来解算，在定位前需先确定整周未知数，这一过程称为动态定位的“初始化”（OTF）。

VRS技术的出现，标志着高精度GPS的发展进入了一个新的阶段，是GPS技术的突破。它将使GPS的应用领域极大地扩展，代表着GPS发展的方向。

思考题与习题

1. 什么是RTK技术？
2. RTK的系统由哪几部分组成？
3. RTK定位测量实施的具体方法是什么？
4. RTK采用的电台频率和电台功率都必须经过哪些部门批准？
5. 在免参考站上作业时，数据链电台的发射天线应距离GPS接收天线多远？其目的是什么？为什么发射天线与电台的连接电缆必须展开？
6. 已知$H_1=6m$，$H_2=2m$，则流动站在开阔地带工作的最远距离为多少？
7. 基准站安置在已知点上或安置在未知点上有什么区别？
8. RTK定位测量时，测区内的已知控制点有什么作用？
9. 目前应用于GPS网络RTK数据处理的方法有哪几种？
10. 一个VRS网络至少应有几个以上的固定基准站组成？站与站之间的距离可达多少千米？
11. VRS系统的优势有哪些？

附　　录

附录一　某市 GPS 三等平面控制网测量技术设计示例

××市 GPS 三等平面控制网测量技术设计书

××省测绘局

编制者：×××（工程师）

审批者：×××（总工程师、高工）

甲方审查者：×××（高工）×××（教授）

××××年×月

××市 GPS 三等平面控制网
测量技术设计书

为了满足××市 10 年规划发展的需要，受××市规划管理处委托，××省测绘局承担该市三等 GPS（国家 C 级）平面控制网测量任务，测量日期定于 1999 年 10 月～11 月间。为使该项任务顺利实施，特制定本技术设计书。

一、测区及任务概况：

本测区位于××省东南部，城市规划范围为本次 GPS 测量控制区域，约 $500km^2$；测区东西长约 31km，南北宽约 17km，属平坦间或有部分沙丘地形，平均高程约 93m，测区中部地处××°××′，东经×××°××′。

测区北临××，××铁路呈南北向横贯测区；主要公路有向北“××——××”、向东“××——××”、向西“××——××”、向南“××——××”、向东南“××——××”，此外还有数条通向四周主要集镇的公路，交通甚为便利。

该 GPS 三等控制网选点埋石已由××市规划局先期完成，全网待求点 32 点，联测已知大地点 3 点，共 35 点，控制网联测按附图实施。

该网联测的三个已知大地点为：

Ⅰ等“王岗”位于测区南部约 8km 处，觇标已破坏，标石良好；

Ⅰ等“马村”，位于测区北部边缘，寻常钢标，标石完好；

Ⅱ等“榆村”，位于测区西南角边缘，35m 双锥钢标，标石完好。

该网设计联测图以三角形点传递形式为主，全网有 6 个传递环路，环内侧边数不超过 5 条，测区东部因距已知点较远，则特辅设一个直接联测Ⅰ等“马村”的三角形以加强之。全网待求点均至少与两个三角形相连，加之Ⅰ等“王岗”必须两次设站。则全网重复设站率 100%，≥3的设站率为 47%，可形成充分的多余观测条件。其主要技术参数如下表。

总点数	同步图形个数	非同步图形个数	独立基线向量数	必要基线向量数	多余观测基线数	总基线向量数	重复基线向量数	全网总体可靠性	EDM 检核基线数
34	29	19	58	33	25	87	5	0.43	3

该网 6°带坐标采用 20 带，其中央子午线经度为×××°。三个已知点有 1954 年北京坐标系成果及 1980 年西安坐标系成果，可利用其计算出该网两套坐标。此外，根据××市规划管理局要求，计算出一套全网“××市独立坐标系”成果。其换算公式由××市规划管理局提供。

该网位于地面上的待求点高程均由“××市规划管理局”采用Ⅱ等直接水准联测，可适当选择作为网平差的高程约束点。

二、技术依据及精度指标

1. 技术依据

a. 中华人民共和国行业标准 CJJ 73—97《全球定位系统城市测量技术规程》，简称《规程》。

b. 国家测绘局 1992 年颁布的《全球定位系统（GPS）测量规范》，简称《规范》。

c. 本技术设计书。

2. 精度指标

a. 相邻点几何精度应符合下式要求：

$$m=e+ps$$

式中 e——固定误差，取仪器标称精度 10mm；

p——比例误差，取仪器标称精度 2mm；

s——相邻点间距离，km。

b. 该 GPS 网为城市三等平面控制网，其定位精度应符合下式要求：

$$m=10\text{mm}+5\times10^{-6}s$$

式中，s 为两点间距离，以 km 为单位。

三、观测纲要

1. 观测的基本技术规定：

a. 卫星高度角≥15°；

b. 最少观测卫星数为 4 颗；

c. 每点观测时段数≥2；

d. 观测时段长度≥90min；

e. 数据采样间隔 15s。

2. 观测前需将接收机安置在室外采集若干信息，利用随机软件打印出当地星历预报，认真比较分析有关数据和图表，选择 PDOP 值小且变化较平缓的星座制定好观测计划。

3. GPS 观测所选的有效观测卫星与测站组成的几何图形应尽可能坚强，其图形强度因子 PDOP 值应≤8。

4. 观测作业时宜从起点开始循图形逐点或逐边顺序观测，一般不宜跳跃前进。

5. Ⅱ等“榆村”觇标高大，须事先将标头拆除。在架顶安装仪器，用 5kg 以上重锤强制对中；Ⅰ等“马村”寻常钢标，须将能遮挡接收机的部分拆除，直接将仪器架设在标石上方。此外，该网中有相当一部分点设在水塔顶部，安置脚架时应注意脚部牢固，必要时将水塔顶部部分打毛。无论高层水塔还是高标，攀登及吊装仪器时应格外小心谨慎，以免发生安全事故，风力较大的天气，不可在高标和水塔上作业。

6. GPS 接收机所使用的光学对中器一般应每隔 5 天检校一次，以确保对中的准确性，对中误差应满足 1mm 的要求。

7. 安置接收机时，应精心对中整平，并利用罗盘，使天线定向标志线指向正北，其偏差不应大于 5°。

8. 个别点可能距障碍物较近，为保证卫星高度角≥15°，须将接收机架高，但需用重锤强制对中，并慎重考虑仪器高量测方法。

9. 遇到雷雨天气时，不要强行作业，以确保仪器和人身安全。

10. 观测员须遵循事先制定的作业计划，提前赶到预定点位，按规定的时间作业，同步观测同一组卫星。

11. 接收机开始记录数据后，观测员可使用专用功能键和选择菜单查看测站信息，接收卫星数量、卫星号、各通道信噪比，PDOP值，实时定位结果及其变化等情况。

12. 每时段观测前后应各量取天线高一次，两次高之差不应大于3mm，取平均值作为最后天线高，若互差超限，应查明原因，提出处理意见，记入测量记录观测记事栏。

13. 观测员应细心操作，精心守护仪器，静置和观测期间防止接收机受震动、碰动和无关人员接近，尽可能保持净空。若发现信号周跳或失锁，应查明原因，及时处理。

14. 一时段观测过程中不允许进行以下操作。

a. 接收机关闭又重新启动；

b. 进行自测试（除发现故障外）；

c. 改变卫星高度角限制；

d. 改变接收机位置，修改输入天线高。

15. 当站观测完毕后，经认真检查，所有规定作业均已全面完成，并符合要求，记录与资料完整无误，方可迁站。不允许事后补记测量手簿内容。

16. 测量手簿的记录项目参照《规范》。应顺序装订成册，不得缺损。

四、数据处理

1. 每一观测日结束回到驻地后，应及时将接收机获取的数据文件，传输拷贝到计算机软盘上，并在软盘外面贴上标签，标签所注内容及形式为

文件名——网名——点名——软盘序号

其中，文件名形式取观测日期和当日时段号，如1020-1表示10月20日第一时段。

2. 数据存储软盘应专人精心保管，不得接近水、静电、磁场、油污等，不允许对其进行任何剔除、删改或重新加工组合。

3. 每一观测工程结束后，应当日进行基线处理，及时对已完成的重复测量基线进行比较，发现问题，及早查明原因，采取对策。

4. 全网正式平差前，应利用随机软件对同步边观测数据进行检核，分析观测值残差；计算出观测值的剔除率（应<10%）；计算各时段差值的中误差及相对中误差。

5. 同一条边两个以上时段的成果互差，应小于前述几何精度的$\sqrt{2}$倍。

6. 三部接收机所测同步边组成三角形时，其坐标分量闭合差不超过下式规定；

$$W_x \leqslant \sqrt{3}m$$

$$W_y \leqslant \sqrt{3}m$$

$$W_z \leqslant \sqrt{3}m$$

$$W \leqslant 3m$$

式中，$m=e+ps$，同前所述。

7. 非独立观测的闭合环，应以较合理，较重要的若干关键环组合检核，检核项目参照《规定》9.4进行。

8. 补测与重测

a. 未按实测方案要求，外业有缺测，漏测或经质量检查与数量处理后，观测数据不足时，有关成果应予补测。

b. 当检核发现边长观测数据或闭合差超出规定要求时，应对其中某些质量较差的成果

进行重测。

c. 凡需补测或重测的边，应尽量安排一起进行同步观测。

9. 经检核分析，各种数据无误后，方可进行全网平差，平差软件使用随机的 GPSurvey 软件系统。

该网 32 个待定点的 1954 年北京坐标系和 1980 年西安坐标系两套成果平差解算后，还应计算出一套××市独立坐标成果。

五、上交资料

a. 网中待求点的 1954 年北京坐标系 6°带坐标，1980 年西安坐标系坐标及城市独立坐标系统成果表。

b. 网中待求点的 WGS—84 系坐标成果表。

c. GPS 控制网展点图。

d. GPS 测量外业记录及检核计算成果。

e. 技术总结。

某市三等 GPS 平面控制网如图所示。

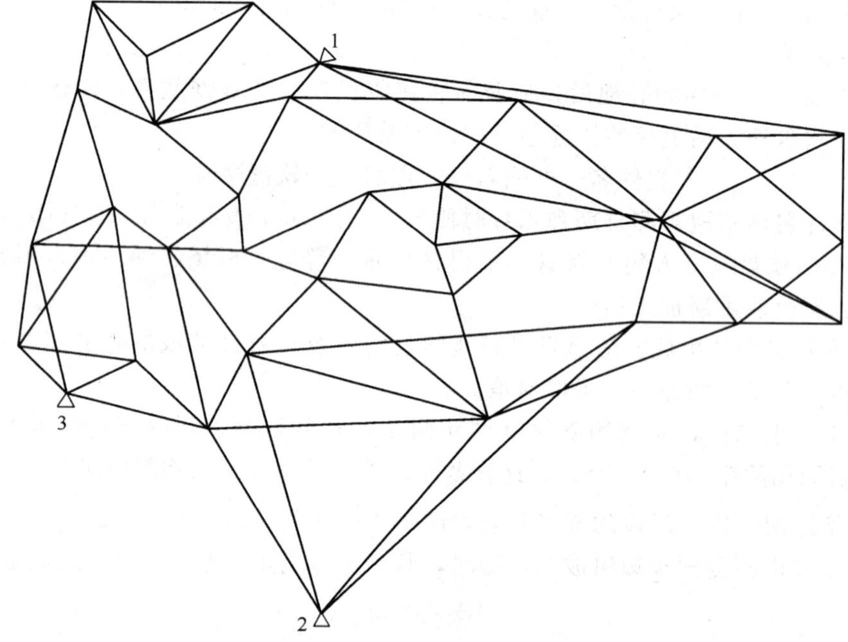

某市三等 GPS 平面控制网

附录二　Trimble Geomatics Office（TGO）软件的使用

Trimble Geomatics Office（TGO）后处理软件系统（全新中文版）是美国 Trimble 导航有限公司继 GPSurvey 软件后推出的又一款新的 GPS 后处理软件系统，它功能强大，操作简便，不需软件狗，可适合很多 GPS 生产厂家的 GPS 接收机使用。

Trimble Geomatics Office 是基于 Microsoft Windows 的多任务操作系统。可以进行 GPS 数据后处理以及 RTK 测量数据处理。它可以处理所有 Trimble GPS 的原始测量数据和其他品牌的 GPS 数据（RINEX），还可以处理传统光学测量仪器采集的数据以及激光测距仪的数据。

整个软件包由多个模块构成。包括数据通讯模块、星历预报模块、静态后处理、动态计算模块、坐标转换模块、网平差模块、RTK 测量数据处理模块、DTMlink 模块、ROADlink 模块。

数据通讯模块可实现与数据采集设备的无缝连接，包括 GPS 接收机 TSC1 控制手簿以及多种其他厂家生产的光学测量仪器。可以上传下载，同时具备 RENIX 格式转换功能，交互式数据传输可任意设定通讯参数文件管理系统，便于数据管理。

静态及后处理动态计算模块包括 WAVE（基线解算）、项目工程管理、卫星计划、图形闭合差计算、生成结果报告等多种功能。项目工程管理用于文件系统设定。包括备份、存储以及项目工程参数设定。卫星规划可用于进行星历预报，计算最佳观测时间段、所有卫星状况均以图形和文字形式表述，清晰直观。WAVE 基线处理器可以进行静态、快速静态和动态 OTF 模糊度解算，内置多种计算模型，包括气象改正。采用先进算法同时剔除多径信号、是高精度 GPS 观测理想的基线处理程序。闭合差计算用于计算图形闭合差、检测粗差、保证结果质量、图形显示、结果报告以标准的文本格式显示，便于打印输出以及进一步编辑修改。

网平差功能可进行坐标转换和三维无约束自由网和完全约束最小二乘平差，支持所有投影方式和用户自定义坐标系统。任意高程面投影和 Geoid 模型，在公路勘测设计时当投影长度变形值大于 2.5cm/km 可采用任意公路抵偿坐标系统。提供坐标转换计算功能、计算 7 参数和 3 参数。所有计算结果均可以自定义 ASCII 格式输出和 DXF 输出。下面简单介绍该后处理软件的功能和使用。

一、软件部分的功能

1. Wave baseline

基线处理模块，基线解算方式及相关参数自由定义，同步环及任意异步环闭合差检校，图形化的卫星跟踪状况显示载波相位平滑度、信噪比、GPS 卫星几何分布状况及观测段轨迹变化，整周跳变编辑和修复更直观方便。

2. Network adjust

网平差模块，经典最小二乘平差和用户自定义平差方法及相关限差制定，快捷方式无约束、加权、约束平差更简单易用，平差结果包括最小二乘检验、点位误差及误差椭圆和正态分布图形，观测值相对误差，超文本格式成果报告融合了网络时代的要求。

3. DTMlink

数字地面模型，包括三角数模的建立，等高线的生成及平滑、遇封闭和断裂地物等高线自动断开，不规则三角格网等全部图形化显示，多种标准 CAD 格式输出：DXF、DWG、TIN……三维 DTM 格网数据文件，土方计算。

4. ROADlink

线路设计模块，含中线定义、纵横断面设计、超高加宽设计等所有路线设计要素，直接生成可以拿到外业的路线设计成果。兼容所有路线设计软件数据的专业化的设计软件。

5. Coordinate system manager

坐标系统管理器，自由定义椭球、基准面转换及用户当地坐标系。

6. Feature and attribute editor

地物特征及属性编辑器，可直接创建数据字典。多种 GIS 平台数据格式输出：ARC-view、ARCinfo、Mapinfo、Micro Station……GIS 数据采集前端可建立空间数据实体的拓扑关系和空间拓扑分析。

7. Symbol editor

符号编辑：地形测量或 GIS 数据采集时，更开放的符号编辑及使用。

8. Control tools

接收机终端设置软件，可直接设置接收机观测参数，对接收机进行控制。

9. Exchange

线路设计软件转换软件，通过该软件，Trimble 软件能兼容任何线路设计软件的设计数据，建立了 Trimble 软件与专业设计软件的无缝接口，这样就无需为软件数据的兼容性或者新软件的使用而发愁了，提高了效率。

10. Survey controller

全中文显示控制手簿软件，内含先进的文件管理器，图形化显示，除连接控制 GPS 接收机进行静态、快速静态、后处理动态、实时动态和用户自定义测量模式外，还能连接常规光学仪器做普通测量工作，如各种品牌全站仪、激光测距枪等。

11. Convert to RINEX

转换标准格式，能转换成通用的 GPS 标准格式；

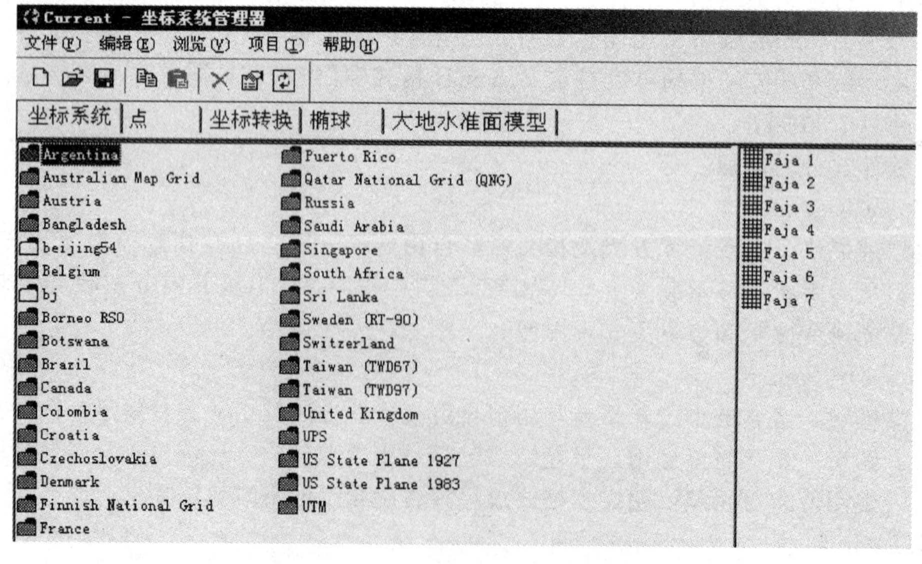

附录图 1　坐标系统管理器的界面

12. 网平差

网平差坐标转换功能，可进行三维无约束自由网和完全约束最小二乘平差，支持所有投影方式和用户自定义坐标系统。

二、Trimble Geomatics Office（TGO）后处理软件系统的使用

利用软件自带的样本数据，介绍以下主要功能的使用方法：建立项目；导入数据；处理GPS基线；最小约束网平差。

关于TGO软件的详细情况，可参阅该软件的在线帮助（Help）。

（一）坐标系统管理器（Coordinate system manager）

在进行一个GPS工程项目计算之前，首先要按照工程的要求选择坐标系统。若没有该系统，则还要建立新的椭球，输入新的椭球参数，增加基准转换，创建新的基准转换组，输入转换参数，增加坐标系统组等工作，并保存，其过程如下。

（1）坐标系统管理器的界面（见附录图1）

（2）点击编辑，弹出下拉菜单，选择增加椭球（E）…（见附录图2）

（3）点击增加椭球（E）…，输入椭球属性（本例输入的是克拉索夫斯基椭球参数）（见附录图3）

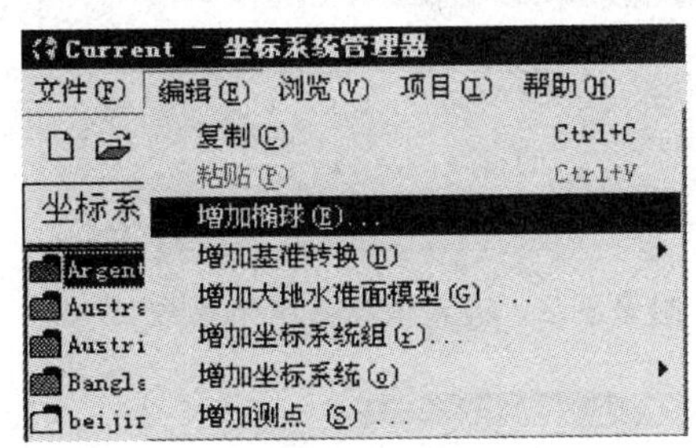

附录图2　选择增加椭球（E）…

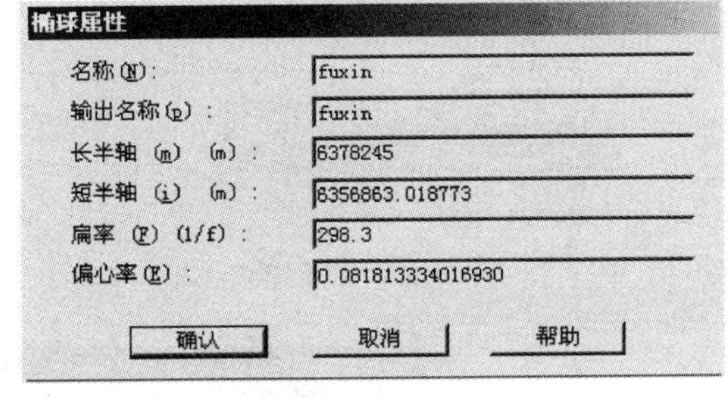

附录图3　椭球属性

（4）增加基准转换（见附录图4）

（5）创建新的基准转换组（见附录图5）

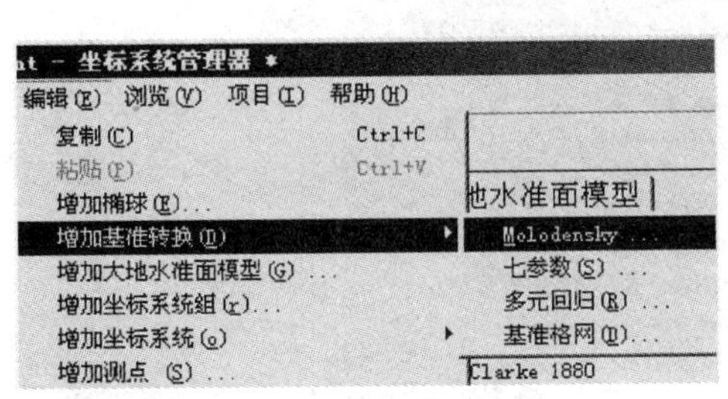

附录图4　增加基准转换

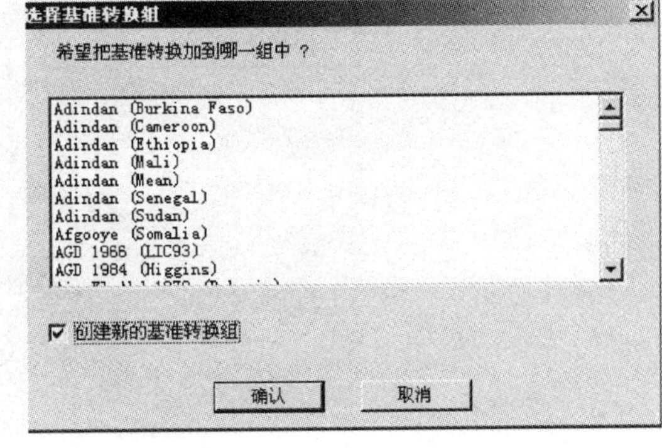

附录图5　创建新的基准转换组

（6）输入参数（见附录图6）

（7）增加坐标系统组（r）…（见附录图7）

（8）输入坐标系统组参数（见附录图8）

（9）在增加坐标系统中选择横轴墨卡托投影（T）…（见附录图9）

附录图 6　输入参数

附录图 7　增加坐标系统组

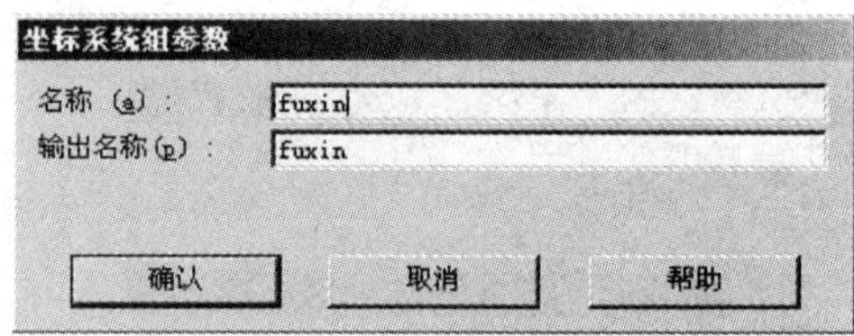

附录图 8　输入坐标系统组参数

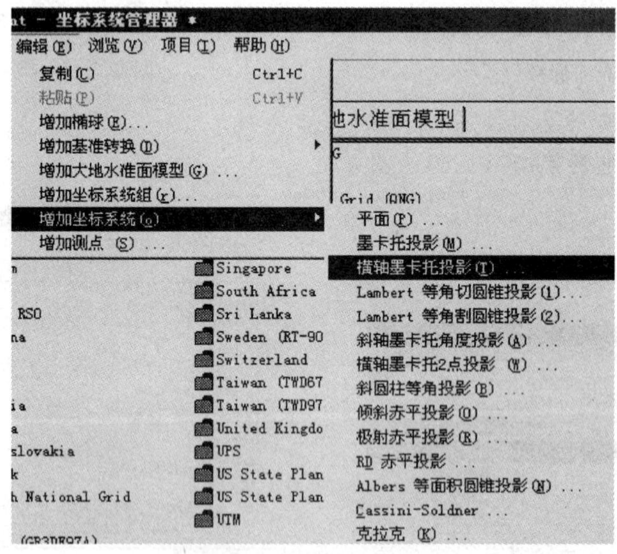

附录图 9　增加坐标系统

（10）选择建立的坐标系统组（见附录图 10）

（11）选择投影带参数（见附录图 11）

（12）选择大地水准面模型（见附录图 12）

（13）输入参数（见附录图 13）

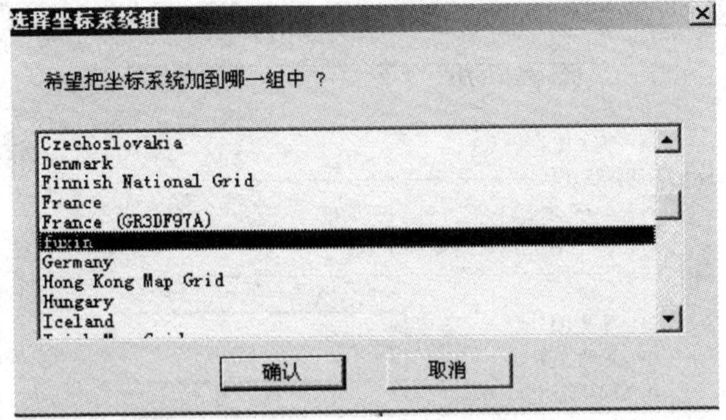

附录图 10　选择坐标系统组

附录图 11　选择投影带参数

附录图 12　选择大地水准面模型

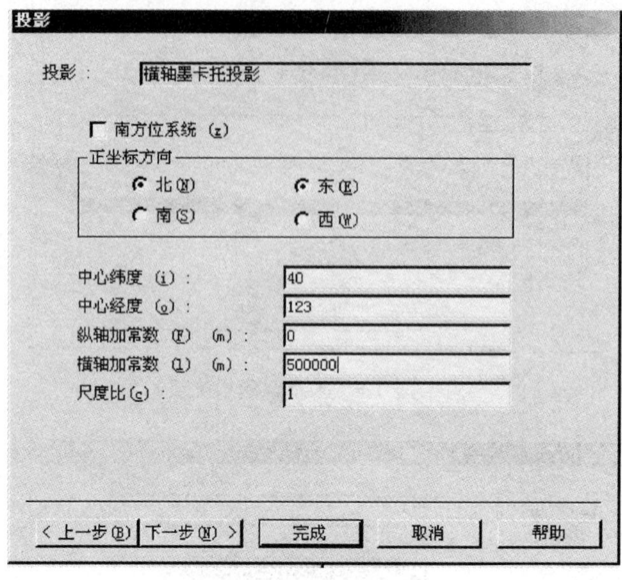

附录图 13　输入参数

（二）建立项目（Project）

1. 使用 Trimble Geomatics Office（TGO）软件的第一步工作就是选用适当的模板建立项目，可用以下三种方法之一进行。

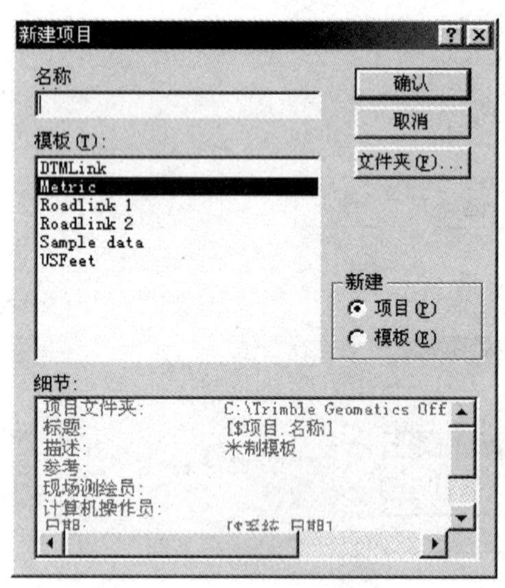

附录图 14　新建项目

（1）选择 File（文件）/New Project（新建项目）。

（2）在工具栏中，点击 New Project（新建项目）。

（3）在项目栏中，点击 New Project（新建项目）快捷方式。

显示附录图 14 所示对话框。

2. 在名称栏中，输入项目名称。

3. 从 Template（模板）列表中，选择 Demonstration Sample Data（演示样本数据）选项。

4. 在 New（新建）组中，证实选中 Project（项目）选项。

5. 点击[确认]键。

这样就建立了项目，显示 Project Properties（项目属性）对话框，其中的数值来自样本数据模板。

6. 点击 OK，关闭 Project Properties（项目属性）对话框。

（三）输入数据文件

1. 导入 NGS 成果表文件

National Geodetic Survey（NGS，国家大地测量）文件是美国测量坐标成果文件。以下介绍一种向 TGO 软件导入控制点成果的方法。

（1）做其中之一：

选择 File（文件）/Import（导入）；

选择 Import（导入）工具。

显示导入对话框如附录图 15 所示。

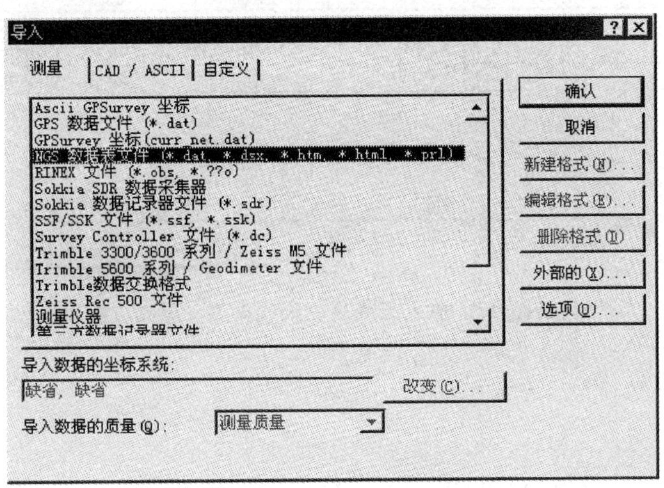

附录图 15　导入对话框

（2）确定选中 Survey（测量）标签

（3）选 NGS data sheet file（＊. dat，＊，dsx，＊. htm，＊. html，＊. prl）选项

（4）点击 OK，出现打开对话框（见附录图 16）

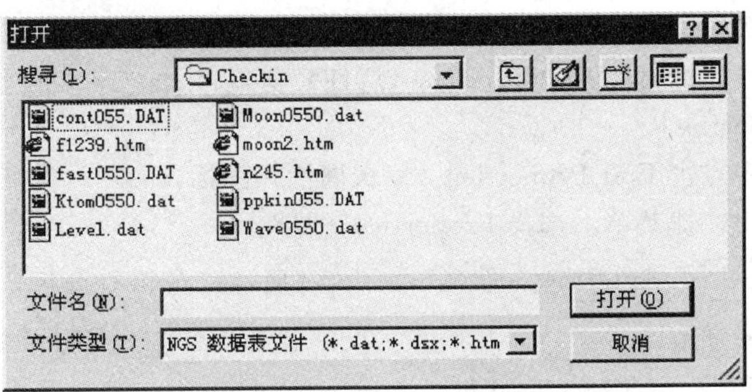

附录图 16　打开对话框

（5）选中要导入的文件 moon2. htm 和 n245. htm

（6）点击 OPEN（打开）

TGO 软件导入 NGS 数据文件（即 moon2 和 n245 点的控制数据），可在 Survey（测量）窗口中看到。Moon2 点是三角形符号，表示该点是个三维控制点；n245 点是正方形符号，表示该点是个一维控制点（只有高程值控制级数据）。

若是实测的 GPS 网，则在此需进行根据时段命名点，并进行天线高、天线类型、量高方法的输入，如附录图 17 所示。

2. 导入 GPS（＊. dat）数据文件

可用 Survey（测量）窗口和 Plan（平面图）窗口来查阅项目，使用 Survey（测量）窗口完成与测量相关的任务，然后使用 Plan（平面图）窗口来查看编辑野外测得的地形图。按照以上相同的步骤，导入以下的 GPS 数据（＊. dat）文件：

fast0550. dat

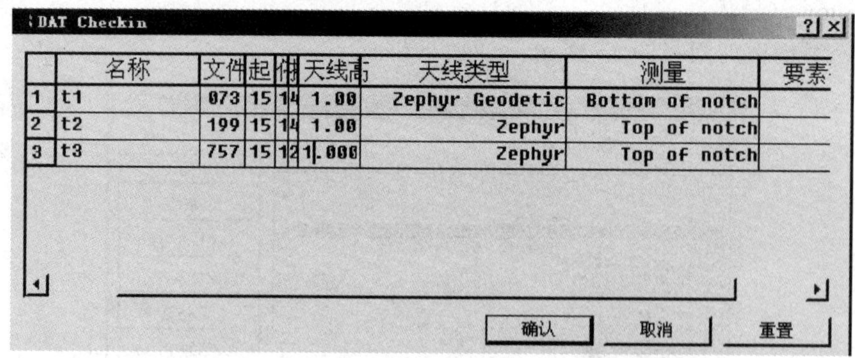

附录图 17　输入天线高、天线类型、量高方法

Ktom0550. dat

Moon0550. dat

Wave0550. dat

输入 GPS 文件时，出现 DAT Cheekin（数据导入检查）对话框，该对话框显示与导入的 GPS 数据文件相关的信息，点击 OK（确认）导入这些数据文件。待处理的基线就显示在 Survey（测量）窗口中。

3. Properties（属性）窗口

Properties（属性）窗口用来查看所有点、观测值、直线、曲线、圆弧、注记的详情，当需要对这些细节进行查看编辑时使用。

按以下方法之一，即可打开 Properties（属性）窗口：

选择 Edit Properties；

在标准工具栏中点击 Edit Properties（编辑属性）图标；

击鼠标右键弹出快捷菜单，选择 Properties（属性）；

双击实体，按 Alt + Enter 键。当 Properties（属性）窗口打开后，点击要查看的实体来查阅或编辑实体的细节。

4. 设置项目的限差

Recomputation（重新计算）是计算点位的处理过程。TGO 软件重新计算所有的数据，包括全部 GPS、常规、激光测距观测量和键入的坐标值。

TGO 软件使用这些观测值和键入的坐标来确定点位及其质量，软件会标出其观测量或敲入的坐标超过限差的点。

查看项目的限差值：

(1) 选 File（文件）/Project Properties（项目属性）；

(2) 选 Recomputer（重新计算）标签。

在 Tolerance（限差）组别中，水平限差的值是 0.020m，垂直方向的限差值是 0.040m。

本项目的基线长度大约是 1000m，所以垂直方向上的限差可以置成 0.050。将垂直方向的限差值设置成 0.050 的具体做法如下。

(1) 在 Tolerance（限差）组别中，确定选中 Use tolerance check（使用限差检查）复选框；

(2) 在垂直限差框中，输入 0.050；

(3) 点击 OK。

即完成垂直方向的限差设定。

（四）处理 GPS 基线

Trimble Geomatics Office（TGO）软件包括 WAVE 基线处理器和时序器（Timeline）。WAVE 基线处理器根据野外采集的静态、快速表态、动态数据，计算基线解。时序器以图形方式和时间顺序的形式来显示原始数据文件中的 GPS 数据。时序器只在测量窗口中可用。

使用 WAVE 基线处理器处理 GPS 基线；评估基线处理结果；使用时序器检查标记的观测量或者取消标记的观测量。

1. 处理潜在的基线

要处理潜在基线，按以下步骤操作。

(1) 确认没有选中任何基线：选 Select（选择）/None（没有）。在测量窗口中，点击窗口中空白区域。

(2) 启动 WAVE 基线处理器，可选下述三种方法之一。

选 Survey（测量）/Process GPS Baselines（处理 GPS 基线）；

在项目栏的测量组或处理组中，点击 Process GPS Baselines（处理 GPS 基线）的快捷按钮；

在测量窗口中，击右键，弹出快捷菜单，选 Process GPS Baselines（处理 GPS 基线）；出现 GPS 基线处理对话框如附录图 18 所示。

GPS 处理中

	ID	从测站	到测站	基线长度	解算类型	比率	参考变量	RMS
☑	B13	MOON 2	WAVE	962.407m	L1 固定	28.5	0.957	0.004
☑	B14	MOON 2	N 245	1480.504m	L1 固定	11.5	1.613	0.004
☑	B15	MOON 2	COWBOY	1756.593m	L1 固定	27.0	1.127	0.004
☑	B3	WAVE	N 245	852.590m	L1 固定	15.5	1.098	0.003
☑	B4	WAVE	COWBOY	1076.569m	L1 固定	26.3	0.889	0.003
☑	B1	WAVE	KTOM	1129.269m	L1 固定	41.9	1.176	0.005
☑	B6	KTOM	N 245	1076.375m	L1 固定	13.7	2.893	0.006
☑	B7	KTOM	COWBOY	1233.473m	L1 固定	27.8	1.466	0.005
☑	B8	KTOM	WAVE	1129.266m	L1 固定	23.6	1.005	0.004
☑	B9	KTOM	N 245	1076.381m	L1 固定	11.6	1.911	0.005
☑	B10	KTOM	COWBOY	1233.480m	L1 固定	25.0	0.726	0.004

保存(S)　取消　报告(E)

☑ 覆盖重复基线解(O)

待定　15 接受，0 拒绝

附录图 18　基线处理对话框

开始时，显示框左下角的状态栏中显示已导入基线处理器的文件。当基线处理开始后，状态栏中显示 From（从）和 To（至）点，一次解算一条基线，直至所有的基线都解算完成。基线处理结束后，结果显示在列表中。

在点标记对话框（见附录图 19）中显示所有点的名字：

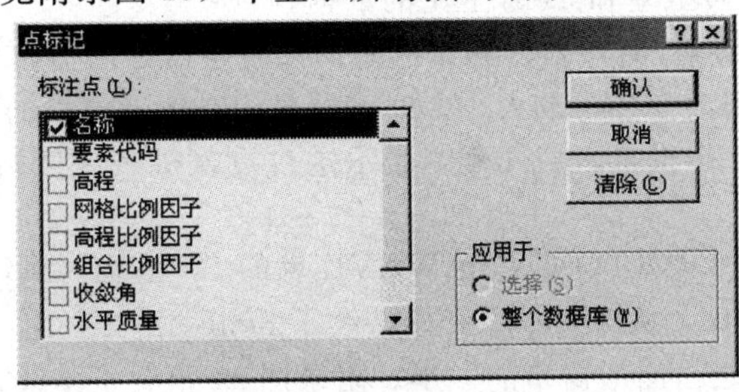

附录图 19　点标记对话框

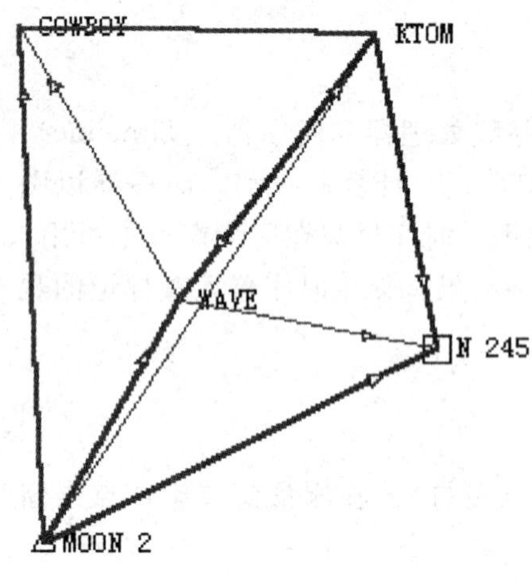

附录图 20　给图形标注点名

选 Select（选择）/All（全部）；

选 View（查看）/Point Lable（点标记）；

选中名称复选框，点击[确认]后就标注上了点名，如附录图 20 所示。

如不选任何观测量，选 Select（选择）/None（无）。在测量窗口中，小旗表示超出限差的观测量。

2. 评估基线解算结果

双击在屏幕中间标有小旗的点，出现附录图 21所示的 Properties（属性）窗口。

要查看属性窗口的警告页中的内容，做下面其中之一。

点击 Warning Page（警告页）按钮；

点击▼，选中 Warning（警告）。

警告页中的内容表明：标记小旗的原因是该点的闭合限差超限。在警告页中，点击 Show details（显示详情）来查看点坐标的推导报告（Point derivation report）。点的推导报告表明（KTOM—WAVE）基线 B8 计算出来的位置坐标超限。然后关闭报告。

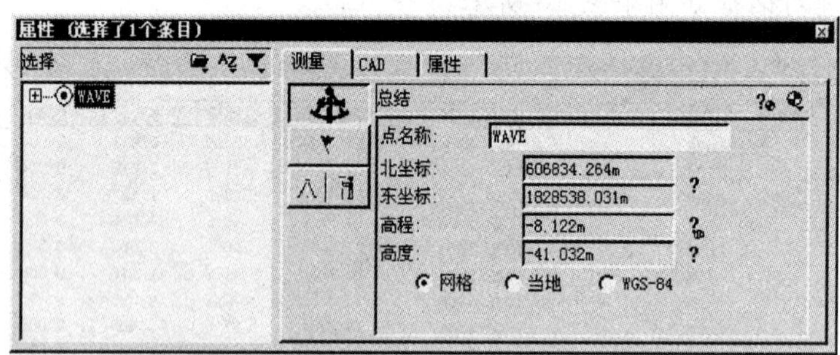

附录图 21　属性窗口

3. 查阅 GPS 基线处理报告

要查阅从 KTOM 点到 WAVE 点的基线 B8 处理报告在属性窗口中的操作方法如下：先选中 WAVE 点；在左侧小窗口中，点击 WAVE 点名前的十号，显示出该点的所有观测量；选 B8 基线（KTOM—WAVE），显示 GPS 基线处理报告（见附录图 22）。在报告的后面是卫星残差图，本例中，卫星 26（SV 26）和卫星 31（SV 31）的数据有较大残差，应使用时序器来检查这些卫星的数据。关闭报告。

4. 使用时序器（Timeline）

使用时序器检查 26 号卫星和 31 号卫星的数据。

① 启动时序器，选查看/时序器。测量的图形和时序器是图形窗口的两部分，可以通过抬高或降低中间的横条来改变各自的大小。时序器显示在图形窗口的下部，横条代表每台接收机采集的数据。如果一个横条断成几截，表示这台接收机多次迁站。附录图 23 所示为时序器的图形工具栏。

② 在属性窗口，选择从 KTOM 点至 WAVE 点的 B8 基线。属性窗口的时间表明该基线是在 1999 年 02 月 25 日，从 7:11:02 开始持续了 8min。

③ 放大时序器，使之占图形窗口的一半。附录图 24 指明了基线 B8 的 KTOM 接收机和 WAVE 接收机，用加亮颜色表示。

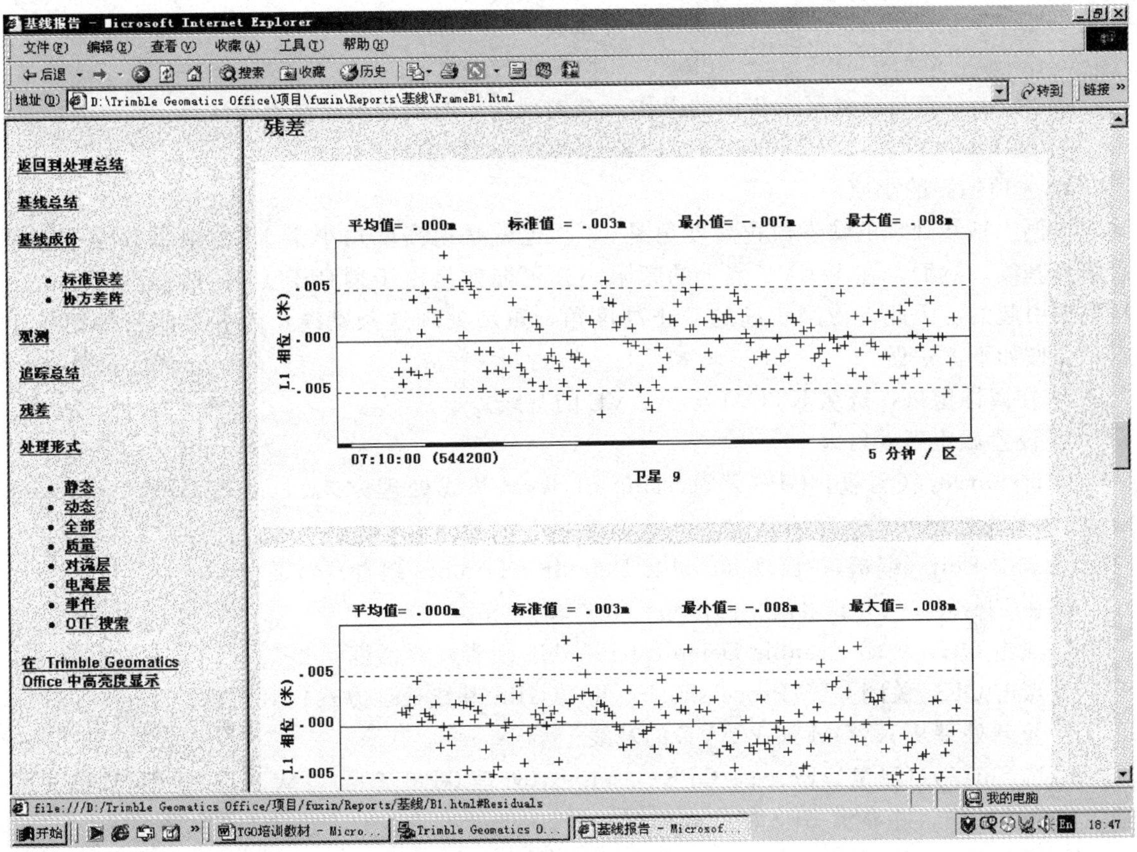

附录图 22　基线处理报告

附录图 23　时序器的图形工具栏

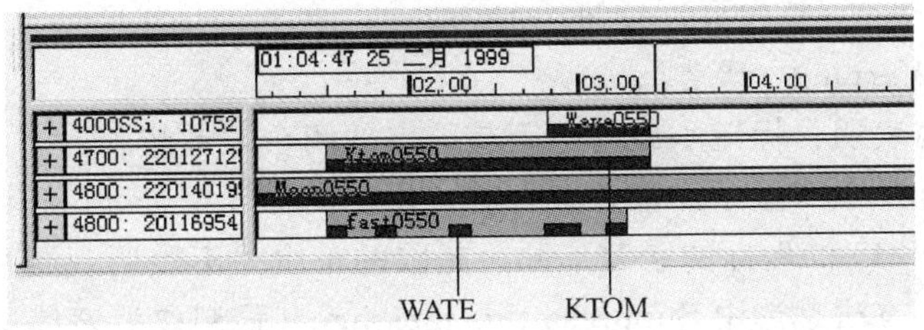

附录图 24　时序器

④ 在文件 4800：20116954 加亮的数据部分，右击点出快捷菜单，选择 Zoom to Span（加宽），数据加宽至整个时序器的屏幕宽度。

⑤ 要了解该文件的进一步情况，点击＋号，显示该基线观测的卫星。

⑥ 要查看 26 号卫星高度角的方法如下。

a. 在 26 号卫星上，点右键，弹出快捷菜单，选卫星 SV Plot（卫星图），显示时序器的 GPS Signal Plot（GPS 信号图）窗口。

b. 点 L1 SNR（L1 信噪比）和 L2 SNR（L2 信噪比）按钮，关闭卫星的信噪比显示。

c. 点 Elevation（高度角）按钮。可以看出 7:10 至 7:20 的 GPS 观测量，卫星的高度角太低。这种来自高度角太低卫星的观测量可能是不正确的。

d. 关闭时序器的 GPS Signal Plot（GPS 信号图）窗口。

⑦ 对 31 号卫星重复第六步中的操作，会发现同一时段的卫星高度角较低。

⑧ 选 View（查看）/Timeline（时序器），关闭时序器。

5. 去掉超限的小旗

本例中基线处理的缺省截止高度角是 13°。也就是说高度角小于 13°的卫星数据不能用来解算基线。然而，在 WAVE 点上的超限小旗可能就是由于稍高于 13°的截止高度角的卫星数据引起的。因此，使用较高的截止高度角，重新处理这条基线，就有可能去掉超限小旗。要按如下方法做：

① 在属性窗口，选从 KTOM 至 WAVE 的基线。

② 设置截止高度角为 15°。

a. 选 Survey（测量）/GPS Processing Styles（基线处理方式），出现 GPS Processing Styles（基线处理方式）对话框。

b. 点击 Edit（编辑），出现 Trimble Default（Trimble 缺省）对话框。

c. 在 Elevation Mask（截止高度角）处，输入 15。

d. 点击 OK，关闭 Trimble Default（Trimble 缺省）对话框。

e. 点击 OK，关闭 GPS Processing Styles（GPS 基线处理方式）对话框。

③ 重新处理从 KTOM 到 WAVE 的基线

a. 选 Survey（测量）/Process GPS Baseline（处理 GPS 基线），从 KTOM 到 WAVE 的基线被重新处理，并显示 GPS 基线处理对话框。

b. 点击 Save（存储）来存储处理结果，在测量窗口内，WAVE 点的超限小旗就去掉了。

6. 处理还标有小旗 N245 点

① 双击标有小旗的 N245 点，出现属性窗口。

② 要查看警告的详细原因，可选择做下面其中之一：

点击 Warning Page（警告页）按钮；

点击▼，选中 Warning（警告）。

警告页中的内容表明：标记小旗的原因是该点的闭合限差超限。

③ 点击 Show details（显示详情）来查看点坐标的推导报告（Point Derivation report）。

本例中，因点 N245 的坐标的来源不同，超限的小旗并不表明观测量存在错误，所以可以直接去掉小红旗。方法是选中 Suppress this message（强制取消该信息）的复选框，N245 点的超限小红旗被去掉。

有关基线处理和时序器使用的更多信息，可参考软件的在线帮助。

7. GPS 环的闭合差

要检查 GPS 网中各观测量或错误，可以计算环的闭合差并查阅 GPS 环的闭合差报告。设置闭合环报告要显示的信息：

① 选 Report（报告）/Setup（设置）/GPS Loop Closures（GPS 闭合环）报告，显示 Loop Closures Settings（闭合环设置）对话框。

② 在 Tolerance（限差）组中，设置水平和垂直方向的限差。

③ 在 Report Section（报告部分）中，选择在报告中要显示的内容。

经检查，在 Summary（汇总）中，超限环的个数是 0，关闭报告，可以进行平差。

（五）最小约束网平差

最小约束网平差是整个网中只有一个固定控制点的平差，计算后可查阅网平差的结果，并显示点的误差椭圆。具体做法如下。

1. 固定网中的一个控制点

方法如下：在项目栏的 Adjustment（平差）组中，点击 Points（点）快捷按钮，或选 Adjustment（平差）/Points（点），出现附录图 25 所示的对话框。

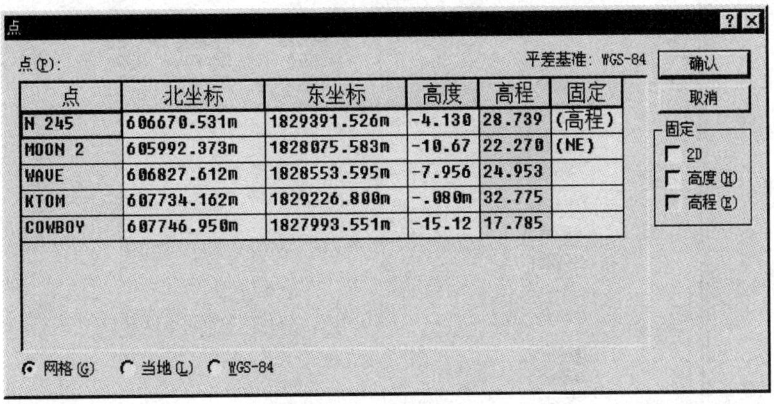

点

点(P):　　　　平差基准：WGS-84　　确认　取消

点	北坐标	东坐标	高度	高程	固定
N 245	606670.531m	1829391.526m	-4.130	28.739	(高程)
MOON 2	605992.373m	1828075.583m	-10.67	22.270	(NE)
WAVE	606827.612m	1828553.595m	-7.956	24.953	
KTOM	607734.162m	1829226.800m	-.080m	32.775	
COWBOY	607746.950m	1827993.551m	-15.12	17.785	

固定：2D　高度(H)　高程(E)

网格(G)　当地(L)　WGS-84

附录图 25　点属性窗口

2. 进行最小约束网平差

使用 WGS—84 坐标系进行最小约束的网平差：选平差/坐标系/WGS—84，选平差/平差或在项目栏的 Adjustment（平差）组中，点击 Adjust（平差）快捷按钮。在测量窗口中出现误差椭圆。

3. 查阅网平差结果

要查阅网平差结果：选报告/网平差报告，查阅网平差报告（见附录图 26）。在目录中，点统计汇总（这个汇总是对平差结果进行分析的重要工具），方差检验表明所有观测量的符合程度。然而，在这次平差中，方差检验失败。网的参考因子表明对观测误差估计的准确好坏，本例中，其值超过 1。当方差检验失败和网的参考因子大于 1，表明没有充分地估计观测误差，并且对观测量的平差值不适当，要修改观测量的误差模型，给估计误差一个新的比例因子。

查阅观测量对话框：方法是在项目栏的 Adjustments（平差）组中击 Observations（观测量）快捷按钮，或选 Adjustment（平差）/Observations（观测量）。观测值对话框如附录图 27 所示。

① 按超限大小来排序，点 Std Res（Max）（标准参考方差），本例中，有一个超限。

② 若检查基线，选超限的观测量。在测量窗口中，相应基线加亮显示。

③ 给定估计误差的比例因子方法如下：选 Adjustment（平差）/Weighting Strategies（加权策略），或选中 GPS 标签。在 Scalar Type（比例因子类型）组中，选取 Alternative（可变）选项。对于第二次平差，使用可变比例因子策略，会自动将第一次的比例因子 1 乘以当前平差的参考因子，作为第二次的比例因子，点 OK，要 Readjust（重新平差），选 Adjustment（平差）/Adjust（平差）。

查看网平差报告，选 Report（报告）/Network Adjustment（网平差）报告。在 Content（目录）部分，点 Statistical Summary（统计汇总）。在进行第二次平差时，使用新的比例估计误

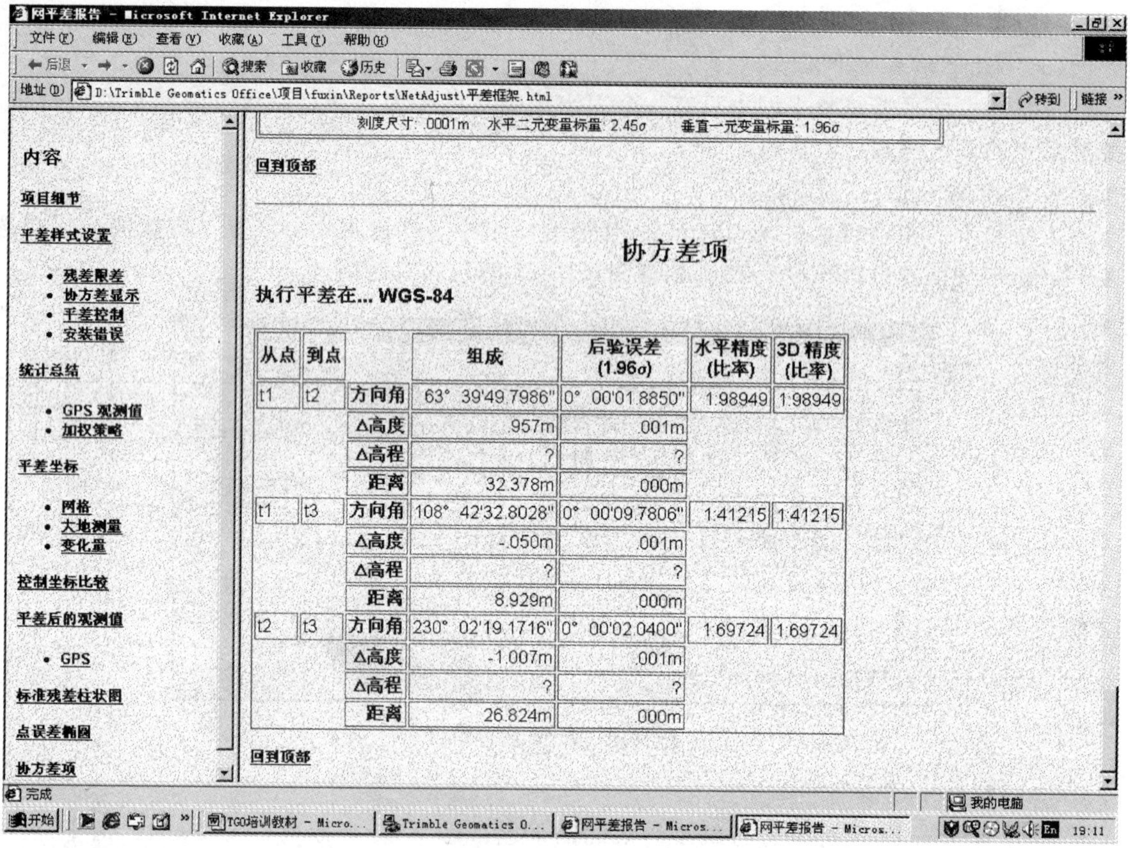

网平差报告 - Microsoft Internet Explorer

文件(F) 编辑(E) 查看(V) 收藏(A) 工具(T) 帮助(H)

地址(D) D:\Trimble Geomatics Office\项目\fuxin\Reports\NetAdjust\平差框架.html

内容

项目细节

平差样式设置

- 残差限差
- 协方差显示
- 平差控制
- 安装错误

统计总结

- GPS 观测值
- 加权策略

平差坐标

- 网格
- 大地测量
- 变化量

控制坐标比较

平差后的观测值

- GPS

标准残差柱状图

点误差椭圆

协方差项

刻度尺寸: .0001m 水平二元变量标量: 2.45σ 垂直一元变量标量: 1.96σ

回到顶部

协方差项

执行平差在... WGS-84

从点	到点		组成	后验误差 (1.96σ)	水平精度 (比率)	3D 精度 (比率)
t1	t2	方向角	63° 39'49.7986"	0° 00'01.8850"	1:98949	1:98949
		Δ高度	.957m	.001m		
		Δ高程	?	?		
		距离	32.378m	.000m		
t1	t3	方向角	108° 42'32.8028"	0° 00'09.7806"	1:41215	1:41215
		Δ高度	-.050m	.001m		
		Δ高程	?	?		
		距离	8.929m	.000m		
t2	t3	方向角	230° 02'19.1716"	0° 00'02.0400"	1:69724	1:69724
		Δ高度	-1.007m	.001m		
		Δ高程	?	?		
		距离	26.824m	.000m		

回到顶部

完成 我的电脑

开始 TGO培训教材 - Micro... Trimble Geomatics O... 网平差报告 - Micros... 网平差报告 - Micros... 19:11

附录图 26 网平差报告

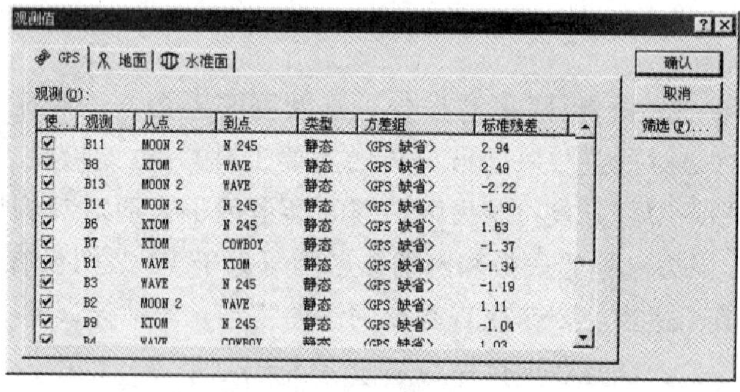

使	观测	从点	到点	类型	方差组	标准残差...
☑	B11	MOON 2	N 245	静态	<GPS 缺省>	2.94
☑	B8	KTOM	WAVE	静态	<GPS 缺省>	2.49
☑	B13	MOON 2	WAVE	静态	<GPS 缺省>	-2.22
☑	B14	MOON 2	N 245	静态	<GPS 缺省>	-1.90
☑	B6	KTOM	N 245	静态	<GPS 缺省>	1.63
☑	B7	KTOM	COWBOY	静态	<GPS 缺省>	-1.37
☑	B1	WAVE	KTOM	静态	<GPS 缺省>	-1.34
☑	B3	WAVE	N 245	静态	<GPS 缺省>	-1.19
☑	B2	MOON 2	WAVE	静态	<GPS 缺省>	1.11
☑	B9	KTOM	N 245	静态	<GPS 缺省>	-1.04
☑	B4	WAVE	COWBOY	静态	<GPS 缺省>	1.03

附录图 27 观测值对话框

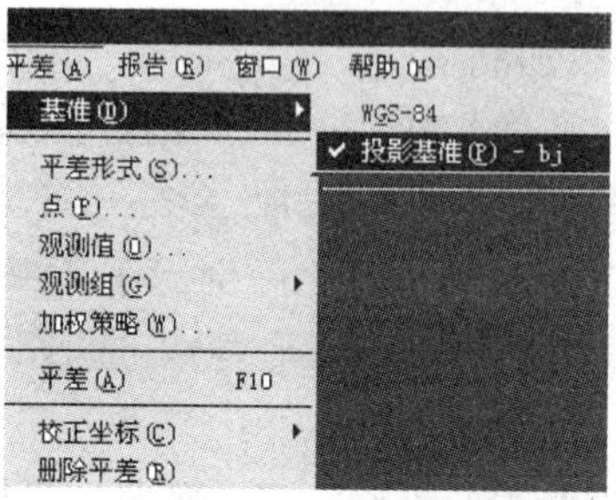

平差(A) 报告(R) 窗口(W) 帮助(H)

基准(D) ▸ WGS-84

✔ 投影基准(P) - bj

平差形式(S)...

点(P)...

观测值(O)...

观测组(G) ▸

加权策略(W)...

平差(A) F10

校正坐标(C) ▸

删除平差(R)

附录图 28 改变坐标系统

差，网的新参考因子是 1，并且通过了差方检验。在工具栏，点 Ellipse（误差椭圆）来关闭椭圆显示。

下面可以进行全约束平差，需要做以下几步工作。

① 平差坐标系改为项目的坐标系（见附录图 28）。

② 装入大地水准面差距（2D 平差时，无需装入水准观测量）。

③ 固定（或约束）在网中使用的控制点，以便进行必要的转换，这些控制点通常是能长久保存、高精度的平面或高程点。

更多内容，参见 Help（帮助）。

参 考 文 献

1 朱华统．常用大地坐标系及其变换．北京：解放军出版社，1990

2 王昆杰，王跃虎，李征航．卫星大地测量学．北京：测绘出版社，1990

3 王广运，陈增强，陈武，许国昌．GPS 精密测地系统原理．北京：测绘出版社，1988

4 许其凤．GPS 卫星导航与精密定位．北京：解放军出版社，1989

5 李庆海，崔春芳．卫星大地测量原理．北京：测绘出版社，1989

6 周忠谟，易杰军．GPS 卫星测量原理与应用．北京：测绘出版社，1992

7 刘基余，李征航，王跃虎，桑吉章．全球定位系统原理及其应用．北京：测绘出版社，1993

8 金国雄，刘大杰，施一民．GPS 卫星定位的应用与数据处理．上海：同济大学出版社，1994

9 CJJ 73—97 全球定位系统城市测量技术规程

10 徐绍铨，张华海，杨志强，王泽民．GPS 测量原理与应用．武汉：武汉大学出版社，1998

11 GB/T 18314—2001 全球定位系统（GPS）测量规范

12 王广运等著．GPS 测地研究与应用文集．北京：测绘出版社，1992

内 容 提 要

本书主要介绍了GPS卫星定位的基本原理、GPS卫星定位的误差来源及其影响、GPS卫星定位的设计与实施、GPS卫星定位的数据处理等。培养学生使用GPS接收机在各种大、中型工程勘测、大地控制网、施工控制网和工程的施工放样中进行定位工作的能力。本教材具有较强的实用性和通用性，突出"以能力为本位"的指导思想，内容精练，突出应用，加强实践。

本书为高职高专测量工程专业的教材，也可供其他相关专业教学及岗位培训参考。